Dieses Buch ist der unveränderte Reprint einer älteren Ausgabe.

Erschienen bei FISCHER Digital

Printed in Germany
ISBN 978-3-596-30626-8

Kontaktadresse nach EU-Produktsicherheitsverordnung:
produktsicherheit@fischerverlage.de

Fischer

Weiterführende Informationen finden Sie unter
www.fischerverlage.de

Andreas Marneros

Schlaf gut, mein Schatz

Eltern, die ihre Kinder töten

Scherz

www.scherzverlag.de

Erste Auflage 2003

ISBN 3-502-15453-8

Inhaltsverzeichnis

Vorbemerkung

Es war eine ARD-Journalistin, die den Stein ins Rollen brachte. Die ARD beabsichtigte, eine Sendung über «Mütter, die töten» zu produzieren. Da ich zu diesem Thema einiges publiziert hatte, wollte sie mich dazu interviewen. Als ich erwähnte, dass manche der Eltern, die ihr Kind töteten, dies aus Liebe taten, bemerkte sie offensichtlich beeindruckt: «Sie sind der Erste, der das so sagt. Wir haben darüber auch mit anderen Fachleuten gesprochen. Doch eine solche Formulierung hören wir in dieser Form zum ersten Mal. Genau so können wir es unserem Publikum erklären.»

Nach diesem Gespräch begannen in mir die Erinnerungen an Anne und die anderen hochzusteigen. Vor allem aber war es Anne, die mir wieder in den Sinn kam. Anne hat mich sehr beeindruckt, wie die weiteren Seiten zeigen werden. Und jetzt, nach diesem Gespräch, verspürte ich erneut dieses Gefühl der Verpflichtung. Ähnlich wie zu der Zeit, als ich die «Sexualmörder» und «Hitlers Urenkel» schrieb. An dem Tag, an dem mich die Journalistin besuchte, war ich gerade mit dem Manuskript «Hitlers Urenkel. Rechtsradikale Gewalttäter – Erfahrungen eines wahldeutschen Gerichtsgutachters» fertig geworden. Dieses Buch hatte mich sehr beansprucht, und eigentlich hatte ich das Bedürfnis nach einer «Schreibpause». Auch passten die beiden Themen gar nicht zusammen.

Aber die Erinnerungen ließen sich nicht vertreiben. Erinnerungen an das Entsetzen in der Öffentlichkeit, an manche betroffene Fragen meiner Mitarbeiter, an manche «Schlachten» im Gerichtssaal, wo ich versucht hatte, die Prozessbeteiligten vom «Guten im Bösen» und dem «Bösen im Guten» zu überzeugen. Und diese Erinnerungen verlangten nach Mitteilung. Alles, was wir in kleinen Runden, Seminaren und Kolloquien, in Vorlesungen und Gerichtsverhandlungen diskutiert und erläutert hatten, wollte ich auch einem breiteren Publikum zugänglich machen. Ich wollte es mitteilen, um aufzuklären und um für Verständnis für manchen Unglücklichen zu werben.

Wenn Mütter und Väter ihr eigenes Kind töten, ist das für die meisten Menschen etwas Unvorstellbares. Unvorstellbar und der Bruch eines doppelten Tabus: Zu töten und das eigene Kind auszulöschen.

Menschliches Leben darf nicht durch andere Menschen vernichtet werden. Wenn dies aber doch unausweichlich scheint, bedient sich die menschliche Gesellschaft verschiedener Rechtfertigungen für diese Ausnahmesituation – des Krieges, der Todesstrafe, der Notwehr. Abgesehen jedoch von den genannten Ausnahmen bleibt in allen Kulturen das menschliche Leben tabu.

Das zweite Tabu betrifft das eigene Kind. Das Leben, das man selbst in die Welt gesetzt hat, das Leben, für dessen Gedeihen man die Verantwortung trägt.

Eltern, die ihre eigenen Kinder töten, werden von vielen für Monster gehalten. Schon seit mythischen Zeiten ist das so. Seit der Zeit des Goldenen Vlieses und der Medea. Seit der Zeit, als Euripides die Tötung des eigenen Kindes für unvereinbar mit dem Verhalten eines zivilisierten Menschen erklärte und eine solche Tat als Ausdruck der Barbarei ansah.

Eltern, die töten – ganz besonders Mütter, die töten –, sind aber in vielen Fällen keine Monster. Sie können im Gegenteil liebende Eltern sein. In vielen Fällen sind die tötenden Eltern selbst Opfer. Opfer, die zu Tätern wurden. Opfer, die Opfer bleiben. Das ganze Leben lang. Buße und Sühne gibt es kaum. Für die meisten von ihnen jedenfalls nicht.

Um eine solche Tat zu verstehen, muss man zunächst einmal den Täter kennen. Seine Lebensgeschichte. Seine Persönlichkeit. Sein Leiden. Seine Motive. Dabei stellt sich heraus, dass viele der Mütter und Väter, die getötet haben, tragische Gestalten sind, die ihrem Schicksal kaum entfliehen konnten. So, wie die Helden der griechischen Tragödien.

Bevor man verurteilt, muss man verstehen.

Und bevor man verstehen kann, muss man wissen.

Lassen Sie mich einige Geschichten erzählen. Über Fälle, die ich als Gutachter und als Psychiater persönlich kennen lernte.

Die Geschichten, die ich in diesem Buch darstelle, waren noch sehr prägnant in meiner Erinnerung. Tragödien sind offensichtlich unvergesslich. Ich hoffe, dass es mir gelingt, manches Tragische und Unvorstellbare zu erklären. Verständnis zu wecken, das uns hilft, in manchen Fällen vielleicht Schreckliches zu verhindern.

Teil A:

Tötung aus Liebe – der erweiterte Suizid

Anne und Christian

Liebe, die versklavt

Es war ein wunderschöner sonniger Septembertag. Der letzte Sonntag in diesem Monat. Die Sonne strahlte, wärmte und machte glücklich. Ob sich alle bewusst darüber waren, dass es eine Art Abschiedsparty der Sonne war? Bald würden kalte, dunkle und graue Tage folgen. Und heute wollten alle Menschen noch einmal etwas von der Sonne haben, bevor sie Abschied nahm.

Der Englische Garten in München war voller Menschen: Spaziergänger, Radfahrer, Jogger, spielende und glücklich lärmende Kinder. Jugendliche spielten auf dem Rasen Fußball, Federball, Volleyball und maßen ihre Kräfte – immer mit Blick auf die vorbeigehenden Mädchen. Junge Paare tauschten Zärtlichkeiten aus. Der Teich war voll von den unterschiedlichsten Booten. Familien mit Kindern amüsierten sich prächtig darauf, und junge Paare genossen die romantische Zweisamkeit auf dem Wasser.

Anne, bekleidet mit einem leichten Trenchcoat – den sie trotz der Wärme nicht ausgezogen hatte – drehte mit kleinen, langsamen Schritten enge Kreise in der Nähe des Ufers. Sie ging nicht weiter weg, da sie in der Nähe der Wiese bleiben musste. Christian war nämlich dort und ließ seinen neuen großen Drachen hoch zum Himmel steigen. Anne blieb in Christians Nähe. Sie blieb fast immer in seiner Nähe. Auch Christian entfernte sich selten weit von Anne – seiner Mutter. Er wollte es so, und auch sie wollte es gern so haben.

Anne schien die glücklich lärmende Umgebung nicht zu beachten. Die strahlende Sonne, die Bäume, die schon begonnen hatten, Rotgold und warm leuchtendes Gelb zu tragen, das Licht und das Wasser, die Menschen und Tiere schienen weit von ihr entfernt zu sein. Die ganze lärmende Freude schien an ihr vorbeizuziehen, schien sie nicht zu erreichen.

Anne setzte sich langsam auf eine Bank am Ufer, so dass sie sowohl in Richtung Wasser sehen als auch Christian im Auge behalten konnte. Anne verlor Christian nie aus den Augen. Anne konnte es nicht ertragen, Christian aus den Augen zu verlieren. Sie saß da und dachte intensiv über Christian nach. Doch auch Frank ging ihr nicht aus dem Kopf.

Frank war ein gut aussehender 38-jähriger Mann. Er war drei Jahre älter als sie. Von Beruf war er Musiklehrer und unterrichtete am gleichen Gymnasium wie sie. Anne war von Beruf ebenfalls Lehrerin. Menschlich verstanden sie sich gut. Ein paar Mal waren sie gemeinsam essen gegangen oder musizierten miteinander. In der Regel taten sie das zusammen mit anderen Freunden. Nachdem ihr Mann sich vor drei Jahren von ihr hatte scheiden lassen, zeigte Frank zunehmendes Interesse an Anne. Damit war er nicht der Einzige. Auch andere gut aussehende, gebildete und gut situierte Männer interessierten sich für Anne. Kein Wunder, denn Anne war eine elegante, schlanke Frau mit schwarzen langen Haaren und großen dunklen Augen. Ihre Gesichtszüge erinnerten sehr an mediterrane Schönheiten. Man neigte dazu, sie mit Figuren auf griechischen Amphoren und Vasen oder mit römischen Wandmalereien zu vergleichen. Ihr Stimme war sanft und warm. Sie sprach fast immer leise und langsam. Wenn sie sprach, richteten sich ihre großen schwarzen Augen auf ihr Gegenüber. Die Wärme, die sie ausstrahlte, kam dadurch besonders zum Ausdruck. Vor ihrer Ehe mit Eduard hatte sie viele Verehrer gehabt. Sie entschied sich jedoch für den jungen, etwas unbeholfenen, manchmal kindlich-hilflos wirkenden Eduard. Sie war damals ein junges Mädchen und studierte Germanistik an der Maximilians-Universität in München. Eduard studierte an einer Theater- und Filmakademie. Fünf Jahre später wurde die Ehe geschieden. Die beiden waren zu unterschiedlich, um auf Dauer zusammen leben zu können. Während ihrer Ehe war Christian zur Welt gekommen. Kurz vor der Scheidung war er gerade vier Jahre alt geworden.

Nach der Scheidung meldeten sich neue Verehrer bei Anne.

Doch sie hatte alle abgewiesen. Anne war so enttäuscht von der Ehe mit Eduard, dass sie nicht wieder das Risiko einer Beziehung eingehen wollte. Manchmal meinte sie auch, dass es zu früh für eine neue Beziehung sei. Am häufigsten aber entdeckte sie bei sich, dass Christian der wichtigste Grund war, solche Beziehungen zurzeit abzulehnen. Genauer gesagt: ihre Hingabe für Christian. Wenn sie mit jemandem etwas unternahm, hatte sie immer das bedrückende Gefühl, Christian zu vernachlässigen. Christian allein zu lassen. Das Gefühl, dass Christian allein, ungeschützt und hilflos mit einem mehr oder weniger fremden Babysitter unglücklich sein könnte. Sie fühlte sich befreit, wenn der Abend vorbei war und sie zu Christian zurück konnte. Im Kino, im Theater oder in Konzerten begann irgendwann, mitten während der Vorstellung, eine Geduldsprobe. Ihre Gedanken waren dann nur noch bei Christian und bei sich selbst. Sie hatte das Gefühl, sie verletze eine Pflicht. Die Pflicht, immer für Christian da zu sein. Er war bereits von seinem Vater allein gelassen worden, und das verdoppelte ihre Pflicht als Mutter. Dachte sie zumindest. Nach der Scheidung zog Christians Vater von München weg. Er ging nach Hamburg zu einer anderen Frau und arbeitete dort am Theater. Seine Kontakte zu Christian beschränkten sich auf immer seltener werdende Telefonate und rare Besuche. Christian klammerte sich buchstäblich an die Mutter. Er verlangte dabei wenig und ließ seine Ansprüche auch kaum sichtbar werden. Doch sowohl Anne als auch die anderen bemerkten, wie wohl sich Christian in der Nähe seiner Mutter fühlte. Wie wohl er sich fühlte, wenn er seiner Mutter eine Freude machen konnte. Und er machte seiner Mutter viel Freude. Christian merkte auch, dass seine Mutter immer für ihn da war. Nachdem der Vater weggezogen war, hatten Christian und Anne alles gemeinsam unternommen. Es entstand eine engste Mutter-Sohn-Beziehung zwischen ihnen.

Ja, die beiden wurden unzertrennlich. Es war eine gegenseitige tiefe Liebe, die sie füreinander empfanden. Für Anne war Christian der Mensch, den sie über alles liebte. Alles in ihrem Leben hatte nur ein Ziel: das Wohlergehen und das Glück ihres Kindes.

Es war aber nicht nur Liebe, nicht nur Fürsorge, Hingabe und ein Gefühl der Pflicht zur Aufopferung, das sie für Christian empfand. Vielmehr war es eine glühende Besessenheit.

Anne war von ihren Gefühlen okkupiert. Sie konnte nichts anderes tun als das, was für Christian gut war. Auch wenn das auf ihre Kosten ging. Auch wenn das Verzicht für sie bedeutete. Die okkupierende Liebe für Christian ließ ihr keine Freiheit mehr. Auch nicht die Freiheit, ihr Leben zu genießen. Auch nicht die Freiheit, ihr Leben anders zu gestalten. Aus Angst, dass sie dadurch Christian schaden könnte.

So hatte sie alle Angebote für eine neue Beziehung ausgeschlagen. Obwohl sie in den rebellischen 60er Jahren im weltoffenen München studiert und die sexuelle Revolution miterlebt hatte, hielt sie nicht viel von passageren kurz andauernden Beziehungen. In ihrem Kopf war es klar: «Jeder soll die Freiheit haben, glücklich zu werden, so, wie er es will und kann. Auch durch die Trennung von Sexualität und Liebe, von Sexualität und Moral.» So sprach Annes Verstand. Aber ihr Herz verlangte tiefe, stabile, unerschütterliche Gefühle. Es verlangte nach Ordnung – auch in der Liebe. Nach Ordnung, auch in den zwischenmenschlichen Beziehungen. Freizügigkeit in der Sexualität, Freizügigkeit in den zwischenmenschlichen Beziehungen war für sie gleichbedeutend mit Unordnung.

Und es gab nichts, was sie weniger ertragen konnte als Unordnung.

Eine fesselnde Ordnung. Eine diktierte Pflicht

Diese Liebe zur Ordnung, ja diese Fixierung auf Ordnung, war ihr in ihrer Ehe zum Verhängnis geworden. Da prallten zwei Welten aufeinander: auf der einen Seite ihr Drang nach Ordnung, auf der anderen Seite Eduards chaotische Unordnung. Was Anne an Eduard anfangs so anziehend gefunden hatte – seine kindlich anmutende Hilflosigkeit, seine Sympathie erweckende Unbeholfenheit, seine ganze Persönlichkeit, die Annes Hilfsbereitschaft weckte –, führte während der wenigen Ehejahre sehr bald zur Konfrontation zwischen Ordnung und Unordnung.

Annes Ordnungsliebe – die nicht nur Eduard übertrieben fand – erstreckte sich nicht nur auf zwischenmenschliche Beziehungen, Prinzipien und immaterielle Dinge, sondern ganz besonders auch auf den Alltag. Kein Glas, kein Teller, kein Besteck durfte nach Beendigung des Essens, auch nicht für ein paar Minuten, ungespült und unsortiert bleiben. Kleine Fusseln auf dem Teppichboden mussten sofort aufgehoben werden. Die Betten mussten direkt nach dem Aufstehen gemacht werden. Die Wäsche im Wäscheschrank war fast wie mit einem Lineal sortiert. Der Schreibtisch und seine Schubladen waren eine Musterausstellung für Ordnung: die Schreibfläche sauber und glänzend poliert. Nie ein Stück Papier. Nie ein Bleistift. Kein offenes Buch. Keine leere Kaffeetasse. Nichts als Sauberkeit und Ordnung! In einer Schublade lagen die Bleistifte, immer gut gespitzt, stets an der gleichen Stelle. Daneben, säuberlich getrennt, die Kugelschreiber. In einem separaten Fach lagen die drei Füllfederhalter. Korrespondenzpapier lag in der zweiten Schublade, schnurgerade sortiert. Die Bücher im Bücherregal waren nach Größe und Farbe sortiert. Die Dekoration stand auf den Regalen symmetrisch in gleichen Abständen, millimetergenau angeordnet.

Anne hatte nicht viele Freunde. Die wenigen aber, die sie hatte, waren echte tiefe Freundschaften. Einige davon dauerten bereits viele Jahre seit ihrer Schulzeit an.

Schon als sie 20 Jahre alt war, bemerkte Anne, dass sie eine Neigung zum Konservatismus hatte. Konservative Werte sprachen sie an. Familie, Kirche, Gemeinde, gesellschaftliche Aufgaben spielten eine ganz große Rolle in ihrem Leben. Das führte zusätzlich zu ausgewählten, ja fast eingeengten sozialen Aktivitäten.

Das Vokabular und die Gedanken Annes waren schon immer von zwei Worten bestimmt: Ordnung und Pflicht. Alles war für sie Pflicht. Und Pflicht stand über allem. Pflicht gegenüber Christian, Pflicht gegenüber dem Ehemann, Pflicht gegenüber den Eltern, Pflicht gegenüber den anderen. Die Pflicht war für sie unverletzbar. Sie war zentral. Sie diktierte neben der Ordnung ihren Lebensablauf, ihre Lebensziele, ihre Lebensgestaltung.

Aber Pflicht ist auch Ordnung.

Diese beiden Worte – Pflicht und Ordnung – waren für sie eins.

Aus der Verschmelzung der beiden Begriffe Ordnung und Pflicht entsprangen Gewissenhaftigkeit und Akkuratesse. Für ihre Kollegen in der Schule, für die Schüler in der Klasse war sie wie eine lebende Uhr. Keine Minute, nein, keine Sekunde kam sie zu spät. Wenn unvorhersehbare, von ihr nicht beeinflussbare Umstände zur Verzögerung oder Verspätung führten, war sie unruhig, nervös und todunglücklich. Sie versuchte, Staus zu vermeiden. Sie fuhr vorsichtig, um mögliche Unfälle abzuwehren. Anne entwickelte besondere Strategien, um alle möglichen Faktoren, die die Ordnung stören könnten, abzuwehren.

Ihre Genauigkeit war legendär. Die Zahlen mussten bis zur dritten Stelle nach dem Komma stimmen. Die Worte «ungefähr», «zirka» oder «schätzungsweise» waren ihr fast unbekannt. Auf jeden Fall benutzte sie sie extrem selten. Sie beeindruckte und nervte manchmal auch ihre Umgebung mit ihrer Exaktheit.

Anne hatte panische Angst vor Schuld. Eines ihrer Lebensprinzipien war es, sich nichts zuschulden kommen zu lassen. Auch vor finanziellen Schulden fürchtete sie sich. Schulden bedeuteten für sie Unsicherheit, Unberechenbarkeit. Niemals in ihrem Leben hatte sie einen Kredit aufgenommen, obwohl sie gern ein eigenes Haus besessen hätte. Das aber wäre mit Schulden verbunden gewesen. Für Anne undenkbar. So etwas kam nicht in Frage.

All das war Eduard fremd. Er hatte keinen Bezug zur Ordnung und konnte auch keine Ordnung halten. Anne schimpfte nicht mit ihm, sondern behandelte ihn wie ein unordentliches Kind. Sie sammelte die liegen gelassenen Strümpfe und Unterwäsche ein und brachte Schreibtisch, Esstisch, Wohnzimmer und Küche immer wieder in Ordnung. Sie brachte das Badezimmer wieder zum Glänzen und legte die durchwühlte Wäsche im Wäscheschrank in eine Linie. Anne schimpfte nicht, doch Eduard empfand es so, auch wenn sie nichts sagte. Es genügte, wenn sie aufstand, um die gerade auf den Boden geworfenen Strümpfe aufzuheben. Es genügte, wenn sie das unordentlich auf dem Schreibtisch gelassene Papier ordentlich weglegte. Oder wenn sie erneut den Staubsauger in die Hand nahm, um Krümel vom Teppich zu saugen. Eduard empfand das als einen unausgesprochenen Vorwurf. Mehr noch – als Sklaverei. Seine Sklaverei. Er fühlte sich überhaupt nicht wohl in dieser Welt der absoluten Ordnung.

Es kam zu Auseinandersetzungen, wobei Eduard laut und unbeherrscht schimpfte, Anne aber mit Schweigen antwortete.

Eduard hatte einen großen Freundes- und Bekanntenkreis, der häufig wechselte. Seine Vorstellungen von sexueller Moral hatten nicht das Geringste gemeinsam mit denen Annes. Er definierte Treue ganz anders, als sie es tat. «Es gibt natürlich Pflichten, doch nur solange der Mensch kein Sklave der Pflicht wird. Jeder ist für sich selbst zuständig. Für sich selbst verantwortlich», dachte Eduard.

Er fühlte sich durch Anne eingeengt, eingeschränkt, als hätte sie ihm seine Freiheit «geraubt». Christian, den er auf seine Art und Weise liebte, empfand er als eine zusätzliche Einschränkung seiner Freiheit. Vor allem dann, als sich zeigte, dass die Beziehung zwischen Mutter und Sohn immer intensiver, immer enger wurde. Eduard fühlte sich immer unfreier, immer eingeengter. Auch Anne fühlte sich in dieser Situation unglücklich und unerfüllt, doch sie rebellierte nicht. Sie fühlte sich Eduard gegenüber verpflichtet. Bis er rebellierte und ging.

Seitdem waren sechs Jahre vergangen. Christian war inzwischen ein aufgeweckter zehnjähriger Junge geworden. Und Anne lebte für Christian. Nur für Christian.

Dann kam Frank, der sensible, kultivierte, gut aussehende Musiklehrer. Nach einigen Monaten erwiderte Anne seine Gefühle. Sie fühlte sich bei ihm wohl, gut aufgehoben, geborgen. Sie fühlte sich fast glücklich mit ihm. Aber nur fast. Christian kam immer wieder dazwischen. Nicht, dass das Kind irgendwelche Ansprüche hatte oder irgendwelche Klagen geäußert hätte.

Nicht, dass es irgendwelche Verhaltensmuster zeigte, die als Protest zu verstehen gewesen wären. Nein, im Gegenteil, Christian verstand sich gut mit Frank. Wenn sie sich trafen, spielten die beiden zusammen. Auch gingen sie manchmal gemeinsam zum Fußballspielen oder ließen im Englischen Garten den Drachen steigen. Das alles gefiel Anne sehr. Und trotzdem. Wenn sie mit Frank allein war, wenn sie ins Kino, ins Theater, ins Konzert oder in ein Restaurant gingen, machte sich ihr überempfindliches Gewissen bemerkbar. Immer war der Gedanke im Hinterkopf, dass sie die Pflichten gegenüber Christian verletzt haben könnte oder gerade verletzte. Das brachte einen bitteren Beigeschmack in ihr Essen. Einen Riss in den Film. Eine Unruhe ins Konzert. Sie konnte dann all diese Dinge nicht mehr genießen. Trotzdem kam sie damit einigermaßen zurecht.

Doch nur bis gestern.

Gestern hatte Frank ihr einen Heiratsantrag gemacht. Zuerst hatte sie sich sehr gefreut. Doch dann erzählte Frank, wie er sich ihr gemeinsames Leben vorstellte. Er wollte mit ihr reisen und viel Zeit mit ihr verbringen. Es wäre doch auch möglich, dass Christians Vater, Eduard, sich intensiver um Christian kümmerte. Er könnte ihn doch häufiger nach Hamburg mitnehmen und einen großen Teil der Ferien mit ihm verbringen, so dass auch sie beide ein wenig mehr Zeit für sich selbst hätten. Und das Kind hätte mehr vom Vater. Dann erzählte Frank, dass er gern auch eigene Kinder hätte. Er wollte gemeinsam mit Anne Kinder haben. «Mindestens drei», sagte er lächelnd.

«Und Christian?», fragte Anne schüchtern. «Ja, Christian wird gleich behandelt wie seine Geschwister», sagte Frank, «doch ich bestehe darauf, dass sich Christians Vater etwas mehr um ihn kümmert.» Anne gab keine Antwort auf Franks Heiratsantrag. Sie bat um Verständnis. Sie wollte etwas mehr Zeit haben, um darüber nachzudenken.

Und sie dachte nur daran. Heute, an diesem wunderschönen Septembersonntag konnte sie an nichts anderes denken, als an diesen Heiratsantrag. Vor allem aber dachte sie an die Folgen des Antrags. An die Folgen für Christian. Dabei geriet sie fast in Panik, als sie sich vermeintliche Trennungen von Christian vorstellte. Dass Christian oben im kalten Hamburg allein mit dem unbekümmerten Eduard sein könnte. Weit weg von ihr, für eine längere Zeit. Weg aus ihrem Blickfeld. Eine Horrorvision. Und dann die drei gewünschten Kinder. Welche Zeit bliebe denn dann noch für Christian?

Anne wusste es genau, an diesem schönen sonnigen Septembersonntag. Sie wusste schon jetzt, dass sie den Antrag ablehnen würde. Das hatte sie bereits gewusst, noch bevor Frank von Heirat gesprochen hatte.

Fast in Panik, als könnte etwas Unsagbares geschehen, rannte sie zu Christian. Sie umarmte ihn innig und küsste ihn, hastig und mehrere Male. Christian war nicht sehr überrascht. Er kannte solche Verhaltensweisen seiner Mutter schon von klein auf. Sie gingen gemeinsam nach Hause.

Die Nacht, die immer wiederkehrt

Anne ließ sich nicht anmerken, dass sich allmählich eine Niedergeschlagenheit in jeder Zelle ihres Körpers breit machte. Eine Niedergeschlagenheit, die sie bereits aus früheren Jahren kannte. Sie hatte keinen Appetit. Es machte ihr auch große Mühe, mit Christian ihr allabendliches Ritual zu zelebrieren. Normalerweise aßen sie gemütlich zusammen zu Abend, erzählten sich ihre Erlebnisse vom Tag und hatten dabei oft viel Spaß. Heute aber war es anders. Anne war beim Abendessen wortkarg und sprach nur mit großer Mühe mit Christian. Als er schließlich im Bett lag, küsste sie ihn auf die Stirn, machte das Licht aus und ging aus dem Zimmer. Entkräftet und innerlich leer warf sie sich auf den erstbesten Sessel. Sie ließ das Zimmer dunkel und grübelte stundenlang. Es begann sich wieder dieses Gefühl in ihr auszubreiten, dass alles um sie herum schwarz würde. Kein Licht am Horizont. Keine Freude.

Anne bekam große Angst. «Sie kommt wieder, sie kommt wieder», murmelte sie verzweifelt. Mit großer Mühe hatte sie sich fürs Bett fertig gemacht. Erst spät in der Nacht schlief sie ein, gequält von allen möglichen schwarzen Gedanken. Sie schlief sehr unruhig und hatte Angstträume. Um drei Uhr morgens war sie wieder wach. Sie konnte nicht mehr schlafen, war aber auch nicht fähig aufzustehen. So blieb sie im Bett und grübelte. Um 6.30 Uhr klingelte der Wecker. Christian und sie mussten zur Schule. Ihr fiel auf, wie viel Kraft sie benötigte, um sich für die Schule fertig zu machen. Ihre Glieder waren schwer wie Blei. Ihre Bewegungen waren langsam und ihr Gesichtsausdruck matt. Sie hatte dunkle Ringe unter den Augen. Mühsam gelang es ihr, für Christian Frühstück zu machen. Sie selbst hatte lustlos ein paar Schluck Kaffee getrunken, nicht mehr.

Der Weg zur Schule schien unendlich lang. Sonst war es nur eine Sache von zehn Minuten gewesen. Christian plauderte pausenlos. Sie bekam kaum etwas davon mit.

Anne liebte ihren Beruf sehr. Sie liebte die Schule, und sie war beliebt. Sie hatte kaum je Probleme mit Kollegen, und zu den Schülern hatte sie einen guten Kontakt. Obwohl manche Schüler sie als streng erlebten, vor allem, wenn es um Ordnung, um Genauigkeit und um Sauberkeit ging. Aber ihre Fähigkeiten zuzuhören, sich um die Kinder und besonders um die schwächeren Schüler liebevoll zu kümmern, glichen das aus. Ja, Anne liebte ihren Beruf sehr, und sie liebte auch diese Schule.

Doch heute war es anders. Die Schule schien bedrohlich. Wie ein Berg, den sie nicht besteigen konnte. Sie hatte Angst vor dem Unterricht. Angst, ihn nicht bewältigen zu können. Angst vor den Schülern und Angst vor den Kollegen. Doch sie wusste nicht, warum sie diese Angst empfand.

Die Zeit bis zur großen Pause schien unendlich langsam zu vergehen. Mit großer Erleichterung hörte sie die Klingel, welche die große Pause ankündigte. Sie wartete, bis alle Schüler die Klasse verlassen hatten. Dann sammelte sie langsam, sehr langsam und völlig erschöpft ihre Sachen zusammen. Mit kleinen schweren Schritten schleppte sie sich zum Lehrerzimmer. Dort suchte sie sich eine Ecke, wo sich kein Kollege aufhielt. Sie drehte den Sessel in Richtung Wand und warf sich hinein. Es dauerte jedoch nicht lange und Frank erschien. Er fragte, ob er sich zu ihr setzen dürfe. Mit leiser Stimme stimmte sie zu. Anne versuchte, ihm ein müdes Lächeln zu schenken. Dabei versuchte sie auch, ihren Zustand zu verbergen. Frank fragte sie direkt, erwartungsvoll und irgendwie verschwörerisch: «Und?»

«Was und?»

«Wie stehen meine Chancen? Wie steht es mit meinem Antrag?»

Anne antwortete nicht sofort. Sie versuchte, ihm irgendwie auszuweichen. Sie hatte Angst vor dieser Frage.

«Müssen wir das jetzt besprechen?», fragte sie leise. «Können wir das nicht später tun?»

«Nein, ich platze vor Ungeduld», sagte Frank, «ich möchte es jetzt wissen.»

Anne schwieg. Sie schaute zu Boden, starrte in den leeren Raum, ihre Augen wurden feucht. Ihre Lippen und ihre Gesichtsmuskeln zuckten.

«Was ist denn los?», fragte Frank. «Bist du krank? Fühlst du dich nicht wohl?»

«Nein, es ist nicht so schlimm. Es geht mir gut. Ich bin nur ein wenig erschöpft.»

«Warum gehst du nicht nach Hause?», fragte Frank.

«Ach, es wird schon gehen. Ich kann doch nicht den Unterricht ausfallen lassen.»

«Gut. Und wie ist es mit meinem Antrag?», fragte Frank unerbittlich. Sie hielt die Tränen zurück und sagte leise: «Frank, ich kann deinen Antrag leider nicht annehmen. Frag mich bitte nicht warum. Ich erkläre dir das ein anderes Mal.»

«Aber warum denn?», protestierte Frank. «Wir verstehen uns so gut. Wir fühlen uns wohl miteinander. Warum nicht?»

«Ich erkläre dir das ein anderes Mal, bitte», sagte sie leise.

«Nein, ein Wort musst du mir dazu sagen», beharrte Frank. «Ich bitte dich darum.»

Anne sammelte sich und sagte mit leiser Stimme: «Wegen Christian . . . Wegen meiner Verpflichtungen gegenüber Christian. Christian . . . Ich kann meine Pflichten gegenüber Christian nicht verletzen.»

«Ich verstehe das nicht», sagte Frank fast unbeherrscht.

«Bitte, Frank, ich kann jetzt nicht. Ich habe keine Kraft mehr.»

Frank stand auf. Er blieb einige Sekunden stehen, schaute auf den Sessel, in dem Anne zusammengekauert saß, und entfernte sich langsam. Dabei schaute er noch ein paar Mal in Annes Richtung. Verständnislos und enttäuscht.

Anne fühlte sich unendlich allein. In dem Moment, wo Frank aufgestanden war und ging, war es, als würde die ganze Welt von ihr weichen. So, als ob sie ganz allein in einem schwarzen Vakuum sitze. Sie wollte ihm zurufen: «Bitte bleib. Bitte.» Aber sie konnte es nicht.

Gegen 14.00 Uhr war die Schule zu Ende. Anne nahm Christian an die Hand und ging mit ihm nach Hause. Sie liebte diesen Moment, sie hatte dann immer das Gefühl, dass sie seit dem Morgen etwas Sinnvolles getan und etwas abgeschlossen, eine Pflicht erfüllt hatte. Normalerweise freute sie sich auf die lebhaften Erzählungen von Christian, der ihr immer mit großem Schwung von den Erlebnissen des Tages berichtete. Doch heute war es anders. Sie ließ Christian zwar erzählen, doch sie nahm kaum wahr, was er sprach. Auf Fragen antwortete sie mechanisch mit «Ja» oder «Nein» oder «Ich weiß nicht». So etwas war für sie sehr ungewöhnlich. Christian dachte, dass seine Mutter heute sehr müde sei. Deshalb hörte er auf zu schwatzen. Zu Hause bereitete Anne ein einfaches Mittagessen für Christian. Sie selbst hatte keinen Appetit. Sie brachte einfach nichts herunter. Sie trank etwas Saft, schleppte sich in ihr Schlafzimmer und legte sich aufs Bett. Sie konnte nicht schlafen, obwohl sie sich unendlich müde fühlte. Unendlich matt und unendlich schwach. Und sie konnte nicht denken. Ihr Kopf war wie leer gefegt. Einen Gedanken aber hatte sie doch. Einen Gedanken, der immer wiederkehrte, ihr Angst machte: «Sie kommt wieder. Sie kommt wieder», dachte sie. «Lieber Gott, mach, dass sie nicht wieder kommt.»

Inzwischen war es Nachmittag geworden. Anne spürte wieder etwas Leben in ihren Körper zurückkehren. Der große Fels, der den ganzen Vormittag auf ihre Brust gedrückt hatte, begann kleiner und kleiner zu werden. Sie spürte einen leichten Hunger, und ihre Glieder waren nicht mehr so bleischwer. Die Gedanken kehrten allmählich zurück. So sammelten sich ganz langsam wieder ihre Kräfte – wie das Wasser in einer Lache, nachdem es geregnet hat. Gegen 17.00 Uhr fühlte sie sich stark genug, etwas im Haushalt zu tun und sich dann um Christian zu kümmern. Ein kleines Lächeln erschien auf ihren Lippen. Sie begann zu hoffen.

«Nein, sie ist nicht gekommen. Gott sei Dank, sie ist doch nicht gekommen. Lieber Gott, ich danke dir. Ich bin nur erschöpft, und ich bin im Stress. Die Entscheidung, die ich wegen Frank treffen musste, hat mich mehr belastet, als ich dachte. Das ist der Grund für meinen Zustand.»

Je später der Abend wurde, desto besser ging es ihr. Anne hatte versucht, ein einigermaßen gutes Abendessen für Christian und sich selbst zu kochen. Der Appetit war zwar nicht groß, doch diesmal konnte sie etwas essen. Sie konnte Christian auch bei seinen Hausaufgaben helfen. Dann setzte sie sich auf seine Bettkante, und sie sprachen ein Weilchen miteinander. Christian erzählte gerade etwas Faszinierendes vom Kosmos. Welche Möglichkeiten die Astronauten hätten, das All zu erobern, was sie dort erwartete und Ähnliches. Anne hatte Schwierigkeiten, sich zu konzentrieren, hörte aber zu. Während des Gesprächs streichelte sie ab und zu sein blondes Haar oder hielt seine Hand. Nach dem Gute-Nacht-Kuss kehrte sie ins Wohnzimmer zurück, schaltete den Fernseher aus und begann erneut zu grübeln. Wenn auch nicht so negativ, nicht so schwarz und nicht so perspektivlos wie am Morgen. Sie hatte die Hoffnung, sie sei nur erschöpft. Diese Woche war die letzte Schulwoche vor den Herbstferien. In den Ferien wollte sie mit Christian in Südtirol eine Woche Urlaub machen. Sie fuhren immer in dasselbe Hotel, denn sie fühlten sich dort beide sehr wohl und glücklich. Nach solch einem Urlaub kamen sie immer voller Energie zurück.

Die Woche verging langsam, nach demselben Muster wie der Montag. Aber irgendwie ging es doch. Anne fehlte keinen einzigen Tag in der Schule. Sie schlief schlecht, jede Nacht erwachte sie gegen drei und konnte dann nicht weiterschlafen. Sie konnte aber auch nicht aufstehen, so müde und zerschlagen fühlte sie sich. Dann schaffte sie es immer irgendwie, Christian und sich für die Schule fertig zu machen. Wohlwollende Kollegen fragten, ob ihr etwas fehle. Sie antwortete immer: «Mir fehlt nichts, ich bin bloß sehr müde. Am Freitag ist der letzte Arbeitstag, dann gehe ich in die Ferien. Es wird schon gehen.»

Die Ferien kamen, und die beiden fuhren in Annes kleinem Auto nach Südtirol. Die Fahrt war anstrengend. Anne fuhr unkonzentriert. Sie konnte die Landschaft nicht genießen wie sonst. Gott sei Dank hatte Christian seine Musikkassetten mitgenommen. Er setzte die Kopfhörer auf und hörte seine Musik.

Die Fahrt dauerte ungewöhnlich lange. Nicht wegen des dichten Verkehrs, sondern wegen Annes Müdigkeit und Konzentrationsschwierigkeiten. Sie musste alle halbe Stunde anhalten, um Luft zu holen, wie sie später sagte. Christian begann, etwas ungeduldig zu werden. Anne litt nicht nur unter der langen Fahrt, sondern auch unter dem Gefühl, dass sie Christian damit quälte. Als sie endlich am Urlaubsort ankamen, lief Christian sofort zu den Orten, die er kannte. Dort traf er auch andere Kinder, die er bei früheren Aufenthalten schon getroffen hatte. Er freute sich. Nicht so Anne. Total erschöpft nahm sie die Koffer aus dem Auto.

Der Urlaub brachte nicht die erhoffte Erlösung. Im Gegenteil, sie konnte sich kaum an den Bergen erfreuen, die sie immer so geliebt hatte. Die Spaziergänge waren für sie eine Qual. Zum Frühstück ging Christian allein, genauso wie zum Mittagessen. Nur abends konnte sie mit Mühe etwas essen. Christian bemerkte die Veränderung bei seiner Mutter und reagierte traurig. Er fragte immer wieder besorgt, was los sei, und bekam immer wieder die gleiche Antwort: «Nichts Besonderes, mein Schatz. Ich bin einfach müde, nicht mehr.»

Anne begann, Schuldgefühle gegenüber Christian zu haben. Es kamen ihr Gedanken wie: «Du bist eine schlechte Mutter. Du kümmerst dich überhaupt nicht um Christian. Das Kind ist unglücklich, und du bist daran schuld. Dass Eduard dich verlassen hat und Christian vaterlos aufwächst, ist deine Schuld. Eduard hatte keine Schuld daran, nur du. Und jetzt das mit den Ferien. Du verdirbst Christian die Ferien, du verdirbst ihm das ganze Leben. Seine Zukunft. Du bist schuld daran. Du bist keine gute Mutter. Du versagst als Mutter genauso, wie du als Ehefrau versagt hast. Im Leben ist es auch nicht besser, auch dort bist du eine Versagerin. Du taugst nichts, weder als Mutter noch als Ehefrau noch als Lehrerin. Wozu taugst du denn? Zu nichts.»

Andere Gedanken hatte Anne nicht mehr. Es waren immer dieselben Schuld- und Versagensgefühle – pessimistische, negative Gedanken.

Während des Urlaubs bemerkte Anne noch etwas anderes. Sie konnte nicht mehr Ordnung halten. Ihr ganzes Leben war Ordnung gewesen. Und jetzt wirkte das Hotelzimmer nur halbwegs aufgeräumt, bis das Zimmermädchen kam. Sie vernachlässigte ihre Körperpflege, worauf sie früher immer pedantisch geachtet hatte. Sie hatte keine Kraft mehr dafür.

Zwei Tage vor Beendigung des Urlaubs fiel Anne zum ersten Mal auf, dass sie beim Spaziergang, als sie an dem kleinen Friedhof vorbeigingen, fast sehnsüchtig auf die Gräber schaute. Die Toten hatten alles hinter sich. Die hatten keine Qualen mehr. «Besser tot als lebendig», kam ihr in den Sinn. Dieser Gedanke erschreckte sie sehr.

«Und Christian?», war ihre innere Reaktion.

«Was wird mit Christian, wenn du stirbst? Er bleibt allein und völlig ungeschützt auf dieser freudlosen, schwarzen Welt zurück. Um Gottes willen, du darfst nicht solche Gedanken haben.»

Und die Schuldgefühle gegenüber Christian fanden neue Nahrung.

Die Rückfahrt nach München war doppelt so anstrengend wie die Hinfahrt. Die Autos auf der Straße erschienen ihr wie Raketen, wie Torpedos, die mit großer Geschwindigkeit um sie herumflogen und sie und Christian bedrohten. Sie selbst dagegen war langsam, sehr langsam. Pausen machte Anne nun noch häufiger als auf der Hinfahrt, ganz zum Ärger von Christian. Auch deshalb hatte sie Schuldgefühle. Es war Sonntag, als sie zurückkehrten. Ein wunderschöner, sonniger Oktobertag. Der goldene Oktober machte seinem Namen alle Ehre. Die Wälder feierten ein Fest der Farben. Gelb, Gold, Rot und Rosa. Farben, die durch die Sonnenstrahlen noch intensiver, noch beeindruckender waren. Anne aber sah davon nichts. Sie sah nur Grau. Die Wälder waren grau, und der Himmel war grau. So sah sie auch die Sonne. «Merkwürdig», dachte Anne, «selbst die Sonne ist heute grau.» Der Fels, der auf ihre Brust drückte, wuchs und wuchs. Sie konnte kaum atmen. Ein Kloß saß in ihrem Hals. Der Kopf fühlte sich an, als stecke er in einem Schraubstock, der immer enger und enger angezogen wurde.

Der Tod, die Erlösung und die Liebe

«Sie ist doch gekommen», dachte Anne voller Panik. «Sie ist doch gekommen, die Nacht, die finstere. Sie ist doch gekommen.» Und dann kam wieder der Gedanke: «Besser tot als lebendig. Glücklich die Verstorbenen. Aber du stirbst ja nicht, du kannst nicht erlöst werden.»

«Aber», dachte Anne, «wie wäre es, wenn ich mir selbst das Leben nehme?» Dieser Gedanke versetzte sie in panische Angst. «Welch ein Gedanke? Du willst dich umbringen? Was geschieht dann mit Christian? Das kannst du Christian nicht antun! Du musst leben, für ihn.»

Der Gedanke an die Selbsttötung verschwand wieder. Anne fühlte sich nun doch erleichtert. «Merkwürdig», dachte sie, «ich bin eine gläubige Katholikin, und für die Christen ist Selbstmord eine Sünde. Wie konnte ich so etwas denken? Warum schützt mich mein Glaube nicht davor? Aber Gott sei Dank, Christian schützt mich davor, mich selbst zu töten.» Plötzlich schien ihr der Suizid keine Erlösung mehr.

Bei diesem Gedanken wurde Anne zum ersten Mal bewusst, dass sie in der letzten Woche nicht gebetet hatte. Sie, die gläubige

Katholikin, hatte immer viel Kraft im Gebet gefunden. Doch seitdem dieser Zustand begonnen hatte, konnte sie nicht mehr beten. Es war, als ob ihr Glaube versiegt sei. Als ob sie keine Kraft mehr hätte, um zu glauben.

«Sie ist doch wieder gekommen», dachte Anne. «Die Depression ist wieder gekommen.»

Schon ihre Mutter hatte unter schweren Depressionen gelitten und war in psychiatrischen Kliniken behandelt worden. Daran konnte sie sich noch gut erinnern. Sie hatte immer großes Mitleid mit ihr gehabt. Gott sei Dank waren sie und ihr Bruder bereits erwachsen – ihr Bruder war 20 Jahre und sie selbst 18 Jahre alt –, als die Mutter zum ersten Mal an einer schweren Depression erkrankte. Das war Glück im Unglück, denn als ihr Vater starb, war sie gerade zwölf und ihr Bruder 14 Jahre alt gewesen. Der Vater starb an einer Lungenentzündung, und die Mutter war gezwungen gewesen, sämtliche Pflichten zu übernehmen. Sie meisterte diese Aufgabe sehr gut. Sie konnte ihren Kindern viel Liebe geben, und dadurch war es ihnen beiden möglich, unproblematisch aufzuwachsen und zu studieren.

Anne war also kein Kind mehr, als die Mutter zum ersten Mal erkrankte, ihre Erziehung war nicht durch ein solches Erleben gestört worden. Da sie selbst bereits erwachsen war, konnte sie ihrer Mutter in den schweren Stunden beistehen. Erst als sie einen Studienplatz in München bekam, musste sie sich von ihrer Mutter trennen, doch glücklicherweise lagen nur etwa 80 Kilometer zwischen ihrem Wohnort und München, so dass sie die Mutter häufig besuchen konnte. Das Gleiche tat auch ihr Bruder. Es war ein Glücksfall, dass er nach seinem Studium zurück in seine Geburtsstadt kommen und sich dort als Anwalt niederlassen konnte. Er wohnte sogar mit der Mutter im gleichen Haus. Nein, Gott sei Dank hatten die Depressionen der Mutter Annes Entwicklung nicht beeinträchtigt. Doch sie hatten Anne enorm erschüttert, und es hatte ihr wehgetan, die Qualen der Mutter mit ansehen zu müssen.

Dann hatte Anne selbst Depressionen bekommen. Aber nie in

einem Ausmaß, wie sie es jetzt erlebte. Trotzdem war es auch früher eine sehr negative Erfahrung für sie gewesen. Sie hatte Angst davor. Auch in der Zeit mit Eduard hatte sie flüchtig diese Depressionen gehabt. Sie dachte, die Eheprobleme seien der Grund. Doch auch nach der Scheidung tauchten sie wieder auf. Die Erklärung war nahe liegend, dass sie durch den Stress während der Scheidung verursacht worden waren. Deswegen war sie nie zu einem Psychiater gegangen. Sie bat nur ihren Hausarzt um Schlafmittel oder ein Medikament gegen die Angst, die sie empfand. Eine richtige Behandlung wurde nicht durchgeführt. Jetzt aber, während dieser Heimfahrt aus den Ferien, wurde ihr bewusst, dass diese Depression viel schwerer war als alle früheren. Vor allem der Gedanke an Selbsttötung, den sie zum ersten Mal verspürte, erschreckte sie unendlich tief.

«Und wenn ich es doch tue? Wenn dieser Gedanke zum Drang, zum Zwang wird? Wenn ich diesem Gedanken nicht widerstehen kann? Was geschieht dann mit Christian? Wo bleibt Christian? Wenn ich das tun würde, wäre es ein Verbrechen gegen ihn, gegen mein eigenes Kind. Nein, Christian darf durch mich keinen Schaden erleiden.

Alles kann ich tun. Nur Christian darf ich nie schaden. Aus diesem hoffnungslosen Leben zu scheiden, wäre für mich eine Erlösung. Für Christian wäre es eine Katastrophe. Du bist eine egoistische Kuh», schimpfte Anne mit sich selbst. «Du musst etwas dagegen tun. Pillen gegen die Schlaflosigkeit und Pillen gegen die Angst vom Hausarzt, das reicht nicht. Morgen früh machst du einen Termin bei einem Psychologen.»

Dieser Gedanke beruhigte Anne ein wenig. Das war eine schwache, aber doch eine Perspektive. Manchmal, in den Nachmittagsstunden wie jetzt, in den Stunden der Aufhellung, konnte sie ihren Zustand ohne Wenn und Aber als «Depression» bezeichnen.

«Psychologe oder Psychiater?», fragte sie sich.

Anne kannte den Unterschied zwischen einem Psychologen und einem Psychiater. Das ist im Übrigen keine Selbstverständlichkeit. Sie wusste auch, dass ein Psychologe, der nicht Mediziner ist, ausschließlich mit Gesprächen, Entspannungsübungen und anderen psychotherapeutischen Mitteln behandeln darf. Ein Psychiater kann mit psychotherapeutischen und biologischen Behandlungsmethoden arbeiten, mit Psychotherapie und mit Medikamenten, wie etwa mit Antidepressiva. Das wusste sie. «Aber wenn man eine psychiatrische Behandlung braucht, wenn man Antidepressiva braucht, ist man krank. Wenn man aber psychologisch behandelt wird, heißt das, dass man Probleme hat. Nur Probleme. Das ist also nicht das Gleiche. Ich habe Probleme. Probleme, die zu Verstimmungen führen. Meine unglückliche Ehe, die Scheidung und jetzt die Entscheidung gegen Frank. Frank, den ich so mag, mit dem ich mich so wohl fühle, wenn ich mit ihm zusammen bin. Das sind Probleme. Es ist nur verständlich, dass sie zu Depressionen führen. Aber krank bin ich nicht, obwohl meine Mutter es war.»

Sie entschied sich für den Psychologen, nicht für den Psychiater. Plötzlich fiel Anne ein Interview ein, das sie vor einigen Monaten im Fernsehen gesehen hatte. Ein Psychiater hatte dort gesagt: «Depressionen sind schwere Erkrankungen, schwerste Erkrankungen. Manchmal sind Depressionen todbringende Erkrankungen. Und es sind lebenslange Erkrankungen, die immer wieder zurückkommen. Im Verlauf der Jahre haben zwei Drittel aller Patienten, die an Depressionen leiden, Suizidgedanken. Ein Viertel dieser Patienten stirbt am Suizid, wenn die Depression nicht richtig behandelt wird.»

Anne fragte sich, ob sie nicht doch zum Arzt gehen sollte, zum Psychiater. Aber schließlich entschied sie sich doch für den Psychologen. «Was ich brauche, ist eine gute psychologische Unterstützung», dachte sie. Am nächsten Tag suchte sie aus den «Gelben Seiten» die Adresse einer Psychologin heraus. Eher zufällig, die Praxis befand sich in der Nähe von Annes Wohnung. Sie bekam gleich einen Termin, weil eine andere Patientin kurzfristig abgesagt hatte. Der Termin lag in den frühen Abendstunden. Anne nahm den Termin dankbar an. «Gut, dass der Termin so spät ist. Um diese Zeit fühle ich mich in der Regel viel besser, und ich kann der Psychologin viel mehr über meinen Zustand erzählen.»

Der Tag verging langsam, wie gewöhnlich in den letzten Wochen. Dieselbe Müdigkeit, dieselbe Schwäche, dasselbe Martyrium – wie jeden Tag. Aber in den letzten Tagen waren auch vermehrt Ängste hinzugekommen. Unbegründete Ängste, für die sie keinen Grund nennen konnte. Das Herz raste, und der Puls erreichte manchmal 120 Schläge pro Minute. Der Mund war dabei trocken, die Hände feucht. Die Atmung beschleunigte sich. Im Kopf war ihr schwindlig. Sie hatte das Gefühl, von Sekunde zu Sekunde in Ohnmacht zu fallen. Es waren Attacken von wenigen Minuten, die ihr aber schwer zusetzten. Nach einer solchen Attacke fühlte sie sich noch schlimmer, als es ihr bis dahin schon ging.

Als sie sich endlich am frühen Abend auf den Weg zu der Psychologin machte, hatte sie doch eine kleine Spur von Hoffnung, dass diese ihr helfen würde. Als Anne auffiel, dass sie Hoffnung hatte, war sie ein wenig überrascht. Sie lebte ja in den letzten Wochen im Zustand der Hoffnungslosigkeit. Kein Licht am Ende des Tunnels. Schon manches Mal hatte sie in den Abendstunden eine Art von leiser Hoffnung verspürt, dass es ihr doch wieder besser gehen könnte. Aber am nächsten Morgen war sie dann wieder von der Lawine der Hoffnungslosigkeit, Zwecklosigkeit, der Sinnlosigkeit überrollt worden.

Die Psychologin war Anfang 40, eine schlanke Frau mit einem ernsten Gesicht und ernstem Blick. «Das ist gut», dachte Anne. «Sie ist nicht so jung, also hat sie sicherlich manche Lebenserfahrung gemacht und kann mich vielleicht besser verstehen als eine Jüngere.» Sie nahm Platz auf dem Stuhl vor dem Schreibtisch der Psychologin. Diese wollte zuerst Annes Personalien wissen: Geburtsdatum, Beruf, Wohnort. Und dann fragte sie: «Wo brennt es denn? Was kann ich für Sie tun?» Anne erzählte, dass sie sich seit einiger Zeit niedergeschlagen fühle, kein Interesse, keinen Antrieb und keinen Appetit habe. Sie könne auch keine Freude mehr empfinden. Sie berichtete weiter, dass sie sich so schlecht um alles kümmere, vor allem um Christian. Dass sie ihre Arbeit nicht mehr schaffe, dass sie niemanden besuchen und von niemandem Besuch haben wolle. Sie fügte hinzu: «Ich hatte auch früher schon so etwas. Nach meiner Scheidung aber häufiger.»

«Scheidung?», bemerkte die Psychologin. «Erzählen Sie mir über Ihren Mann und Ihre Scheidung. Warum ist er weggezogen? Aber alles bitte von Anfang an.»

Anne versuchte, zusammenhängend über Eduard, die Ehe, die Ehekrise und die Scheidung zu sprechen. Es war schwierig für sie, so lange zu reden. Es war schwer, sich all diese traurigen Erlebnisse wieder in Erinnerung zu rufen. Mühsam, einer fremden Person, die sie vorher nie gesehen hatte, darüber Einzelheiten zu erzählen. Doch sie versuchte es.

Anne sprach mit leiser Stimme und schaute der Psychologin selten direkt in die Augen. Als sie es dann – am Ende ihrer Erzählung – aber tat, war sie zuerst überrascht, dann fast erschrocken. Die Psychologin hatte feuchte Augen, konnte ihre Tränen nicht zurückhalten. Dann begann sie offen zu weinen und sagte mit leiser Stimme: «Diese Scheiß-Männer. Diese Scheiß-Männer. Genau dasselbe habe ich vor einigen Wochen auch mitgemacht.» Mit dem letzten Satz sprang sie aus ihrem Stuhl, rannte zu Anne und versuchte, sie weinend zu umarmen.

Anne geriet in Panik. Sie wusste zwar nicht, dass dieses Verhalten der Psychologin ein völlig untypisches, ein unprofessionelles Verhalten war. Dass man als Psychotherapeut nie die eigenen Probleme in die Therapie mit einbringen darf und dass man den Patienten die eigenen Gefühle nicht in dieser Weise zeigen darf. Doch Anne spürte instinktiv, dass irgendetwas furchtbar schief lief. Sie erlebte diese Frau in dem Moment, als sie weinend auf sie losstürmte, um sie zu umarmen, als eine lebensgefährliche Bedrohung. Mit ungeahnten Kräften schrie sie: «Lass mich los, lass mich los!», und entriss sich der Umarmung der Psychologin. Sie rannte zur Tür, öffnete sie, lief am Fahrstuhl vorbei und rannte die Treppe hinunter zum Ausgang. Sie war zutiefst erregt, so als wäre sie gerade einem Anschlag auf ihr Leben entkommen.

Und plötzlich war er wieder da: der Gedanke an die Selbsttötung.

Diesmal aber war er eindringlicher. «Nur der Tod ist die Erlösung aus dieser Hölle. Aber so ein Glück habe ich nicht, einfach Glück zu sterben. Nein, jetzt bin ich mir sicher. Es ist keine Schnapsidee, mich selbst zu erlösen. Es ist eine ernst zu nehmende Möglichkeit, freiwillig aus dem Leben zu scheiden. Nur dann finde ich endlich meine Ruhe.» Dann aber kam der Gegengedanke: «Nein, das darfst du nicht! Du darfst es Christian nicht antun!» Es waren zwei Stimmen, die in ihrer Brust stritten. Die eine innere Stimme sagte: «Das ist die einzige Lösung. Tu es, dann bist du endlich erlöst.» Die andere Stimme rief: «Denk an deine Pflicht, du darfst das nicht. Du darfst das Christian nicht antun. Du darfst niemals etwas tun, was Christian schaden könnte.» Es war ein Kampf zwischen der Sehnsucht nach Erlösung und auf der anderen Seite der Verantwortung und Pflicht Christian gegenüber.

Es war zunächst ein Kampf ohne Sieger. Zu Hause angekommen, fand sie Christian vor dem Fernseher. Anne ging langsam zu ihm und gab ihm einen Kuss auf das blonde Haar, das durch ihre Tränen nass wurde. Auf Christians besorgte Frage: «Was ist los, Mutti? Was ist los mit dir? Warum weinst du?», gestand ihm Anne zum ersten Mal, dass es ihr nicht gut ginge. «Aber mach dir keine Sorgen, mein Schatz, es ist nichts Ernstes.»

Die Nacht war dramatisch. Anne konnte nicht schlafen, die Schlaftablette, die sie von ihrem Hausarzt bekommen hatte, half kaum. Wieder war sie gegen drei Uhr wach. Wieder hatte sie keine Kraft aufzustehen. Wieder grübelte sie. Diesmal standen die Selbstmordgedanken im Mittelpunkt des Grübelns. Die beiden inneren Stimmen tobten weiter. Aber diesmal kamen viel konkretere Gedanken dazu. «Angenommen, ich tue es, wie tue ich es?»

Gedanken und Bilder drängten sich in ihrem Kopf. Sie dachte an Tabletten. Daran, den Föhn in die mit Wasser gefüllte Badewanne zu werfen. Dann kam ihr der Gedanke an einen Sturz vom Hochhaus oder den Sprung vor einen fahrenden Zug. Diese Bilder erschreckten sie. Das Bild des hilflosen Christian verdrängte die bösen Gedanken. Christian, der rettende Damm.

Doch am anderen Morgen ging es ihr besonders schlecht. Schweren Herzens entschloss sie sich, nicht zur Arbeit zu gehen. Christian sollte im Sekretariat der Schule sagen, dass sie krank sei und heute nicht kommen könne. Christian und seine Mutter umarmten sich lange. Christian ging in die Schule, Anne ins Bett. Vorher hatte sie die schweren Vorhänge geschlossen und das Licht ausgeschaltet. Sie zog die Decke über den Kopf und grübelte endlos.

Die Selbsttötungsgedanken waren wieder da. Diesmal aber waren sie noch intensiver, noch aufdringlicher. Derselbe heftige Kampf, bis Christian aus der Schule zurückkam. Er verjagte die bösen Gedanken für kurze Zeit. Christian war nicht überrascht über die lange und feste Umarmung seiner Mutter. Er war ja daran gewöhnt. Er verstand aber nicht, warum seine Mutter murmelte: «Nein, mein Kind. Nein, das tue ich nicht, das tue ich dir nicht an, mein Schatz.» «Was meinst du, Mutti?», fragte er leise. «Nichts, absolut nichts, mein Schatz.» Es gab nicht viel zum Mittagessen. Die Schuldgefühle aber, die Versagensgefühle, die Wertlosigkeitsgedanken, die «Du-taugst-zu-nichts»-Gedanken fanden schon wieder einen neuen Anlass, in Annes Kopf zu toben. Aber meistens tobten sie ohne Anlass. «Du bist die schlechteste Mutter, die es gibt. Du warst die schlechteste Ehefrau, die es gab. Du machst alles falsch. Du taugst zu nichts. Du hast nichts Sinnvolles in deinem Leben getan.» Das war ein krasser Widerspruch zu Annes Persönlichkeit und Annes Lebensgeschichte. Denn es gab ja gar keinen Anlass für solche Gedanken.

Anne blieb den ganzen Nachmittag im Bett. Christian saß auf ihrer Bettkante und nahm liebevoll ihre Hand in seine Hände. Er sagte kein Wort, aber er war traurig. Nur als er merkte, dass Tränen in den Augen seiner Mutter standen, fragte er leise und als ob er wüsste, dass er keine Antwort bekommen würde: «Was ist los, Mutti? Warum weinst du?» Er bekam tatsächlich keine Antwort. Nach einer Weile ging er in sein Zimmer, um seine Hausaufgaben zu machen. Die Todesgedanken kamen wieder. Böse und beherrschende Gedanken waren es diesmal. Als dann zum letzten Mal die innere Stimme sagte: «Du darfst es nicht tun. Du darfst es Christian nicht antun. Du darfst ihn in dieser bösen, hoffnungslosen Welt nicht allein lassen», gab sie selbst die Antwort.

«Ja, ich kann ihm das nicht antun. Ich kann ihn nicht allein und schutzlos in diesem schwarzen Leben zurücklassen. Ich darf ihm nie schaden.

Ich nehme ihn mit.

Ich nehme ihn mit.

Es gibt keinen anderen Weg.»

Als Anne sich selbst diese Antwort auf die Vorwürfe ihrer inneren Stimme gegeben hatte, wurde sie von einer merkwürdigen Ruhe befallen. Aufregung, Angst und Unentschlossenheit verschwanden plötzlich. Als seien diese Worte «Ich nehme ihn mit» magische Worte, die den Kampf beendeten. Es war kurz vor neun. Anne stand auf. Dabei war sie ungewöhnlich entschlossen. Ungewöhnlich ruhig. Ungewöhnlich kraftvoll. Sie ging zu Christian, der Musik hörte, nahm ihn ruhig bei der Hand und sagte: «Gehen wir, mein Schatz, es ist Zeit zum Schlafen.»

«Es wird uns beiden gut tun, mein Schatz»

Christian folgte ihr ohne Widerstand. Sie gingen gemeinsam ins Kinderzimmer. Während Christian sich auszog, suchte Anne in ihrem Schrank nach Medikamenten. Sie fand eine große Flasche mit einem flüssigen Schlafmittel, das sie einmal vor längerer Zeit von ihrem Hausarzt bekommen hatte. Und sie fand viele unterschiedliche Tabletten: Schmerztabletten, Schlaftabletten, Beruhigungstabletten, Tabletten gegen eine Hautallergie, eben alles, was sich über die Jahre hinweg angesammelt hatte.

Als sie wieder ins Kinderzimmer kam, lag Christian bereits im Bett und las in einem Comicheft. Sie nahm das flüssige Beruhigungsmittel und gab Christian mit einem Suppenlöffel das Medikament. Christian fragte: «Wozu ist das gut, Mutti?»

«Es ist gut für die Seele, Christian», antwortete Anne ruhig. Sie gab ihm mehrere Löffel davon. Christian leistete keinen

Widerstand. Anne wusste, dass Christian ein solch unendliches Vertrauen zu ihr hatte, dass er alles tat, was seine Mutter verlangte. Als er fragte: «Ist das nicht zu viel, Mutti?», antwortete Anne: «Nein. Je mehr, desto besser.» Und sie gab ihm die halbe Flasche zu trinken. Sie küsste ihn auf die Stirn und sagte:

«Schlaf gut, mein Schatz.»

Danach ging sie ins Badezimmer. Sie nahm ein Glas und löste eine Packung Beruhigungsmittel darin auf. Anschließend trank sie das Glas leer. Sie nahm die andere Hälfte des flüssigen Beruhigungsmittels ein, das sie auch Christian gegeben hatte. Mit langsamen Schritten ging sie in Richtung ihres Schlafzimmers. Sie machte vor der Tür des Kinderzimmers Halt und warf einen letzten Blick auf Christian, der schon schlief, aber noch atmete. Noch einmal sagte sie: «Auf Wiedersehen, mein Schatz. Auf Wiedersehen, mein Schatz.» Ihre Kräfte begannen sie zu verlassen. Sie schaffte es noch bis zum Bett, legte sich unter die Decke, kreuzte ihre Arme über dem Bauch und verlor das Bewusstsein.

Der Tag danach war ein sonniger Tag. Einer der letzten sonnigen Tage in diesem Oktober. Die Sonnenstrahlen drangen durch einen Spalt der Vorhänge in Annes Schlafzimmer. Dabei fielen sie direkt auf ihr Gesicht. Ihre Augenlider bewegten sich. Dann öffnete sie langsam die Augen. Anne sah die Sonnenstrahlen. Ihr Kopf fühlte sich schwer an, genau wie ihr Körper. Sie versuchte, die Arme zu bewegen, konnte keinen klaren Gedanken fassen. Alles war wie unwirklich. So, als wäre das nicht ihr Schlafzimmer, in dem sie jahrelang geschlafen hatte. So, als würde sich alles außerhalb ihres Körpers abspielen.

Plötzlich rollten die Ereignisse der letzten Nacht wie eine Lawine auf sie zu. Sie gab einen verzweifelten Schrei von sich, sprang wie von tausend Bienen gestochen aus dem Bett und rannte ins Kinderzimmer. Sie öffnete stürmisch die Tür und hielt plötzlich inne. Im Bett lag kreidebleich Christian.

«Bitte nicht, mein Engel. Bitte, bitte nicht», murmelte sie verzweifelt. Christian öffnete langsam die Augen. Anne schrie. Doch es war ein anderer Schrei als zuvor. Der Schrei in ihrem Zimmer war ein Schrei der Verzweiflung, der Panik gewesen. Dieser hier im Kinderzimmer war ein Schrei der Freude, der Erleichterung, des unerwarteten Glücks. Sie stürzte sich auf Christian. Küsste hastig sein Gesicht, seine Stirn, seine Wangen, seine Nase, seine Ohren, schluchzte dabei vor Freude und Erleichterung. Sie nahm Christian in ihre Arme. Sie umarmte ihn so heftig, dass er um Luft rang. Er konnte nicht ganz verstehen, was los war. Eine solche Mischung von Weinen und Lachen hatte er noch nicht erlebt. «Was ist los, Mama? Was ist los?», fragte er und versuchte, sich aus der Umarmung zu befreien. «Viel ist los, mein Engel», sagte sie. «Wir leben, wir leben, wir leben beide.»

«Warum sollten wir nicht leben?», fragte Christian. «Ja, warum eigentlich nicht?», antwortete Anne. «Ich danke dir, lieber Gott», murmelte Anne und entließ Christian aus ihrer Umarmung. Plötzlich sagte Christian: «Mutti, es ist elf Uhr. Wir haben verschlafen. Wir müssten beide längst in der Schule sein.»

«Ja, wir haben verschlafen, aber das ist nicht so schlimm», antwortete sie.

Christian konnte es nicht begreifen. Die pünktliche und pflichtbewusste Mutter, und jetzt sagte sie, dass es nicht so schlimm sei, wenn sie beide die Schule schwänzten?

Anne ging ins Badezimmer. Zum ersten Mal seit langem sang sie dabei ein kleines Schlagerlied. Seit langem hatte sie sich nicht so erleichtert und froh gefühlt. Die Freude, die Erleichterung, die Zuversicht dauerten aber nur zwei Stunden an.

Dann war die Depression wieder da. Jetzt wurde Anne klar: «Die Gefahr ist noch da.» Sie hatte plötzlich Angst, dass es wieder passieren könnte. Dass sie ihren heiß geliebten Christian irgendwann doch töten könnte. Verzweifelt ging sie zum Telefon und rief ihren Mann an. Etwas, was sie seit Monaten nicht getan hatte. Sie erzählte ihm, was in der Nacht vorgefallen war. Auch von den Befürchtungen erzählte sie, und dass die Gefahr nicht vorbei sei. Eduard war schockiert. Er beschloss, schnell zu handeln, und wollte die nächste Maschine nach München nehmen. Auch seine Mutter wollte er benachrichtigen, die in Augsburg wohnte. Dann wollte er sich mit ihr bei Anne treffen. Anne solle, so verlangte er kategorisch und energisch, sofort einen Fachmann anrufen, einen Psychiater. Bei diesem solle sie einen schnellstmöglichen Termin vereinbaren.

«Aber pass auf», sagte er, «keinen Psychologen. Du brauchst einen Psychiater. Einen richtigen Arzt.»

Anne versprach, es genau so zu machen. Keiner von ihnen hatte in Erwägung gezogen, dass Anne sofort eine psychiatrische Klinik hätte aufsuchen sollen. Auch dann nicht, als Anne einen Termin beim Psychiater erst für zwei Tage später bekommen hatte. Die Sprechstundenhilfe fragte, ob es ausreiche, wenn sie in zwei Tagen einen Termin bekäme, oder ob es ganz dringend sei. Darauf meinte Anne: «Das reicht schon. Das ist in Ordnung», und nahm den Termin an. Sie dachte, dass Christian jetzt mit seinem Vater nach Hamburg würde fahren können. Dann gäbe es keine Gefahr mehr, und sie könnte die beiden Tage noch abwarten.

In den späten Nachmittagsstunden kam Eduard mit seiner Mutter. Anne weinte. Eduard und seine Mutter stellten besorgt Fragen: «Was ist los? Was ist geschehen?»

«Ich fühle mich schlecht», gab Anne zur Antwort. In die Befragung Annes durch die beiden mischte sich ein vorwurfsvoller Unterton. So, als wollten sie sagen: «Wie konntest du so etwas tun? Wie kann eine Mutter ihr eigenes Kind töten?»

Es wurde beschlossen, dass Eduard seinen Sohn mit nach Hamburg nehmen würde und die Oma für ein paar Tage mit zu ihm käme, um sich dort um Christian zu kümmern. Christian sollte in Hamburg bleiben, bis sich Annes Zustand gebessert hätte. Christian war nicht erfreut, als er davon hörte. Ja, er machte sogar eine Szene. Er wollte unbedingt bei seiner Mutter bleiben. Doch die beiden wollten ihn auch gegen seinen Willen mitnehmen. Anne verhielt sich eher passiv. Sie akzeptierte, was Eduard und seine Mutter vorschlugen. Eigentlich wollte auch Anne nicht, dass Christian von ihr wegging. Doch die Ereignisse der gestrigen Nacht ließen ihr keine andere Möglichkeit. Sie war nicht besonders glücklich mit dieser Lösung. Vor allem, weil sie wusste, dass sich Christian weder mit seinem Vater noch mit seiner Großmutter gut verstand. Die Großmutter war immer ihre eigenen Wege gegangen. Es war eine sehr förmliche Enkel-Oma-Beziehung.

Die Scheidung und die Jahre der Trennung hatten auch eine Entfremdung zwischen Christian und Eduard bewirkt.

Christian fühlte sich nur wohl, wenn er mit seiner Mutter zusammen war. Das wusste Anne. Sie wusste aber auch, wie ernst die Lage war. Sie wusste, dass es ein großes Glück und ein großer Zufall war, dass sie die gestrige Nacht überlebt hatten. Deshalb bat sie Christian mit Tränen in den Augen, zuzustimmen. Der aber sagte kein Wort. Eduards Mutter half Anne, das Notwendigste für Christian in einen kleinen Koffer zu packen. Das Haus, in dem Anne und Christian lebten, war ein zweistöckiges Reihenhaus. Schlafzimmer, Kinderzimmer und Bad lagen im Obergeschoss, Wohnzimmer, Küche und Arbeitszimmer im Erdgeschoss. Im Wohnzimmer saßen Eduard und Christian zusammen. Anne spürte, dass zwischen den beiden eine frostige Atmosphäre herrschte. Christian blickte nur auf den Boden und spielte nervös mit den Beinen und Armen. Eduard versuchte immer wieder, ein Gespräch mit ihm zu beginnen, doch er spürte den Widerstand. Anne hatte das Gefühl, dass Eduard irgendwie durch Christians Haltung beleidigt war.

Die beiden Frauen brachten den kleinen Koffer in die Nähe der Tür. Eduard stand auf, nahm Christians Koffer. Anne zog Christian einen Anorak über. Christian konnte seine Traurigkeit nicht verbergen. Er begann zu weinen und sagte: «Ich will nicht mit ihm zusammen sein. Ich will nicht nach Hamburg.» Eduard wurde ungehalten. Zeigte deutlich, dass er sich gekränkt und beleidigt fühlte. Laut sagte er: «Jetzt kommt, wir verpassen sonst unsere Maschine.» Eduard musste unbedingt die Spätmaschine nach Hamburg erreichen, da er am nächsten Morgen bei einem Fernsehsender einen dringenden Termin hatte, den er nicht absagen konnte. Christian reagierte trotzig: «Ich will nicht. Ich will nicht. Ich will bei Mutti bleiben.» Eduard wurde wütend, nahm Christians Hand und zwang ihn, mit ihm in Richtung Tür zu gehen. Die Oma öffnete die Wohnungstür, um zum wartenden Taxi zu gehen. «Komm, Christian, wir verpassen das Flugzeug», sagte sie mit energischer Stimme. Christian, der heulend und strampelnd versuchte, sich aus dem Griff seines Vaters zu befreien, schrie noch einmal: «Ich will nicht. Ich will nicht.»

Mit einer heftigen Bewegung entriss er seinen Arm dem Griff des Vaters und rannte zu Anne. Er klammerte sich an sie. «Ich will nicht nach Hamburg. Ich will nicht nach Hamburg», rief Christian fast hysterisch. Der Vater, sichtlich gekränkt und enttäuscht, sagte mit beleidigter Stimme: «Es hat keinen Sinn. Ich darf meinen Flug nicht verpassen. Ich rufe morgen noch einmal an.» Zornig forderte er seine Mutter auf, ins Taxi zu steigen. Das Heulen Christians milderte sich erst, als er die Tür hinter seiner Oma und seinem Vater zuschlagen hörte.

Anne und das Kind klammerten sich aneinander. So, als seien sie eine Einheit. Nach einer Weile beruhigte sich ihr Weinen. Dann flüsterte Christian – seine Wange an der seiner Mutter – ganz leise in ihr Ohr: «Mutti, lass mich bitte nie allein.»

Dieser Satz wirkte wie ein Stromschlag auf Anne. Ihr Herz begann zu rasen, ihre Atmung beschleunigte sich. Eine unbeschreibliche Unruhe erfasste sie. «Nein, mein Schatz, das werde ich nie tun. Ich werde dich nie allein lassen. Ich schwöre es, mein Schatz.»

Sie nahm Christian, der sie noch immer umklammerte, und lief rasch mit ihm nach oben. Dort setzte sie Christian auf sein Bett, lief ins Badezimmer und suchte erneut nach Medikamenten. In lauwarmem Wasser löste sie wahllos verschiedene Tabletten auf. Nun lief sie ins Kinderzimmer und bat Christian, die Flüssigkeit zu trinken: «Das wird uns beiden gut tun.» Christian trank die Lösung. Es dauerte nur wenige Sekunden, bis ihn eine schwere Müdigkeit überkam. Er ließ sich aufs Bett fallen. In der Zwischenzeit war Anne ins Wohnzimmer gelaufen. Sie nahm eine halb volle Flasche Whisky und trank davon hastig zwei große Gläser. Sie hustete, sie trank sonst nie Whisky. Dann sah sie noch einmal nach Christian, der bereits in einen tiefen Schlaf gefallen war.

«Dieses Mal muss es klappen. Dieses Mal müssen wir es schaffen, mein Engel», sagte sie, nahm das Kopfkissen und drückte es auf sein Gesicht. Christian zuckte nur schwach. Er war zu betäubt, um sich heftiger wehren zu können. Anne drückte, bis das Zucken aufhörte. Wie ein Roboter sagte sie zum letzten Mal: «Dieses Mal müssen wir es schaffen, mein Engel.»

Anne ließ das Kissen auf Christians-Gesicht liegen. Sie schaute ihn nicht mehr an. Dann lief sie wieder ins Badezimmer, nahm den Rest der Tabletten ein, ließ die Wanne voll laufen und versuchte, den Föhn in die Steckdose zu stecken. Zwei-, dreimal rutschte sie mit dem Stecker ab, dann hatte sie es endlich geschafft. Sie schaltete die höchste Leistung ein, stieg in die Badewanne, nahm den laufenden Föhn und warf ihn in die Wanne. Es durchzuckte sie heftig. Dann spürte sie nichts mehr.

Zwei Tage lang lagen die beiden in der Wohnung. Eine Kollegin von Anne war schließlich beunruhigt. Es war der dritte Tag, an dem Anne nicht zur Schule gekommen war. Es lag aber auch keine Krankmeldung vor. Auch Christian fehlte in der Schule. Die Kollegin hatte mehrere Male zu verschiedenen Tageszeiten versucht, bei Anne anzurufen. Niemand nahm ab. Als dann auch noch Eduard bei ihr anrief und sagte, dass er Anne seit zwei Tagen nicht erreichen könne, ging sie zu Annes Haus und klingelte. Keine Reaktion. Sie rief die Polizei, die die Tür gewaltsam öffnete.

Im Haus fanden sie den toten Christian in seinem Bett. Und in der Wanne Anne. Sie lebte noch. Anne wurde mit dem Rettungswagen auf die Intensivstation der Universitätsklinik eingeliefert. Sie lag über eine Woche lang im Koma. Dann kam sie allmählich wieder zu sich. Ein Polizist in Uniform saß im Korridor vor der halb geöffneten Tür. Anne konnte ihn sehen.

Was Anne und Christian widerfahren ist, ist ein so genannter erweiterter Suizid. In diesem Fall mit einem Opfer – Christian. Der erweiterte Suizid kommt, erfreulicherweise, nicht häufig vor. Es gibt zwar keine zuverlässige Statistik darüber, aber die Erfahrungswerte sprechen dafür, dass er eher selten vorkommt. Allerdings ist von einer hohen Dunkelziffer auszugehen. Die Angaben über die Häufigkeit von erweitertem Suizid müssen immer mit großer Vorsicht betrachtet werden. Die meisten Statistiken stammen aus den USA, die aber eine andere Bezeichnung dafür haben, nämlich «Homicide-Suicide», also «Mord-Suizid». Das ist zwar eine neutrale Bezeichnung, doch werden darunter auch andere Fälle berücksichtigt, die wir nicht als erweiterten Suizid bezeichnen würden. Wie etwa die «altruistische Tötung» mit nachfolgender Selbsttötung oder der «gemeinsame Suizid», wie auch «Suizid nach Tötung». An anderer Stelle werde ich mehr darüber erzählen.

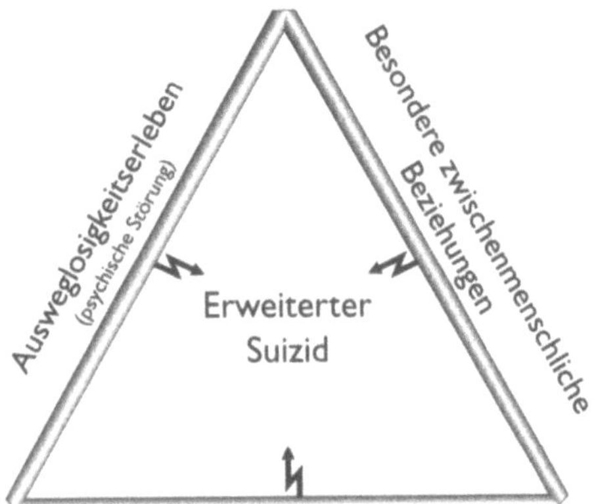

Die Statistiker in den USA fanden heraus, dass ein bis fünf Prozent aller Suizide und fünf Prozent aller Tötungsdelikte, Homizide in der Fachsprache, zu der Kategorie «Mord-Suizid» gehören. Eine transkulturelle Studie verglich das Vorkommen des erweiterten Suizids – aber immer unter der breiten Bezeichnung «Mord-Suizid» – in zwölf verschiedenen Nationen. Man kam zu dem Ergebnis, dass seine Häufigkeit zwischen 0,2 und 0,3 auf 100 000 Einwohner pro Jahr liegt. Das heißt also, dass in einer Stadt mit etwas über 300 000 Einwohnern – statistisch gesehen – ein erweiterter Suizid pro Jahr geschehen kann.

Wenn der erweiterte Suizid vollendet wird – wenn also Handelnder und Nichthandelnder nicht überleben –, ist es schwer, ihn sicher als solchen zu klassifizieren. Es sei denn, dass es einen Abschiedsbrief oder andere Hinweise dafür gibt. Die Fälle, mit denen der Psychiater zu tun hat, sind die nicht vollendeten erweiterten Suizidversuche. In der Regel stirbt dabei der passive Teilnehmer, das Opfer, und der Handelnde überlebt. Der Psychiater benennt ihn als Patienten. Vom Staatsanwalt wird er dagegen als Täter bezeichnet. Unabhängig davon ist der erweiterte Suizid die schrecklichste Form des selbstzerstörerischen Verhaltens eines Menschen, da er auch andere zerstört.

Tötet man jemanden, den man so tief liebt, wie Anne Christian liebte? Oder könnte man es ketzerisch sogar so formulieren, dass die Tötung von Christian aus Liebe geschah?

In der Tat. Der klassische erweiterte Suizid geschieht aus Liebe.

Das Dreieck der Sintflut

Die erste Seite: die besondere Persönlichkeit

Lassen Sie mich die Voraussetzungen des erweiterten Suizids anhand eines Dreiecks erklären (siehe S. 44). Die Basis dieses Dreiecks bildet die «besondere Persönlichkeitsstruktur». Bei Anne ist diese besondere Persönlichkeitsstruktur ganz deutlich zu erkennen und zu beschreiben. In erster Linie fällt ihre übertriebene Ordnungsliebe auf. Ich würde sagen, ihr Festgelegtsein und ihr Festhalten an der Ordnung um jeden Preis. Dann weiter ihre außergewöhnliche Akkuratesse, Gewissenhaftigkeit, Pünktlichkeit. All dies würde ich als übertriebene Ordentlichkeit bezeichnen. Auch in Annes zwischenmenschlichen Beziehungen war alles auf Ordnung und Pflicht ausgelegt. Nur wenige, aber engste zwischenmenschliche Beziehungen. Die Hingabe und die Art der Beziehung zu Christian spiegeln alle diese Eigenschaften wider. Auch die Neigung zu konservativen Werten, die Vermeidung von Risiken, die Zurückhaltung bei erotischen Beziehungen, das fast übertriebene Pflichtbewusstsein und ihre große Abneigung, ja Angst davor, sich etwas zuschulden kommen zu lassen, Schulden zu machen, sind weitere Persönlichkeitsmerkmale von Anne, die aber alle eng miteinander zusammenhängen. Anne konnte nicht anders handeln. Um sich wohl zu fühlen, musste sie konform zu ihren Persönlichkeitsmerkmalen leben. Diese waren für sie bestimmend, zwanghaft bestimmend.

Sie hatte kaum die Freiheit, anders zu handeln als nach dem Diktat ihrer Persönlichkeit. Solch eine Persönlichkeit nennen wir «obsessoide Persönlichkeit», also «zwanghafte» oder «anankastische Persönlichkeit». «Anankastisch» ist das griechische und «obsessoid» das lateinische Wort für «zwanghaft».

Diese besondere Persönlichkeitsstruktur hat offensichtlich manche Beziehungen zur Depression. Es kommt vor, dass Personen mit einer ähnlichen Persönlichkeitsstruktur wie Anne eine so genannte Vulnerabilität, also eine Neigung zu Depressionen haben. «Vulnerabilität» kommt aus dem Lateinischen und bedeutet wortwörtlich «Verletzbarkeit», aber auch «Empfindlichkeit». Ich möchte aber hier von Anfang an klarstellen, dass nicht alle Menschen, die eine solche Persönlichkeit haben, zwangsläufig einmal depressiv werden. Und umgekehrt: Nicht alle Menschen, die an einer Depression leiden, sind zwanghafte Persönlichkeiten. Untersuchungen zeigen, dass nicht einmal die Hälfte der Patienten mit einer schweren, einer so genannten endogenen Depression solch eine Persönlichkeitsstruktur hat. In den 50er und 60er Jahren haben die Psychiater gedacht, dass diese besondere Form der Persönlichkeit wahrscheinlich in engem

Zusammenhang mit der Depression stehe. Ein Heidelberger Psychiatrieprofessor, Hubertus Tellenbach, nannte diese zwanghafte Persönlichkeitsstruktur sogar «Typus Melancholicus», weil er nämlich die Auffassung vertrat, dass diese Persönlichkeiten unter bestimmten Umständen depressiv, also melancholisch, werden. Das ist eine Idee, die wir allerdings bereits bei den alten Griechen finden. Etwa bei Aristoteles und Hippokrates. Sie unterschieden eine «Erkrankung Melancholie» («Nosos Melancholiké») von einem «Typos Melancholikos». Tellenbach meinte, dass alle depressiven Menschen, die nur an Depressionen und nie an einer Manie, also an einer so genannten «monopolaren Depression» leiden, diese Persönlichkeitsstruktur hätten. Das konnte so nicht bestätigt werden. Aber die Häufung von zwanghaften Persönlichkeiten mit schweren Depressionen ist doch beeindruckend. Später wurde festgestellt, dass Menschen mit zwanghafter Persönlichkeitsstruktur auch zu psychosomatischen Erkrankungen und zu Migräne neigen. Aber, und das muss immer wieder betont werden, die Mehrzahl der Menschen, die eine solche Persönlichkeitsstruktur aufweisen, leiden an keiner der genannten Erkrankungen.

Die zweite Seite: die besondere zwischenmenschliche Beziehung

Die zweite Seite des so genannten Dreiecks bilden die «besonderen zwischenmenschlichen Beziehungen» zwischen dem aktiv Handelnden und dem passiven Opfer des erweiterten Suizids.

Ins Auge fällt sofort die ungewöhnlich enge Beziehung zwischen Anne und Christian, wenn wir zunächst bei diesem Beispiel bleiben. Eine Beziehung, wie sie enger nicht sein könnte: Anne war für Christian immer da, tat alles für ihn, sorgte sich über alle Maßen um ihn. Sie liebte Christian über alles. Im Grunde genommen hatte sie ihr Leben so eingerichtet, dass sie immer für Christian da sein konnte, dass sie praktisch nur für ihn lebte.

Wenn sie etwas, jedenfalls nach ihrer Meinung, nicht perfekt machte, bekam sie Schuldgefühle. Sie begann, sich Vorwürfe zu machen, keine gute Mutter zu sein. In jener tiefen Krise, wo sie den Suizid als einzige Erlösung sah, hielten ihre Pflichtgefühle gegenüber Christian sie zurück. Anne zeigte nicht nur eine Identifikation mit ihrer Mutterrolle, sondern vielmehr eine Hyperidentifikation mit dieser Rolle. Diese «Rollenhyperidentifikation» ist nicht nur ein Charakteristikum dieser ganz speziellen Beziehung zwischen Anne und Christian. Vielmehr entspringt sie aus der zwanghaften Persönlichkeitsstruktur. Die Basis für dieses überkorrekte Verhalten und die Hyperidentifikation mit den eigenen Aufgaben bildet das Festgelegtsein auf Ordnung sowie das hoch entwickelte Pflichtbewusstsein. Man spricht in der Fachsprache von «hypernomischem Verhalten», frei übersetzt «überkorrektem Verhalten». Die Bezeichnung «hypernomisch» kommt aus dem Griechischen und besteht aus zwei Worten. Zum einen aus dem sehr bekannten Wort «hyper», was man mit «über» oder manchmal auch «übertrieben» übersetzen kann, und dem griechischen Wort «Nomos», was übersetzt «das Gesetz» oder «die Regel» bedeutet. Das heißt also, das «hypernomische Verhalten», das Personen mit einer zwanghaften Persönlichkeitsstruktur, wie etwa Anne, zeigen, ist ein überangepasstes, überkorrektes Verhalten.

Speziell bei der Mutter-Kind-Beziehung kann der Beobachter dieses Verhalten besonders gut erkennen – als außerordentliche Fürsorge und die Bereitschaft, sich selbst aufzuopfern. Aber für den Betroffenen selbst geht diese Hyperidentifikation, dieses hyperkorrekte Verhalten noch darüber hinaus. Es entsteht nämlich eine «okkupierende Unfreiheit». Eine innere Einstellung, die alles besetzt, «okkupiert», und keine andere Verhaltensweise offen lässt. Diese Eigenschaft diktiert die Handlungen des Betroffenen. Wenn aus irgendeinem Grund die Pflichterfüllung in dem Sinne, wie der Betroffene sie selbst für erforderlich hält, nicht gewährleistet ist, wenn er in den eigenen Augen «versagt», kommt es sehr rasch zu depressiven Verstimmungen.

Aus diesen Eigenschaften entsteht auch ein anderes, sehr charakteristisches Phänomen. In unserem Fall Annes Angst, Christian zu schädigen. Menschen mit Verhaltensmustern, wie Anne sie zeigt, haben Angst, anderen Menschen, geliebten Menschen, von ihnen abhängigen Menschen zu schaden. Dafür gibt es auch einen Fachbegriff, nämlich den Begriff «Blaptophobie». Er setzt sich zusammen aus den griechischen Worten «blapto» – das heißt «ich schädige» oder «ich schade» – und «Phobie», also «Angst». «Blaptophobie» bedeutet also «Angst, jemandem zu schaden». Diese Angst hat eine zentrale Bedeutung für die Dynamik des erweiterten Suizids. Anne sah zwar im Tod die Erlösung von ihrem Leiden. Doch nachdem aus den Todeswünschen Suizidgedanken geworden waren, entwickelte sie die panische Angst, Christian zu schaden. Deshalb schob sie die Gedanken an den Suizid beiseite, nach dem Motto: «Ich darf das nicht tun, weil ich es Christian nicht antun darf. Ich darf Christian nicht allein lassen.» Dann aber, als der Druck zunahm, entwickelte sich der Gedanke weiter: «Ich kann es Christian nicht antun. Ich darf ihn nicht allein lassen. Ich darf ihm nicht schaden. Also nehme ich ihn mit.»

Die Angst, jemanden zu schädigen, ist also zunächst der rettende Damm, der die Dynamik der Selbstzerstörung zurückhält. Sie rettet das Leben des Suizidanten. Zunächst.

Ich habe in den fast 30 Jahren, in denen ich Psychiatrie ausübe, viele strenggläubige Christen oder strenggläubige Muslime gesehen. Sowohl die christliche als auch die islamische Religion verurteilen die Selbsttötung. Ja, sie verbieten sie sogar und bezeichnen sie als Sünde. Und trotzdem, in der tiefen Depression versagt der Glaube. Er rettet nicht. Ich habe viele Gläubige gefragt, wie sie es erklären können, dass ihr Glaube sie in diesen schwierigen Momenten nicht retten kann. Die meisten antworteten mir, dass das für sie selbst ein Rätsel sei. Wenn die Depression vorüber ist, wenn die Verzweiflung nachlässt, wenn die suizidalen Gedanken verschwinden, fragen sich diese Menschen: «Wieso habe ich, ich als gläubiger Mensch an so etwas gedacht?» Ich denke, die richtige Antwort darauf hat mir vor vielen Jahren ein differenzierter depressiver Mensch gegeben. Er sagte zu mir: «Der Glaube gibt viel Kraft. Aber man braucht auch Kraft, um zu glauben. Und in der tiefen Depression hat man keine Kraft. Man ist nicht ungläubig in der Depression. Aber der Glaube tritt in den Hintergrund. Die Kraft zu glauben fehlt einfach.»

Der Glaube versagt, aber die Angst zu schaden bleibt und rettet. Die engsten zwischenmenschlichen Beziehungen sind der Retter. Zunächst.

Bis der rettende Damm zur vernichtenden Sintflut wird. «Nein, ich darf Christian nicht schaden, nicht allein lassen. Ich nehme ihn mit.»

Das ist die Dynamik des erweiterten Suizids.

Ich habe den erweiterten Suizid als eine «blaptophobe Finalität» bezeichnet. Damit meine ich, dass der erweiterte Suizid der höchste, endgültige Ausdruck der Angst ist, einem geliebten Menschen zu schaden. Eine Tötung also aus tiefer Liebe. Doch welche Tragik und welch unvorstellbares Leid entsteht, wenn der Suizidant überlebt!

Die dritte Seite: die Depression, die Ausweglosigkeit

Für einen erweiterten Suizid reichen natürlich eine bestimmte Persönlichkeitsstruktur und besondere zwischenmenschliche Beziehungen nicht aus. Das besitzen viele Menschen, die glücklich und zufrieden leben. Es muss noch etwas Drittes hinzukommen. Bei Anne war es die Depression. Sie hatte eine schwere Form der Depression, eine so genannte «endogene Depression», oder wie man sie früher nannte, eine «schwere Melancholie». Eigentlich spricht man heute nicht mehr von «endogener Depression», sondern von «Major Depression». Man geht davon aus, dass biologische Mechanismen an ihrer Entstehung beteiligt sind. Die Funktion mancher Botensubstanzen im Gehirn ist dabei gestört. Vor allem die des Serotonin und Noradrenalin, aber auch anderer Botensubstanzen, die dem Austausch zwischen den verschiedenen Gehirnzellen dienen. Wir lernten aber auch, dass für die Entstehung einer Depression das Zusammenwirken verschiedener Faktoren notwendig ist. Obwohl diese Form der schweren Depression biologisch bedingt ist und manchmal ohne sichtbaren äußeren Grund auftreten kann, gibt es häufig im Vorfeld eine Belastungssituation oder ein stressvolles Lebensereignis.

Das bedeutet, dass der Mensch die Neigung zur Erkrankung «Depression» aufgrund biologisch begünstigender Faktoren in sich trägt. Und wahrscheinlich spielen auch seine Persönlichkeit und Erbfaktoren eine entscheidende Rolle. Auch Annes Mutter litt unter schwerer Depression. Die Neigung, die Anfälligkeit für Depression, kann lebenslang in uns «schlummern», nie in Erscheinung treten oder wenn, dann nur als leichte, nicht behandlungsbedürftige Form der Depression. Wenn aber eine schwere Stresssituation für den Betroffenen auftritt, dann kann sie mit aller Wucht in Erscheinung treten. Von Bedeutung ist dabei nicht, wie schwer der Stress «objektiv» ist. Wichtig ist, wie schwer der Betroffene ihn erlebt. Solche stressvollen Situationen sind in der Regel Verlustsituationen, wie etwa der Tod der Eltern, des Ehepartners, eines Kindes oder anderer geliebter Personen, Trennungen, Verlust des Arbeitsplatzes, Verlust der Heimat, aber auch andere unspezifische Belastungssituationen.

Doch eine Depression kann auch ohne stressvolle Schlüsselerlebnisse, so genannte «Life-Events», einfach so, aus heiterem Himmel entstehen. Zu Beginn des 20. Jahrhunderts nahm man sogar an, dass gerade diese Form der Depression, also die so genannte «endogene Depression» oder «Melancholie» charakteristischerweise ohne äußeren Anlass entstehe. Das griechische Wort «endogen» bedeutet «aus dem Inneren kommend» – ohne erkennbare äußere Ursache entstehend. Bei den so genannten «reaktiven Depressionen» ging man dagegen davon aus, dass sie eine psychische Reaktion auf eine unangenehme persönliche Situation oder ein stressvolles Ereignis – also ein Life-Event –

sind. Als zu Beginn der 50er Jahre die Antidepressiva entdeckt wurden, dachte man, die endogene Depression sei nur mit Antidepressiva, also mit Medikamenten, zu behandeln. Die reaktive Depression dagegen, so meinte man, sei nur mit Psychotherapie behandelbar. Im Verlauf der Jahre erwiesen sich beide Ansichten als falsch. Eine endogene Depression, also eine biologisch bedingte, von innen heraus entstehende Depression kann sehr wohl durch belastende Erlebnisse ausgelöst werden. Nicht verursacht, aber ausgelöst werden in dem Sinne, dass ein vorhandener Keim aktiviert wird. Und ihre richtige Therapie ist nicht die ausschließliche Behandlung mit Antidepressiva, sondern die Kombination von Antidepressiva mit Psychotherapie. Außerdem stellte man fest, dass auch eine so genannte «reaktive Depression» in vielen Fällen schneller und effizienter behandelt werden kann, wenn man nicht nur Psychotherapie, sondern gleichzeitig auch Antidepressiva einsetzt.

Die Diagnose einer so genannten endogenen Depression stellt sich auch dann, wenn bestimmte Symptome oder Aspekte wie die folgenden zusammentreffen:

- die psychologischen Aspekte
- die rhythmologischen Aspekte
- und die somatologischen Aspekte

Die psychologischen Aspekte waren bei Anne sehr deutlich und sehr schwer. Zunächst muss man hier die tiefe Niedergeschlagenheit nennen. Und dann ist da bei ihr noch das schwere Syndrom zu finden, welches als «Losigkeitssyndrom» bezeichnet wird. Also Interesselosigkeit, Antriebslosigkeit, Freudlosigkeit, Sinnlosigkeit, Gefühle der Wertlosigkeit, Hoffnungslosigkeit sowie Schlaflosigkeit und Appetitlosigkeit. Obwohl Schlaflosigkeit und Appetitlosigkeit keine reinen psychologischen Symptome sind, passen sie sehr gut zu diesem «Losigkeitssyndrom». Damit ist also jedes psychische und somatische Symptom gemeint, dass mit «-losigkeit» endet.

Darüber hinaus waren bei Annc die Schuldgefühle und die Versagensgefühle, also die Insuffizienzgefühle, sehr ausgeprägt. «Ich bin an allem schuld. Ich habe in allen Bereichen versagt. Als Mutter, als Ehefrau, als Lehrerin. Ich tauge zu nichts.» Dabei waren diese Gefühle bei Anne nicht aus realen Situationen ableitbar. Es waren so genannte «primäre Gefühle». Gefühle also, die für den Außenstehenden nicht zu verstehen und nicht aus einer real gegebenen Situation ableitbar waren. Denn Anne war ja eine gute Mutter. Sie war eine gute Lehrerin. Sie hat viel in ihrem Leben geschafft. Doch wenn die «depressive Nacht» kommt, verschwinden alle diese guten Eigenschaften. Auch Anne konnte sich in der Depression nicht mehr realistisch einschätzen. «Ableitbare» Gefühle würde man übrigens als «sekundär» bezeichnen.

Das sind die wichtigsten psychologischen Symptome der schweren Depression. Die rhythmologischen Aspekte sind vor allem das Früherwachen und die «Vormittagsdepression». Normalerweise wachte Anne morgens um 6.30 Uhr auf – und das nur mit Hilfe des Weckers. Während der Depression jedoch war sie mindestens zwei Stunden vor ihrer gewohnten Zeit wach. Eigentlich sogar noch früher, denn sie erwachte in diesen Phasen immer schon gegen drei Uhr. Sie hatte dann aber keinen Antrieb um aufzustehen. So blieb sie also im Bett und grübelte und grübelte und grübelte. Und dann waren da noch die so genannten «Vormittagsdepressionen». Bei Anne begann in den späten Nachmittags- oder in den Abendstunden eine bestimmte Aufhellung. Dann bekam sie ein bisschen mehr Appetit, wurde gesprächiger und hatte das Gefühl, dass es ihr besser ginge. In den Morgenstunden geriet sie dann erneut in die tiefste Depression. Das, was Anne erlebt hatte, das unterschiedliche Befinden morgens und abends, die «Tagesschwankungen», ist ein typisches Symptom einer schweren Depression. Obwohl einige wenige depressive Menschen die schwerste Depression in den Nachmittagsstunden erleiden, erlebt doch die große Anzahl der Kranken sie in den Morgen- und Vormittagsstunden.

Hinzu kommen die somatischen Symptome der Depression, wie sie Anne erlebte – die enorme Mattigkeit und die körperliche Schwäche. Die abnormen körperlichen Sensationen, das Gefühl, als habe sie einen Fels auf der Brust, einen eisernen Kranz um ihren Kopf und einen Kloß im Hals. Darüber hinaus die schwere Appetitlosigkeit und die Schlaflosigkeit. Dazu kamen Angstzustände und heftige, plötzliche Panikattacken, also eine heftige Angst, die innerhalb weniger Sekunden ihren Höhepunkt erreichte und dann langsam abflachte. Dann waren da die vielen vegetativen Erscheinungen, etwa Herzrasen, Beschleunigung der Atmung, feuchte Hände, trockener Mund und natürlich die riesige Panik. Das sind die Panikattacken, die auch als eigenständige Krankheit existieren.

Angst ist eine der häufigsten Begleiterscheinungen der Depression. Wenn diese in einer Form auftritt wie bei Anne, also als eine Panikstörung, handelt es sich um eine besonders schwere Form der Depression. Die Therapie ist in einem solchen Fall kompliziert. Die Kombination von Depression und Panikstörung ist aber keine Seltenheit. In manchen diagnostischen Systemen gibt es sogar eine getrennte diagnostische Kategorie «Depression und Angststörung gemischt».

Die psychische Störung, also die schwere depressive Erkrankung, die Anne hatte, führte zu einer subjektiv erlebten Ausweglosigkeit. Das «Ausweglosigkeitserleben» schließt letztendlich das fatale Dreieck. In den meisten Fällen entspringt das Ausweglosigkeitserleben aus einer psychischen Störung, vor allem aus depressiven Zuständen.

Wenn dieses Dreieck sich schließt, dann kann die Sintflut losbrechen. Dann kann das Leben des Betroffenen und auch das seiner heiß geliebten Schützlinge vernichtet werden. Das Vorhandensein eines solchen imaginären Dreiecks ist die Voraussetzung für den erweiterten Suizid. Ich nenne dieses Dreieck in der Fachsprache «homi-suizidales Prädispositions-Trigonon».

Die vielen Fremdworte sind leicht zu entziffern. «Homizid» ist das lateinische Wort für die Tötung eines Menschen und «Suizid» für die Selbsttötung. «Trigonon» kommt aus dem Griechischen und bedeutet «Dreieck». «Prädisposition» ist das lateinische Wort für «Voraussetzung», also das Zusammentreffen der drei Gruppen von Merkmalen:

a) besondere Persönlichkeit,
b) besondere zwischenmenschliche Beziehung und
c) subjektiv erlebte Ausweglosigkeit
sind die Voraussetzung für den erweiterten Suizid.
Für das «homi-suizidale Syndrom».

Homi-suizidales Syndrom ist also das Fremdwort für das Fremd-Selbsttötungssyndrom.

Die Zeit danach. Die Hölle nach der Hölle

Die Zeit nach der Rettung des Betroffenen, des Handelnden, ist gleichzeitig die Zeit seines schlimmsten Martyriums. Das Martyrium nach dem Martyrium. Manchmal, wenn ich solche Menschen treffe, frage ich mich, ob das Wort «Rettung» das richtige Wort dafür ist.

Aber kommen wir jetzt zu Anne. Nach mehrtägigem Koma erwachte sie auf der Intensivstation, ohne sich an das Geschehene erinnern zu können. Sie wusste nicht, wo sie war, und brauchte einige Zeit, um ihre Umgebung als Krankenhaus zu erkennen. Merkwürdig war für sie der uniformierte Polizist, der vor der halb offenen Tür der Intensivstation saß. Sie fragte die Krankenschwester, was los sei und warum sie sich im Krankenhaus befinde. Diese antwortete ausweichend: «Es geht Ihnen gut. Sie hatten einen Unfall.»

«Was für einen Unfall?», wollte Anne wissen.

«Ja, einen Unfall . . . Ja, einen Unfall in . . .»

Die Schwester wurde vom Oberarzt unterbrochen, der gerade ins Zimmer trat. Er wurde von zwei Männern begleitet, die über ihren Anzügen den grünen Kittel der Intensivstation und über ihren Straßenschuhen einen Plastikschutz trugen. «Das sind keine Ärzte», dachte Anne, als sie die beiden sah. Der Oberarzt stellte ihr die beiden Herren vor: «Die beiden sind von der Kriminalpolizei und wollen mit Ihnen sprechen. Ich lasse Sie allein.» Die beiden Kriminalbeamten nahmen sich zwei Stühle und setzten sich vor Annes Bett. Sie baten auch die Krankenschwester, sie allein zu lassen. Sie tat es mit der Bemerkung, dass sie sich im Nebenzimmer aufhalte. Wenn etwas sei, sollten sie sie sofort benachrichtigen. Der ältere der Kripobeamten fragte Anne höflich, wie es ihr gehe. Anne antwortete nicht direkt auf seine Frage, denn sie ahnte etwas Ungutes. Deshalb fragte sie beunruhigt: «Was ist denn los? Was ist passiert? Warum wollen Sie mit mir sprechen?»

«Wir kommen wegen Christian und Ihnen», antwortete der ältere Beamte, der offensichtlich beabsichtigte, dieses Gespräch zu leiten. «Was ist mit Christian, was ist denn passiert?», fragte Anne höchst beunruhigt. Der Polizeibeamte versuchte, die passenden Worte zu finden. Obwohl er sich zuvor überlegt hatte, wie er es Anne erklären sollte, fand er in diesem Moment nicht die richtigen Worte. «Na ja», sagte er betreten. «Ja wissen Sie, Christian ist tot. Er wurde in seinem Bett tot aufgefunden. Und Sie lagen bewusstlos in der Badewanne, in der sich auch ein Föhn befand. Es tut mir sehr Leid.»

Plötzlich kamen Anne die Erinnerungen. Auf einmal konnte sie sich entsinnen, was geschehen war. So, als ob sich der dicke Vorhang einer Bühne geöffnet hätte und sich die Geschehnisse der tragischen Nacht wieder auf der hell beleuchteten Bühne abspielten.

Anne schrie nicht auf. Sie wurde nicht hysterisch und weinte nicht einmal – sie geriet in einen Zustand des Gelähmtseins.

Sie konnte nicht reagieren, nicht denken, sich nicht bewegen. Sie konnte nur atmen.

Der Oberarzt der Intensivstation saß in seinem Arztzimmer, dessen Wände überwiegend aus Glas bestanden. Von dort aus hatte er das Geschehen beobachtet. Er kam zu Anne ins Zimmer und bat die Polizisten, ihr Gespräch ein anderes Mal fortzusetzen. «Das reicht vorerst», meinte er. «Wir werden einen Psychiater hinzuziehen.»

In den Nachmittagsstunden des gleichen Tages kam aus der Nervenklinik der Universität ein Psychiater, der mit Anne sprechen sollte. Eigentlich war er kein «echter» Psychiater. Damals, in den 70er Jahren, waren in vielen Städten Deutschlands die Neurologie und Psychiatrie eine Abteilung, und der Facharzt nannte sich damals noch Nervenarzt. Es kam also vor, dass sich ein Nervenarzt vorwiegend oder ausschließlich mit der Psychiatrie und ein anderer mit der Neurologie beschäftigte. Inzwischen haben sich beide Fächer so entwickelt, dass sie völlig selbstständig geworden sind. Heute kann ein Nervenarzt nur mit Schwierigkeit beide Fächer gleichwertig vertreten. Der Arzt also, der zur Beratung eingeschaltet worden war, war ein Nervenarzt, der vorwiegend als Neurologe arbeitete. Seit Jahren hatte er kaum psychisch kranke Patienten behandelt. Er sprach einfühlsam und sichtlich betroffen mit Anne. Anne, immer noch wie gelähmt, antwortete zwar auf alle Fragen, die ihr der Arzt stellte, doch immer nur in kurzen Sätzen. Der Arzt respektierte das. Er befragte sie über ihre Lebensverhältnisse, ihren Mann, die Scheidung und die vielen Probleme, die Anne hatte. In seinem Befundbericht hieß es: «Schweres depressives Syndrom, doch keine endogene Depression. Vielmehr eine Depression auf dem Boden einer Beziehungsproblematik.»

Der beigezogene Nervenarzt hatte also keine endogene Depression diagnostiziert. Warum? Es ist bekannt, dass in manchen Fällen eine schwere körperliche Erkrankung, eine schwere Verletzung, von der auch das Gehirn betroffen ist, oder auch eine Vergiftung die so genannte endogene Depression abrupt beenden können. Und Anne hatte eine schwere Tablettenvergiftung und einen schweren Unfall, nämlich einen elektrischen Schlag, erlitten. Durch beides war ihr Gehirn stark in Mitleidenschaft gezogen worden, sie lag tagelang im Koma. Offensichtlich hat dieser Zustand dazu geführt, dass die Symptomatik, die man für die Diagnose einer endogenen Depression benötigt, bei dem geführten Gespräch nicht mehr feststellbar war. Aufgrund der Kürze des Gesprächs – der Arzt wollte Anne offensichtlich nicht weiter mit seinen Fragen quälen – hatte er wenig über ihre Vorgeschichte erfahren können. Zudem war er eher auf neurologischem als auf dem psychiatrischen Gebiet tätig. Und so kam er zu dem Ergebnis «keine endogene Depression». Das war für die

Gerichte damals gleichbedeutend mit «keine krankheitswertige Depression».

Nachdem sich Annes körperlicher Zustand stabilisiert hatte, wurde sie im Frauengefängnis untergebracht. Sie wartete auf ihren Prozess. Der Psychoanalytiker, der als psychiatrischer Gutachter vom Gericht bestellt worden war, besuchte sie ein paar Mal im Gefängnis, wo er mit ihr Gespräche führte. In der damaligen Zeit waren für Psychoanalytiker Begriffe wie «Krankheit» und «biologische Grundlage psychischer Erkrankungen» ein rotes Tuch. Der Gutachter fragte nicht einmal nach den Symptomen, die Anne gehabt hatte. Er wollte nicht wissen, in welcher Art, Form, Intensität und vor allem in welchem Zusammenhang sie aufgetreten waren. Symptome interessierten die Psychoanalytiker damals wenig. Leider trifft das auch noch heute teilweise zu. Im Gegensatz zum klinischen Psychiater, der den Symptomen große Bedeutung beimisst. Er fragt sich: «Wie sehen die Symptome einer psychischen Erkrankung aus? In welcher Intensität treten sie auf? Und in welchen Kombinationen gibt es sie miteinander?» Ohne diese Fragen und Antworten kann er keine Diagnose stellen. Und infolgedessen auch keine richtigen Schlussfolgerungen ziehen und keine richtigen Therapien anordnen.

Wichtig ist dieses Vorgehen auch bei der Begutachtung, wo der Gutachter Fragen beantworten muss, die das Gericht ihm stellt. So z. B. die Frage, «ob eine schwere krankhafte seelische Störung vorhanden ist, die die Einsichts- oder Steuerungsfähigkeit – oder auch beide zusammen – eines Menschen beeinträchtigt». Annes Gutachter stellte keine Diagnose. Vielmehr versuchte er, die Beziehung Annes zu ihrem Sohn und ihrem geschiedenen Mann zu analysieren. Er kam zu dem Ergebnis, das sinngemäß wie folgt lautete:

«Anne handelte aus Enttäuschung und aus Hass gegen ihren Mann. Christian hatte nur eine Ersatzfunktion inne. Die Tötung war nichts anderes als ein Ausdruck von Hass gegen den

Ex-Ehemann. Natürlich war ihr das nicht bewusst, sondern spielte sich in ihrem Unterbewusstsein ab.»

Dieses Gutachten hatte zwei Folgen. Ich weiß nicht, welche von den beiden die schlimmere war. Die erste Folge war: Anne hörte aus berufenem Munde: «Sie hat Christian aus Hass getötet.» Das war unvorstellbar für sie. Der Fachmann hatte es aber gesagt. Was sie Liebe nannte, nannte er Hass. Unbewussten Hass. Welch eine Qual für diese Frau, die Christian doch über alles liebte. Die jede vermeintliche Verletzung ihrer Pflichten gegenüber Christian mit Selbstbestrafung beantwortete.

Die zweite Folge war: Das Gericht ging davon aus, dass Anne nicht an einer «krankhaften seelischen Störung» litt, die Schuldunfähigkeit hätte bedeuten können. Das ist wichtig, weil bei Schuldunfähigkeit keine Bestrafung erfolgt. Vielmehr hieß es, dass sie an einer «abnormen Erlebnisreaktion» gelitten habe, die zwar die Schuldfähigkeit beeinträchtigt, aber nicht vollständig aufhebt, und die Strafe nur vermindert, aber nicht aussetzt.

Anne wurde zu einer mehrjährigen Gefängnisstrafe verurteilt. Den Prozess hatte sie eigentlich nicht bewusst wahrgenommen, wie sie mir später erzählte. Sie stand noch unter Schock. Als das Urteil gesprochen wurde, nahm sie es entgegen, als ginge es sie überhaupt nichts an. «Meine Strafe», sagte sie mir später, «war eine andere. Nicht die Strafe des Gerichts.»

Einige Zeit nach der Inhaftierung kam die Depression mit aller Wucht zurück. Anne wurde im Haftkrankenhaus als schwer depressiv mit Antidepressiva behandelt. Die Depression verschwand, kam aber nach einigen Monaten in derselben Form wieder, dreimal innerhalb von drei Jahren. Nun war die Gefängnisleitung beunruhigt. Ein engagierter Psychologe ermunterte Annes Anwalt, den Fall neu aufzunehmen.

Anne wurde vorzeitig aus dem Gefängnis entlassen, nachdem sie einen Teil ihrer Strafe abgesessen hatte. Doch nach ihrer Entlassung durfte sie nicht mehr als Lehrerin tätig sein. Sie war vorbestraft und durfte deshalb nicht in den Beamtendienst zurückkehren. In diesem Zusammenhang wurde ein Gnadengesuch an die Landesregierung gerichtet. Im Rahmen dieses Gnadengesuchs habe ich dann ein psychiatrisches Gutachten über

Anne erstellt. Ich wies deutlich auf die Mängel im psychoanalytischen Gutachten hin. Das Gnadengesuch habe ich als psychiatrischer Gutachter befürwortet. Dem wurde auch stattgegeben. Später fragte ich Anne, ob sie ein Interesse daran hätte, eine Wiederaufnahme des Prozesses anzustreben. Sie antwortete kategorisch: «Nein. Kein Gericht auf dieser Welt kann mir meine richtige Strafe geben. Die richtige Strafe ist gegeben. Von einem anderen Gericht.»

Berthold und Matthias

Das beschriebene Voraussetzungsdreieck des erweiterten Suizids ist die wichtigste Vorbedingung für die Entstehung des erweiterten Suizids. Doch es gibt noch einige andere Aspekte, die für seine Entstehung wichtig sind. Bevor ich darüber spreche, möchte ich die Geschichte von Berthold und Matthias erzählen.

Als ich Berthold das erste Mal sah, war er gerade 50 Jahre alt geworden. Ein sehr sympathisch aussehender Mann, korrekt gekleidet, mit glatt rasiertem Gesicht und ordentlich gekämmtem grau-blondem kurzem Haar. Berthold verbrachte eine Kindheit ohne besondere Auffälligkeiten. Er bezeichnete sie als glücklich und unproblematisch. Zu seinen Eltern hatte er bis zu deren Tod vor ein paar Jahren eine gute und enge Beziehung. In der Schule zeigte er immer gute Leistungen, hatte nie Probleme mit Lehrern oder Mitschülern. Später machte er eine Ausbildung als Industriemechaniker und arbeitete seit über 30 Jahren in diesem Beruf. Er war nie arbeitslos gewesen. Das ist nicht selbstverständlich, da Berthold in den neuen Bundesländern lebte und es in seiner Region nach der politischen Wende eine Arbeitslosigkeit von über 20 % gab. Viele seiner Kollegen wurden aus dem Betrieb, in dem er arbeitet, entlassen. Doch Berthold war ein so zuverlässiger, korrekter, pünktlicher, effizienter und ruhiger Mitarbeiter, dass er trotz der strukturellen Schwierigkeiten des Betriebes seinen Arbeitsplatz behielt. Die Persönlichkeitsmerkmale von Berthold möchte ich hier kurz zusammenfassen. Sie waren im Prinzip fast eine «Kopie» von Annes Persönlichkeit. Also mit Eigenschaften wie Ordnungsliebe, Festhalten an Ordnung, Akkuratesse, Pflichtbewusstsein, Neigung zu konservativen Werten, wenigen, aber engsten zwischenmenschlichen Beziehungen, große Solidarität, also Aufopferung für seine Lieben,

Angst vor dem Schuldenmachen, Angst vor Pflichtverletzung und viele andere Charakteristika, die wir bereits bei Anne kennen gelernt haben. Diese Eigenschaften sind, wie ich bereits erwähnt habe, der Kern zwanghafter Persönlichkeiten.

Einen großen Schatten aber gab es in Bertholds Leben: seine Ehe. Oder besser gesagt seine Ehefrau Marion. Berthold war seit 17 Jahren verheiratet. Er hatte seine Frau in dem Betrieb kennen gelernt, in dem die beiden arbeiteten. Sie war dort Sekretärin. Berthold beeindruckte sie durch seine ruhige Art, die große Zuverlässigkeit und Hilfsbereitschaft. Marion hatte die Initiative ergriffen und diese Beziehung angestrebt. Allmählich fand Berthold Gefallen an der kleinen Frau, die manchmal so unbeholfen wirkte und offensichtlich seine Hilfe benötigte. Er hatte das Gefühl, dass sie sehr an ihm hing, und im Laufe der Zeit entwickelte sich eine Beziehung, die bald – schon nach wenigen Monaten – in einer Heirat mündete. Es war kein leichter Schritt für Berthold. Seit vielen Jahren war er Frauen gegenüber sehr zurückhaltend gewesen, nachdem die Beziehung zu einer Frau unglücklich zu Ende ging, als er 25 Jahre alt war. Berthold hatte sich damals Vorwürfe gemacht, dass er für die Trennung verantwortlich sei. Er hatte begonnen, Zweifel an sich zu haben, und gemeint, dass er nicht in der Lage sei, eine Beziehung zu pflegen oder gar eine Ehe zu führen. Berthold hatte immer Zweifel an sich selbst. Er war keine selbstsichere Person. Bei jedem Misserfolg sah er sich selbst als den Schuldigen an. Als sich Marion so für ihn interessierte und sich ihm näherte, ermutigte ihn das, jetzt doch diesen endgültigen Schritt zu wagen und zu heiraten.

Ein Jahr nach der Eheschließung wurde Matthias geboren. Glück für beide Eheleute, Glück und Aufregung zugleich für Berthold. Es war rührend, wie er sich um den kleinen Matthias und die junge Mutter kümmerte. Marion gab ihre Stelle auf und versorgte das Kind. Dieses Glück dauerte etwa fünf Jahre. Dann begannen Verhaltensveränderungen bei Marion sichtbar zu werden. Sie war nun häufiger gereizt, und es kam zu Streitereien zwischen den Eheleuten, wobei Berthold immer zurücksteckte. Auf die spitzen, ja oft beleidigenden Bemerkungen von Marion antwortete er nicht – er schluckte alles hinunter und beschäftigte sich mit seinem Sohn. Eines Tages bemerkte er, dass es seine Frau mit der Sauberkeit nicht mehr so genau nahm und ihre Körperpflege vernachlässigte. Auch Matthias war nicht immer so ordentlich gekleidet wie früher. Immer häufiger, wenn Berthold von der Arbeit nach Hause kam, gab es für ihn kein Abendessen. Auf seine Nachfrage antwortete Marion in gereizter Stimmung, dass sie keine Zeit gehabt habe. Sie habe das eine und andere tun müssen und könne sich nicht um alles kümmern. Dann kochte Berthold selbst, badete Matthias, zog ihn sauber an und brachte ihn am Abend ins Bett.

Berthold war aufgefallen, dass seine Frau beim Abendessen und am Wochenende ungewöhnlich viel Bier und Schnaps trank. Das hatte sie früher nicht getan. Er begann, sich Vorwürfe zu machen, und dachte, dass seine Frau wegen ihm trinke. Berthold versuchte, mit seiner Frau darüber zu reden. Darauf gab sie ihm immer ausweichende Antworten, wie etwa, dass sie viel Stress habe, alles so langweilig sei, und dass sie wegen Matthias ihren Job habe aufgeben müssen. «Was kann ich denn für dich tun?», fragte Berthold verzweifelt. «Mich in Ruhe lassen», war gewöhnlich die Antwort seiner Frau.

Im Laufe der Zeit wurde der Verdacht zur Gewissheit: Marion war Alkoholikerin geworden. Nach einer Weile musste sie bereits nach dem Aufwachen trinken, damit ihre Hände nicht zitterten. Sie trank den ganzen Tag über, bis sie am Abend völlig betrunken einschlief. Eine eheliche Beziehung gab es nicht mehr. Um den Haushalt, aber auch um Matthias kümmerte sie sich kaum noch. Abends, wenn Berthold von der Arbeit kam, lagen überall Bier- und Schnapsflaschen umher – im Mülleimer, auf dem Boden, in der Diele, überall. Marion hatte es aufgegeben, die leeren Flaschen zu verstecken, wie sie es anfangs noch getan hatte. Jetzt hatte sie fast immer eine Flasche in der Hand. Berthold machte nach der Arbeit die Wohnung sauber, brachte den Haushalt in Ordnung, kochte, kümmerte sich um Matthias und dessen Schulaufgaben.

Zu dieser Zeit war Matthias gerade zwölf Jahre alt geworden. Berthold war für ihn Vater und Mutter zugleich. Er hatte vollständig die Pflichten seiner Frau übernommen. Und Matthias klammerte sich, enttäuscht und verletzt von dem Verhalten der Mutter, immer enger und enger an den Vater.

Die Beziehung zwischen Berthold und Matthias hatte allmählich die gleichen Merkmale angenommen wie die Beziehung zwischen Anne und Christian. Und auch Berthold war von dem Bedürfnis beherrscht, «alles für Matthias zu tun», «keine Pflicht zu verletzen» und «um Gottes willen in keiner Weise dem Jungen schaden, denn er hat es ja schwer genug mit der Mutter». Berthold machte eine weitere Entdeckung. Er liebte seine Frau nicht mehr, wahrscheinlich hatte er sie nie geliebt. Durch ihre Initiative war es zu dieser Beziehung gekommen. Berthold hatte gehofft, «geordnete» Verhältnisse zu bekommen, und so war diese Ehe entstanden. Doch nun musste Berthold feststellen, dass es die erhoffte Liebe zwischen ihm und seiner Frau nie wirklich gegeben hatte. Aber eine Scheidung kam nicht in Frage. So wie Marion sich entwickelt hatte, wäre sie allein völlig hilflos und verloren gewesen. Mehrmals hatte er sie zum nächsten Krankenhaus gebracht, wenn sie wieder einmal völlig betrunken war. Am nächsten Tag ließ Marion sich aber immer wieder entlassen. Berthold gelang es nicht, seine Frau zu überzeugen, sich einer Entwöhnungstherapie zu unterziehen.

Berthold hatte irgendwann diese Versuche aufgegeben. Er hatte auch die Hoffnung verloren, dass Marion eines Tages vom Alkohol wegkäme. Zwar fühlte er sich verantwortlich für sie, gleichzeitig aber kapselte er sich von ihr ab. Ja, er hatte das Gefühl, dass er eine Art Hass gegen seine Frau entwickelt hatte. Hass, weil sie Matthias so vernachlässigte, weil das Kind unter seiner Mutter so litt. Berthold lebte mit seiner Familie in einer Dreizimmerwohnung. Sie hatten ein Schlafzimmer, ein Wohnzimmer und ein Kinderzimmer. Er konnte nicht mehr im Zimmer der Eheleute schlafen, da Marion es zu ihrem «Bunker» gemacht hatte. Überall lagen leere und volle Alkoholflaschen herum. Auch im Wohnzimmer konnte er nicht schlafen, da die betrunkene Marion ständig in dieses Zimmer kam. Sie suchte Krach, fing Streit mit ihm an. Matthias bot dem Vater deshalb an, dass er in seinem Zimmer schlafen könne. Dieses Angebot nahm er dankend an.

Inzwischen war Matthias 16 Jahre alt geworden. Trotz der schlimmen Erfahrungen, die er mit seiner Mutter gemacht hatte, war er ein netter Junge, der fleißig seine Aufgaben erledigte. Einen richtigen Freundeskreis hatte er allerdings nicht. Er spürte, dass sein Vater ihn sehr liebte, und das war gegenseitig. Ganz selbstständig war Matthias noch nicht geworden, trotz seiner 16 Jahre. Sein Vater kümmerte sich um alles, so dass Matthias genügend Zeit für die Schule blieb. «Etwas ungewöhnlich», dachte Berthold, «dass Matthias trotz seiner 16 Jahre so wenig Freunde hat und alles, was er unternimmt, mit mir unternimmt.» Doch gerade das machte ihm auch Freude.

Berthold litt an einer Depression der gleichen Art wie Anne, nur in einer leichteren Form, im Grunde genommen seit ungefähr 20 Jahren. Seine Depressionen traten alle zwei bis drei Jahre für einen Zeitraum von vier bis fünf Wochen auf. Sie begannen in milder Form mit Beginn der dunklen Zeit im November. Dabei wäre ihm nie eingefallen, dass er an einer Erkrankung leiden könnte. Er führte alles auf die Probleme zu Hause zurück. In diesem November aber war eine viel stärkere Depression aufgetreten, die so intensiv war, dass er nicht einmal zur Arbeit gehen konnte.

Die Symptome waren die gleichen wie bei Anne: Früherwachen zwei bis drei Stunden vor der normalen Zeit, vormittags war die Depression am schlimmsten, nachmittags Aufhellung, das «Losigkeitssyndrom» mit Interesselosigkeit, Initiativlosigkeit, Freudlosigkeit, Hoffnungslosigkeit, Sinnlosigkeit usw. Dazu Schuldgefühle, so z.B. die Überzeugung, dass er sich nicht gut genug um Matthias kümmere, dass er eventuell doch an der Erkrankung seiner Frau schuld sei und Ähnliches. Und dazu diese furchtbare Mattigkeit und Schwäche. Trotzdem suchte Berthold auch diesmal keinen Arzt auf. Er dachte, es ginge vorbei, so wie all die anderen Male. «Diesmal ist es schlimmer, aber es ist auch mit Marion schlimmer geworden. Und ich kann das alles nicht schaffen. Arbeit, Haushalt und mich um Matthias kümmern. Das ist der Grund.»

Berthold ging nicht zum Arzt. Auch dann nicht, als die Todessehnsucht auftrat. Auch dann nicht, als es immer konkreter wurde, dass er sich das Leben nehmen wollte. «Aber Gott sei Dank», beruhigte er sich selbst, «das würde ich nie tun. Das kann ich doch Matthias nicht antun. Ich kann ihn nicht allein mit dieser Alkoholikerin lassen. Ich habe ja eine Aufgabe.»

Auch an diesem Donnerstag, an dem die Gedanken an Selbstmord gehäuft auftraten, beruhigte er sich immer wieder damit, dass er das nicht tun werde. Er könne das ja Matthias nicht antun. Mit großer Mühe brachte er Brennholz vom Hof, zerkleinerte es, schob es in den kleinen Holzofen und lehnte das Beil an die Wand neben dem Ofen. Der kleine Ofen befand sich im Kinderzimmer, wo die beiden schliefen. Das Zimmer war den ganzen Tag über ungeheizt gewesen und jetzt, vor dem Schlafengehen, wollte er noch etwas einheizen. Anschließend ging er zu seinem Sohn, der noch wach war, sagte ihm «Gute Nacht» und ging dann ins Bett. Er zog sich die Decke über den Kopf.

Es war ungefähr zwei Uhr morgens, als er plötzlich durch panische Angst aus dem Schlaf gerissen wurde. Er spürte nur einen Gedanken, der sich wie eine Explosion in seinem Kopf ausbreitete – den Gedanken daran, sich umzubringen. Er hatte vorher keine Pläne gehabt, wie er sich umbringen könnte. Jetzt sprang er aus dem Bett und wollte in die Küche laufen, um sich zu erstechen.

Da sah er Matthias, der inzwischen ruhig in seinem Bett schlief. «Das kannst du Matthias nicht antun. Du kannst ihn nicht verlassen. Du kannst ihn nicht auf dieser Welt, mit dieser Alkoholikerin allein zurücklassen», rief eine verzweifelte innere Stimme in seiner Brust. Doch dann schrie eine andere Stimme: «Nein, du darfst Matthias nicht allein lassen. Du kannst ihm das nicht antun. Dann nimm ihn mit!»

Und in diesem Moment sah er das Beil, das neben dem Ofen stand. Ohne nachzudenken nahm er es hastig auf und schlug mit der stumpfen Seite einmal auf Matthias' Kopf. Der sprang wie vom Blitz getroffen aus dem Bett, packte die Hand des Vaters, die das Beil hielt, mit beiden Händen und schrie: «Was tust du denn da? Was tust du denn?» Dann konnte er den Vater überwältigen. Der brach zusammen und weinte. Plötzlich war der zwanghafte Gedanke der Selbsttötung weg. Matthias blutete stark, doch Gott sei Dank hatte das Beil seinen Schädel nur gestreift, und er verlor das Bewusstsein nicht. Matthias gelang es, den Rettungswagen zu rufen. Bis der Rettungsarzt kam, umarmte Berthold immer wieder völlig aufgelöst seinen Sohn. Er bat ihn verzweifelt um Verzeihung.

Matthias wurde zur nächsten chirurgischen Klinik gefahren. Berthold brachte man nach der Vernehmung bei der Polizei in die nächste psychiatrische Klinik. Bei Berthold wurde eine schwere krankheitswertige Depression diagnostiziert. Also nach der Definition des Gesetzes eine «schwere krankhafte seelische Störung», die sein Tun und Lassen bestimmte. Er konnte nichts für seine Tat. Die Tat war durch die Krankheit bestimmt und diktiert. «Schwere krankhafte seelische Störungen» sind Erkrankungen, die den Willen des Menschen entweder vollständig ausschalten oder seine freie Entscheidung erheblich beeinträchtigen. Berthold wurde für schuldunfähig befunden und ist noch immer in unserer ambulanten Behandlung.

Matthias hat dem Vater verziehen. Allerdings brauchte auch er eine lange Therapie. Er verstand, dass der Tötungsversuch des Vaters – so paradox es klingt – von Liebe diktiert gewesen war.

Die Ähnlichkeit zwischen Anne und Berthold ist sehr deutlich. Sowohl in Bezug auf die Persönlichkeit und die zwischenmenschlichen Beziehungen wie auch auf das Erleben von Ausweglosigkeit durch Depression. Doch es gibt auch einen entscheidenden Unterschied. Berthold handelte spontan, impulsiv, blitzartig. Solche Handlungen nennt man «Raptus». Das kommt aus dem Lateinischen und bedeutet «plötzlicher Zorn», «Verrücktheit», «plötzliche Besessenheit von einer merkwürdigen Idee». Wenn ein Raptus bei einem depressiven Patienten auftritt, spricht man vom «Raptus Melancholicus». Berthold hatte geschlafen, wurde gegen zwei Uhr morgens plötzlich wach und war besessen von dem Gedanken, dem Drang, von dem Zwang, sich umzubringen. Solche impulsiven Handlungen finden sehr häufig in den frühen Morgenstunden statt, zwischen zwei und vier Uhr. Diese Art der Suizidhandlung ist dem Psychiater ein gut bekanntes Phänomen. Um diese Zeit, also zwischen zwei und vier Uhr morgens, findet bei schweren depressiven Erkrankungen eine Umschaltung, ein «switch» statt. Das ist nämlich die Zeit der Umstellung bestimmter Funktionen im Gehirn, bestimmter Botensubstanzen und Hormone, die mit der Befindlichkeit des Menschen zu tun haben. Diese Funktionen haben einen so genannten «zirkadianen Rhythmus». «Rhythmus» sagen wir, weil die Umstellung in regelmäßiger, immer wiederkehrender Abfolge stattfindet. «Zirkadian» bedeutet «ungefähr einen Tag». Denn dieses Wort setzt sich aus den beiden lateinischen Worten «zirka» und «dies», «der Tag», zusammen. Also «Rhythmen, die ungefähr einen Tag andauern». Es sind nicht genau 24 Stunden, sondern etwas mehr. Doch insgesamt wiederholt sich der Rhythmus etwa nach einem Tag.

Bei manchen Patienten geschieht diese biologische Umstellung im Rahmen des zirkadianen Rhythmus offensichtlich sehr abrupt. Wenn dann bei ihnen schon ein suizidales Syndrom vorhanden ist, findet diese impulsive Verwirklichung bei einigen der Patienten zum Zeitpunkt der Umstellung statt.

Manche sehen darin einen Hinweis, dass das suizidale Syndrom ein biologisches Phänomen sein könnte. Doch das suizidale Syndrom ist ein multifaktorielles Phänomen, das vorwiegend durch psychologische und Persönlichkeitsfaktoren determiniert wird. Aber bei manchen Erkrankungen, vor allem bei den so genannten endogenen Depressionen und anderen schweren psychischen Störungen, wird es zumindest teilweise biologisch mitbestimmt. Es scheint, dass bestimmte Störungen bei den Botensubstanzen – den so genannten Neurotransmittern – bei der Entstehung des suizidalen Syndroms auch eine wichtige Rolle spielen. Wie etwa das Serotonin. Serotonin ist eine Botensubstanz, die eine wesentliche Rolle bei der Entstehung der Depression spielt. Gerade dieses plötzliche, impulsive suizidale Syndrom verstärkt die Argumente derjenigen, die den biologischen Vorgängen zur Entstehung von manchen suizidalen Syndromen große Bedeutung beimessen. Es scheint auch, dass manche Substanzen, die zur Vorbeugung gegen Depressionen verwendet werden (vor allem das Lithium), nicht nur die erneute Erkrankung verhindern, sondern offensichtlich auch eine normalisierende Wirkung auf Vorgänge haben, die zu Suizidalität, Selbstaggression oder auch Fremdaggression führen können.

Dennoch, die Persönlichkeit ist eine wesentliche Voraussetzung für den erweiterten Suizid. Man kann sehr gut verstehen, dass Menschen mit der Persönlichkeit eines «Typus Melancholicus», einer zwanghaften Persönlichkeit, dazu neigen, zwischenmenschliche Beziehungen so zu gestalten, wie Anne mit Christian und Berthold mit Matthias. Aber die Frage ist, wie die Persönlichkeitsmerkmale zu erklären sind.

Dazu gibt es viele Theorien. Am plausibelsten erscheint mir folgende Erklärung: Im Grunde genommen ist der «Typus Melancholicus» eine sehr unsichere Persönlichkeit. Um diese zu kompensieren, also auszugleichen, der Unsicherheit und Ängstlichkeit entgegenzuwirken, entwickeln diese Persönlichkeiten schon in jungen Jahren eine Art «Abwehrsystem». Dieses System basiert vor allem auf Ordnung. «Wenn ich immer an einer bestimmten Stelle ordentlich all das habe, was ich brauche, weiß ich ganz genau, dass mir nichts passieren kann. Ich kann immer alles finden, was ich benötige. Ich gerate nicht in Panik, wenn ich z.B. den Feuerlöscher plötzlich brauche, weil ich ganz genau weiß, wo er sich befindet. Ich weiß immer, wo ich ihn finden kann. Wenn ich den Autoschlüssel brauche, wenn ich meine Papiere brauche, wenn ich ... wenn ich ... wenn ich. Es kann nichts passieren. Ich habe ein festes System. Alles hat seine Ordnung. Alles hat seinen Platz. Alles ist immer da, wenn ich es brauche.» Dies gilt auch für die zwischenmenschlichen Beziehungen. Viele breit gestreute Beziehungen würden Unsicherheit bedeuten. Wenige, aber tiefe Beziehungen bedeuten Sicherheit. «Wenn ich meine Pflicht gegenüber anderen und die übrigen Pflichten, die ich übernommen habe, korrekt erfülle, passiert mir nichts. Dann gebe ich keinen Anlass zu Konflikten.» Auch Konservatismus bedeutet Sicherheit. Man verlässt sich auf das bereits Erprobte und Gesicherte. Man braucht nicht mit neuen gesellschaftlichen Systemen oder auch in der ganz eigenen privaten Beziehung zu experimentieren. Der Ausgang solcher Experimente ist ungewiss. «Schulden machen? Um Gottes willen. Das ist eine zu große Unsicherheit. Ich vermeide es also.» So sind auch die Akkuratesse, die Pünktlichkeit usw. zu erklären. Also ist der «Typus Melancholicus» meines Erachtens nichts anderes als eine Abwehr gegen Ängste, Unsicherheit und Selbstzweifel.

Besonders schlimm ist es für die Betroffenen, wenn sie ihre eigenen Prinzipien, ihre Ordnung nicht mehr einhalten können. Das geschieht zum Beispiel, wenn sie in eine Depression geraten. Sie haben dann nicht mehr die Kraft, ihren Abwehrmechanismen zu folgen. So erleben wir das übrigens auch bei zwanghaften Menschen, die eine Hirnschädigung erleiden, zum Beispiel nach einer Kopfverletzung oder nach einem Schlaganfall. Manche Psychiater sehen im Versagen dieser Abwehr einen Auslöser für den Ausbruch der Depression. Etwa dann, wenn trotz aller eingeübten Abwehrmechanismen etwas schief geht. Das geschieht vor allem, wenn eine Fremdverschuldung vorliegt, wie zum Beispiel ein Unfall oder der Verlust des Arbeitsplatzes aus nicht selbst verschuldeten Gründen. Menschen mit zwanghafter Persönlichkeit erleben es dann so, als würde ihre Schutzmauer, dieser Wall der Abwehr, nicht mehr in der Lage sein, Feinde abzuwehren, zu neutralisieren. Die Reaktion darauf ist die Depression.

Die «Stadien der Suizidalität» kann man gut voneinander unterscheiden:

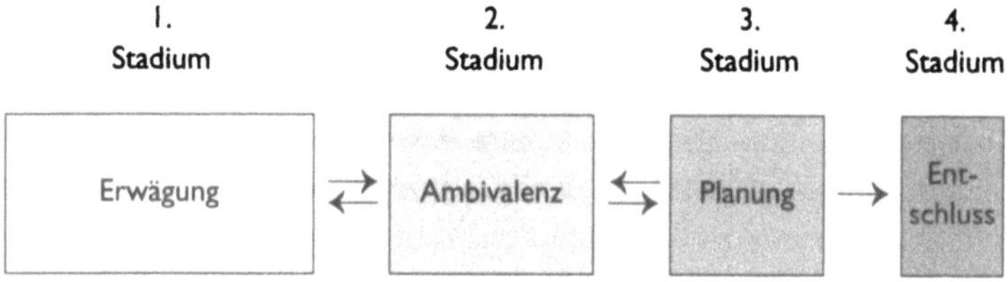

Stadien der Suizidalität

Die Erwägung

Das suizidale Syndrom in seinem typischen Ablauf kann in vier Stadien unterteilt werden. Nehmen wir Anne als Beispiel. Am Anfang war «die Erwägung». Sie dachte zunächst «Besser tot als lebendig» oder «Der Tod wäre eine Erlösung». Und sie begann, in Erwägung zu ziehen, sich umzubringen. Doch dann verwarf sie diesen Gedanken sofort.

Dieses Stadium kann flüchtig sein und vorübergehend. Wenn wir in diesem Stadium die Gefahr erkennen, können wir in aller Regel den Patienten retten. Es muss jedoch ganz gezielt nach suizidalen Gedanken gesucht und nachgefragt werden. Viele Patienten erzählen uns davon überhaupt nichts. Manche schämen sich, darüber zu sprechen, ja haben sogar Angst davor. Dieses Stadium ist ein relativ harmloses, weil es ein «reversibles Stadium» ist, das sich also zurückbilden kann, wie die entgegengesetzten Pfeile zeigen. Der eine Pfeil zeigt zum nächsten, etwas kleineren Viereck, der zweite in die entgegengesetzte Richtung.

Zwischen Für und Wider

Dem «Stadium der Erwägung» folgte Annes innerer Kampf, die beiden inneren Stimmen, die in ihrer Brust tobten. Die eine sagte: «Tu es. Das ist die Erlösung.» Die andere dagegen rief: «Nein, du darfst das nicht tun. Du darfst es Christian nicht antun.» Das ist das Stadium der «Ambivalenz». Bei Suizidalität geht es meist um die Unentschlossenheit zwischen «Selbsterlösung» und «Verboten». Bei Anne wurde diese Ambivalenz vor allem durch ihr Pflichtgefühl gegenüber Christian ausgelöst.

Patienten, die sich in diesem Stadium der Ambivalenz befinden, sind unruhig. Der erfahrene Psychiater erkennt, dass sie mit etwas kämpfen. Es muss nun ganz gezielt nach Selbsttötungsgedanken gefahndet werden, auch in diesem Stadium. Es wird nämlich auch hier selten spontan darüber berichtet. Und doch ist auch dieses Stadium ein relativ «gutes», weil es genau wie das vorherige reversibel sein kann.

Die Planung

Dann begann Anne, an Selbsttötungsmethoden zu denken. Oder sie sich vorzustellen. Sie dachte darüber nach, ob sie es mit Tabletten tun, von einem Hochhaus springen, sich vor einen fahrenden Zug werfen oder ob sie einen Föhn in die Badewanne werfen sollte. Das ist das Stadium der «Planung».

Das Stadium der Planung ist ein schwieriges Stadium, weil hier das suizidale Syndrom bereits fortgeschritten ist. Die Rückbildung ist viel schwieriger als in den vorhergehenden Stadien. Die Verzweiflung des Patienten und der Entscheidungsprozess sind weit fortgeschritten. Wenn Patienten in diesem Stadium nicht sofort in eine Klinik eingewiesen werden, sind sie höchst suizidgefährdet. Wenn bei einem Patienten erkannt wird, dass er sich schon in diesem Stadium befindet, ist höchste Alarmbereitschaft geboten. Das «Stadium der Planung» ist ein gefährliches Stadium. Und schwer umzukehren.

Dann folgt der «Entschluss». Wenn der Patient sich in diesem Stadium befindet, ist nur noch schwer erkennbar, dass er suizidal ist. Bei ihm ist Ruhe eingekehrt. Die Ruhe vor dem Sturm. Sein Verhalten, seine Äußerungen, seine Gedanken sind durch eine beunruhigende Stille gekennzeichnet. Wenn man die Vorgeschichte des Patienten nicht kennt, kann man diesen Zustand nicht erkennen. Dieses Stadium des Entschlusses ist ein furchtbares Stadium, weil es kaum noch beeinflussbar ist. Zumindest in den meisten Fällen nicht. Der Patient hat seinen Entschluss, sich selbst zu töten, bereits getroffen. Und er täuscht seine Umgebung gezielt. Auch dann, wenn er direkt dazu befragt wird, ist sein Entschluss so fest, dass er in der Regel die Unwahrheit sagt, ohne dass dies von anderen bemerkt wird.

Ich kann mich an eine sehr tragische Situation erinnern, die ich vor mehreren Jahren erlebt habe. Wir hatten eine Patientin aufgenommen, eine junge Krankenschwester, die schwer suizidal war. Ich sah sie und stellte dabei fest, dass sie ein fortgeschrittenes suizidales Syndrom hatte. Sie befand sich bereits im «Stadium der Planung». Mit viel Mühe konnte ich sie überzeugen, in der Klinik zu bleiben, auf einer geschützten Station, wo die nötigen Überwachungsmöglichkeiten gegeben waren. Wenige Stunden später jedoch befand sie sich offensichtlich im «Stadium des Entschlusses». Nun wollte sie unbedingt wieder entlassen werden. Wir gingen aber davon aus, dass sie sich offensichtlich bereits in diesem weit fortgeschrittenen Stadium befand und stimmten deshalb nicht zu. Sie beharrte jedoch auf einer Entlassung und verweigerte jegliche Therapie. Deshalb taten wir das, was uns das Gesetz in solchen Fällen vorschreibt. Wir beantragten eine Unterbringung nach dem «Gesetz zum Schutz psychisch Kranker», in der Praxis als «PsychKG» abgekürzt. Wie es vom Gesetz vorgeschrieben wird, kam ein Richter, um sich selbst ein Bild von der Patientin zu machen. Die Patientin verneinte aber in sehr ruhiger Form und mit sehr ruhiger Miene jegliche suizidalen Gedanken. Der Stationsarzt versuchte dem Richter zu erklären, dass sich die Patientin im «Stadium des Entschlusses» befände. Deshalb wirke sie so ruhig. Der Richter antwortete jedoch: «Ich kann niemanden unterbringen, wenn keine sichtbare und beweisbare Selbstgefährdung vorhanden ist. Und die erkenne ich bei ihr nicht. Sie können auch nicht beweisen», sagte er zum Stationsarzt, «dass ein so genanntes ‹Stadium des Entschlusses› besteht, wenn die Frau sagt: ‹Ich habe keine Selbsttötungsabsichten.›»

Also entließ der Amtsrichter die Patientin trotz des Protestes des Stationsarztes.

Zwei Stunden später fand man sie ertrunken in einem See an der Peripherie der Stadt auf. Die Klinik erstattete Anzeige gegen den Richter. Das Verfahren gegen ihn wurde jedoch eingestellt.

Die tödliche Erweiterung

Die Voraussetzungen zur Entwicklung eines suizidalen Syndroms sind unterschiedlich. Am häufigsten sind jedoch psychische Erkrankungen die Ursache. An erster Stelle stehen die Depressionen, als reine Depressionen oder als Kombination mit anderen Störungen. Etwa mit Schizophrenie, organischen Störungen oder Persönlichkeitsstörungen und anderen. Auch Menschen, die sich in einer Lebenskrise befinden, einsam geworden sind, körperlich schwer krank sind, Alkohol- oder Drogenmissbrauch betreiben, können suizidal werden. Aber ich möchte betonen, dass unabhängig von der Ursache, die zur Suizidalität führt, es im Vorfeld für alle suizidalen Menschen etwas Gemeinsames gibt: die Einengung.

Der psychologische und soziale Horizont ist eingeengt. Man sieht keine Perspektive mehr. Man sieht keinen Ausweg. Besser gesagt: keinen *anderen* Ausweg. Es ist nicht wichtig, ob die Ausweglosigkeit real ist oder nur im Erleben des Betroffenen besteht. Wichtig ist, dass sie als solche erlebt wird. Von Bedeutung ist auch, dass keine Alternative zum Ausscheiden aus dem Leben gesehen wird. Auch dann, wenn objektiv solche Alternativen durchaus vorhanden sind. Die Einengung ist der zentrale Punkt bei einem so genannten «präsuizidalen Syndrom». Mit präsuizidal meine ich den psychischen Zustand und das Erleben der eigenen Situation, die zu den suizidalen Gedanken führen.

Kommt zu der suizidalen Symptomatik, die aus der Einengung der subjektiv erlebten Ausweglosigkeit entsteht, noch die besondere Persönlichkeitsstruktur hinzu, wie wir sie bei Anne und Berthold sahen, und gibt es dazu Personen im unmittelbaren Umkreis des suizidalen Menschen, zu denen er besondere zwischenmenschliche Beziehungen entwickelt hat, dann kann sich das suizidale Syndrom zum homi-suizidalen Syndrom erweitern, zum erweiterten Suizid: Man nimmt die geliebte Person mit in den Tod.

Boris und seine Frau: Die große Liebe und ihre tragischen Folgen

Der erweiterte Suizid betrifft nicht immer die eigenen Kinder. Die Personen, die in den Tod mitgenommen werden, sind Menschen, die sehr geliebt werden, sehr verbunden mit dem suizidgefährdeten Menschen oder von ihm abhängig sind. Also können es die Kinder, der Partner oder auch andere Personen sein. Am häufigsten sind es jedoch die Kinder, weil sie mit den Eltern so eng verbunden sind und weil sie viel mehr als andere Menschen das Pflichtgefühl und das Verantwortungsbewusstsein der Eltern ansprechen – weil sie mehr Schutz und Hilfe benötigen. Im Fall von Boris war es anders, der seine Frau mit in den Tod nehmen wollte.

Ich möchte hier vor allem auf den Aspekt der Prognose eingehen: Wie geht es nach einem versuchten erweiterten Suizid weiter? Das Schicksal von Boris ist sehr geeignet, um die juristisch-psychiatrische Problematik solcher Fälle darzustellen. Welche praktische Konsequenz gibt es für den überlebenden Patienten? Für den überlebenden Täter?

Boris wuchs in geordneten familiären Verhältnissen in einer kleinen Stadt in Baden-Württemberg auf. Er war ein guter Schüler. Nach der Schule absolvierte er eine Ausbildung zum Verwaltungsangestellten. Sowohl während der Ausbildung als auch später während der Berufsjahre war er bei seinen Kollegen sehr beliebt. Seine Vorgesetzten schätzten seine Pünktlichkeit, Genauigkeit und Korrektheit sehr – obwohl diese von einigen Kollegen als sehr übertrieben eingeschätzt wurde. Boris ging jedem Streit aus dem Weg. Auch in seinen zwischenmenschlichen Beziehungen zeigte er ein großes Harmoniebedürfnis. Seine Kollegen akzeptierten, dass er nicht sehr gesellig war, sondern eher zurückhaltend und schüchtern. Mit zwei oder drei seiner Kollegen war er befreundet. Mit den anderen pflegte er einen höflichen Umgang. So war es auch in der Schule gewesen. Dort hatte er ebenfalls nur wenige Freunde gehabt, doch diese wenigen Freundschaften waren eng und dauerten lange. Den Beruf des Verwaltungsangestellten hatte er gewählt, weil für ihn eine Stelle in der Verwaltung, als Beamter oder Angestellter, Sicherheit bedeutete. Und Sicherheit bzw. das Gefühl der Sicherheit war für Boris lebenswichtig. In ähnlicher Weise wie für Anne und Berthold.

Boris war 24 Jahre alt, als er Ellen heiratete. Ellen war die erste Frau, zu der er eine erotische Beziehung hatte. Nur wenige Monate nach der Hochzeit bemerkte Ellen bei Boris einige Veränderungen: Er wurde immer zurückhaltender, klagte über Müdigkeit, Mattigkeit, Schlafstörungen, merkwürdige Kopfschmerzen und Schmerzen in der Brust. Er machte sich dabei große Sorgen um seine Gesundheit. Ellen ging mit ihm zum Hausarzt. Doch alle Untersuchungen zeigten nichts Pathologisches. «Sie sind kerngesund», sagte der Hausarzt und verschrieb ihm ein leichtes Schlafmittel. «Wenn Sie richtig schlafen, wird es Ihnen auch wieder gut gehen», kommentierte er. Es ging Boris aber nicht besser. Im Gegenteil, er verlor allmählich seine Lust an der Arbeit, zog sich immer stärker zurück. Er vermied Kontakte zu anderen Leuten. Nach dem Abendessen ging er schnell zu Bett, schloss die Vorhänge des Schlafzimmers, zog die Decke über seinen Kopf und tat, als ob er schliefe, um den Fragen und Sorgen Ellens auszuweichen. Er schlief aber nicht, sondern grübelte nur. Sein Schlaf wurde immer schlechter. Morgens erwachte er sehr früh, zwischen drei und vier Uhr, und konnte dann nicht wieder einschlafen. Er schaffte es aber auch nicht, aufzustehen und irgendetwas zu tun. Es war für ihn unendlich schwer, sich morgens für die Arbeit fertig zu machen. Seine Tätigkeit bereitete ihm keine Freude mehr. Zur Verwunderung seiner Kollegen machte er Fehler. Er, als Vorbild für Akkuratesse und Genauigkeit! Und zur Überraschung aller kam er eines Tages sogar mit Verspätung zur Arbeit. Das war etwas völlig Neues an ihm. So etwas war niemals zuvor geschehen. Auch die Kollegen bemerkten, dass etwas mit ihm nicht stimmte. Nach drei Wochen begann sich Boris' Zustand auch ohne ärztliche Behandlung zu bessern.

Aus der Dunkelheit ins Blitzgewitter

Zur Freude seiner Frau und seiner Kollegen begann Boris sogar, Scherze zu machen. Er wurde lebhaft, unternehmungslustig und strahlte vor Freude. Alle waren glücklich darüber, dass es Boris gelungen war, den schwarzen Tunnel zu verlassen. Sie verziehen ihm auch, wenn er ab und zu, ganz gegen seine frühere Gewohnheit, ein wenig distanzlos wurde. Oder wenn er, völlig im Gegensatz zu früher, schallend lachte und laut wurde. Mit Freude bemerkte Ellen, dass er wieder Interesse an Sexualität bekam. Und das sogar viel stärker als vor seiner Erkrankung. «Er hat etwas nachzuholen», dachte Ellen lächelnd. Sie war völlig überrascht, als er sie einmal mitten in der Nacht weckte, um Zärtlichkeiten mit ihr auszutauschen.

Auch in diesem Zustand schlief Boris wenig. Nun sprang er morgens bereits gegen fünf Uhr aus dem Bett, schaltete im Wohnzimmer das Radio ein, machte für seine Frau und sich selbst das Frühstück – ein sehr üppiges Frühstück – und weckte sie ungeduldig, früher als zur gewohnten Zeit. Von diesem veränderten Verhalten fühlte sich Ellen jedoch allmählich gestört. Sie begann, ihn zu kritisieren und um nächtliche Ruhe zu bitten. Es gefiel ihr auch nicht, wie stürmisch Boris sie sexuell bedrängte und dass der sexuelle Akt nicht mehr zärtlich war.

Der eigentlich eher schüchterne, zurückhaltende und bescheidene Boris begann plötzlich, sich in den Mittelpunkt zu stellen. Er lobte sich selbst und verhielt sich, als wäre er der Beste, der Schönste, der Intelligenteste. Boris sprühte nur so vor Vitalität. Er war 20 Stunden täglich auf den Beinen und wurde dabei nie müde. Inzwischen nervte er alle, vor allem seine Frau, mit seinem ständigen Rededrang. Ganz im Gegensatz zu seiner früheren Gewohnheit sprach er nun viel und schnell, in einer blumigen Weise. Dabei erzählte er über großartige Pläne, die er hatte. Er wollte für alle Menschen etwas tun, wollte sich politisch engagieren, wollte vieles gegen den Hunger in der Dritten Welt unternehmen. Er wollte einfach alles verbessern und für jedermann da sein. Und als er eines Nachts gegen drei Uhr morgens laut Musik hörte, dazu tanzte und seine Frau damit weckte, schrie diese ihn an und meinte: «Du bist krank. Du musst unbedingt zum Arzt.» Er antwortete ihr erstaunt, dass er «kerngesund» sei. Er habe sich nie besser gefühlt. Wenn jemand krank sei, dann sei sie es. Und indem er das sagte, forderte er Ellen zum Tanz auf. Auch den Nachbarn, von der lauten Musik und dem lebhaften Tanz geweckt, gelang es nicht, diese nächtliche Vorstellung zu unterbrechen. Als Boris dann am nächsten Nachmittag mit einem nagelneuen großen Luxusauto vor dem Haus vorfuhr, brach Ellen zusammen. «Wie sollen wir solch ein Auto bezahlen?», schrie sie ihn an. «Wir haben kein Vermögen, unser Gehalt reicht niemals aus, so einen großen Wagen zu finanzieren.» In aller Gemütsruhe antwortete Boris auf diese Vorwürfe: «Ich werde einer der reichsten Männer der Welt sein durch meine neuen Ideen und meine neuen Pläne. Also können wir uns auch ein so teures Auto leisten. Das ist das wenigste.»

Der Notarzt kam, herbeigerufen von Ellen, und holte Boris ab. Sie lieferten ihn in die nächste psychiatrische Klinik ein, wo er sechs Wochen lang stationär behandelt werden musste.

Die ungleichen Schwestern – die Depression und die Manie

Dort wurde die Diagnose «Manie» gestellt. Boris hatte alle Symptome, die für die Diagnose einer Manie notwendig sind: die euphorische Stimmung, der Redefluss, um die deutsche Bezeichnung für «Logorrhoe» zu benutzen. «Logorrhoe» kommt aus dem Griechischen und setzt sich aus dem Wort «Logos» für Rede und «Rhoe» für Fluss zusammen. Dann ist da noch die Ideenflucht, wenn also ein Gedanke den anderen jagt, und die

Anwesenden bzw. die Gesprächspartner diesen Gedanken nicht mehr folgen können. Auch die pathologische Steigerung des Selbstwertgefühls – etwa in dem Sinne: «Ich bin der Fähigste, Schönste, Intelligenteste, Reichste usw.» – wäre da noch zu erwähnen. Boris wies auch ein zusätzliches, für die Manie charakteristisches Phänomen auf, nämlich die Minderung des Schlafbedürfnisses bei erhaltener Vitalität. Er schlief sehr wenig, doch dabei war er topfit. Dann waren da noch die Steigerung der sexuellen Bedürfnisse und die Distanzlosigkeit. Er tätigte große Einkäufe, die vor dem Hintergrund seiner finanziellen Situation unangemessen waren. Damit bestanden bei ihm fast alle Symptome einer Manie.

Nachdem Boris aus der psychiatrischen Klinik entlassen worden war, versuchte er, seine Beziehung zu Ellen wieder auf die frühere Ebene zu bringen. Ellen aber war anders geworden. Die Erfahrungen, die sie mit Boris während seiner Depression und der anschließenden Manie gemacht hatte, hatten sie sehr beunruhigt. Sie ließ sich darüber aufklären, was eine Manie ist und welche Prognose sie hat. Damit versuchte sie zu erfahren, wie es mit Boris und ihr wohl weitergehen würde.

Doch Boris hatte nicht nur eine Manie, sondern vielmehr eine so genannte «bipolare Erkrankung». Er hatte das, was man früher als «manisch-depressive Erkrankung» bezeichnete. Ich selbst finde die Bezeichnung «bipolare Erkrankung» besser, weil sie neutral ist. Mit der Bezeichnung «manisch-depressive Psychose» oder «manisch-depressive Erkrankung» sind viele Vorurteile verbunden. Manche benutzen den Begriff sogar als Schimpfwort. Andere verbinden damit eine schlechte Prognose, was jedoch meist nicht der Fall ist. Ich denke, es ist besser, den Namen «bipolar» statt «manisch-depressiv» zu verwenden, um die vorhandenen Vorurteile abzuschwächen. Obwohl «bipolar» ein relativ alter Begriff ist, hat er erst in der modernen Psychiatrie eine so breite Verwendung gefunden. Erst nach der Einführung der modernen Pharmakotherapie – deren Folge die bessere Beherrschbarkeit der Erkrankung ist – fand die Bezeichnung «bipolar» eine breite Verwendung. Außerdem ist «bipolar» ein umfassender Begriff. Man kann damit auch andere Krankheitsformen bezeichnen, die ähnliche Symptome wie die Depressionen und Manien aufweisen, aber nicht so typisch und nicht in Reinkultur manisch-depressiv sind. Bleiben wir also bei «bipolar».

Die bipolare Erkrankung hat in der Regel eine gute Prognose. Sie hinterlässt kaum bleibende Veränderungen bei den Patienten. Nach Abklingen der jeweiligen Episode sind die meisten Patienten wieder völlig gesund. Allerdings sind bipolare Erkrankungen lebenslange Erkrankungen. Der Patient kann immer wieder krank werden. Nun aber gibt es bereits seit vielen Jahren spezielle Medikamente, die neuen Rückfällen vorbeugen können. Diese Medikamente können prophylaktisch genommen werden, so etwa das Lithium oder manche Antiepileptika.

Ellens Verhalten Boris gegenüber hatte sich verändert. Sie fragte sich nun ständig, wie es mit ihrer gemeinsamen Zukunft aussehen würde. Sie befürchtete, dass, wenn sie Kinder bekämen, diese die Erkrankung erben würden. Ellen hatte gelesen, dass diese Erkrankung zumindest teilweise erblich bedingt sein könnte. Das stimmte sie sehr nachdenklich.

Leider traf man bei Boris nach seiner Entlassung aus dem Krankenhaus keine vorbeugenden Maßnahmen gegen seine Krankheit. Er hatte weder Lithium noch Antiepileptika verschrieben bekommen. Man dachte wahrscheinlich, dass es bei ihm noch zu früh für eine «Prophylaxe» sei. Bei ihm waren ja bisher erst zwei Phasen, oder wie man heute sagt «Krankheitsepisoden», aufgetreten. Die Ärzte dachten sicher, dass sie noch einige Zeit abwarten könnten, um zu sehen, ob es tatsächlich bei ihm zu einer weiteren Episode käme. Manchmal, was jedoch sehr selten ist, hört die Erkrankung nämlich nach zwei bis drei Episoden von ganz allein auf. In der Regel aber setzt sie sich mit vielen Episoden fort und dauert praktisch das ganze Leben des Patienten an.

Die zwanghafte Persönlichkeit ist am ehesten mit einer reinen Depression in Verbindung zu bringen. Also einer so genannten «monopolaren» oder «unipolaren» Depression. Eine Depression, die nie von einer Manie begleitet wird. Während des ganzen Lebens nicht. Eine solche zwanghafte Persönlichkeit ist bei bipolaren Patienten, die also auch manische Krankheitsepisoden haben, selten zu finden. Im Gegenteil – viele bipolare Patienten haben eine Persönlichkeit, die durch Selbstsicherheit und Nichthaften an Ordnung, Genauigkeit, Pünktlichkeit usw. gekennzeichnet ist. Es sind Menschen mit vielen Aktivitäten, vielen sozialen Kontakten, selbstsicherem Auftreten sowie Liebe zum Risiko und zu neuen Erfahrungen.

Doch nicht alle bipolaren Patienten haben eine solche selbstsichere Persönlichkeit. Das trifft sicher auf einen beträchtlichen Teil zu, jedoch nicht auf alle diese Patienten.

Zu diesen wenigen Ausnahmefällen zählt auch Boris. Und das wurde ihm zum Verhängnis. Hätte er eine zwanghafte Persönlichkeit gehabt, dann hätte er eventuell die Tragödie, die ihm widerfahren ist, niemals erleben müssen. Dann hätte er nämlich nicht diese besondere zwischenmenschliche Beziehung zu seiner Frau entwickelt, wie das zwanghafte Menschen manchmal tun.

Boris wird bestrahlt, abgehört und von Stimmen bedroht

Ellen distanzierte sich mehr und mehr von Boris. Bis er ein Jahr später erneut depressiv wurde. Diesmal war die Depression sehr viel stärker als beim ersten Mal und es kamen weitere Symptome hinzu, die sowohl Boris als auch Ellen bis dahin unbekannt waren. Plötzlich berichtete Boris von Stimmen, die angeblich über ihn sprachen. Es wunderte ihn sehr, dass Ellen diese Stimmen nicht hören konnte. Ihm war unbegreiflich, dass Ellen seine Angst nicht verstehen konnte. Da gab es zwei Parteien von Stimmen, die sich miteinander über ihn unterhielten. Eine Partei sprach nur Schlechtes über ihn. Diese war die stärkere der beiden Parteien. Die andere, die schwächere Partei, erzählte gute Dinge über ihn, was jedoch nie so deutlich zu hören war. Die

Stimmen wurden immer häufiger, nahmen auch an Intensität zu. Boris' Angst vor diesen Stimmen wurde immer größer.

Boris entwickelte im Laufe der Zeit außerdem die Überzeugung, dass er verfolgt werde. Überall sah er Verfolger. Diese existierten aber nicht für andere.

Das beunruhigte Ellen, und gleichzeitig nervte es sie. Als Boris anfing, Befürchtungen zu äußern, dass seine Gedanken durch überirdische Mächte abgezapft würden, dass Mikrophone in der Wohnung installiert worden seien, dass seine Bewegungen beobachtet und seine Gedanken gelesen würden und dass die Sendungen im Fernsehen sich auf ihn bezögen, geriet Ellen in Panik. Auch meinte Boris, dass die Gedanken in seinem Kopf nicht seine eigenen seien, sondern ihm eingegeben würden. Seine eigenen Gedanken würden ihm dagegen entzogen und seien so laut, dass sie von allen gehört werden könnten. Was er denke und tue, sei von anderen, wahrscheinlich überirdischen Mächten gemacht.

Boris wurde erneut in einer psychiatrischen Klinik behandelt. Dort blieb er sechs Wochen, bis es ihm wieder gut ging.

Boris hatte dieses Mal ein volles depressives Syndrom und dazu hatte er eine schizophrene Symptomatik. Also hatte er dieses Mal eine schizoaffektive Erkrankung. Als «schizophrene Symptome» sind beispielsweise die Stimmen zu bezeichnen, die sich wie Rede und Gegenrede über Boris unterhielten. Auch die Gedankeneingebung, der Gedankenentzug, die Gedankenausbreitung – also die Überzeugung, alle wüssten, was er denkt – sind schizophrene Symptome. Ebenso das Gedankenlautwerden – also das Empfinden, seine Gedanken wären so laut, dass sie von anderen gehört werden könnten. Dann gehören dazu auch die Beeinflussungserlebnisse mit dem Charakter des Gemachten, dass alles, was er dachte und tat, von anderen beeinflusst würde. Und schließlich die vielen anderen Wahnsymptome, wie etwa der Verfolgungswahn.

Wir finden bei Boris also eine Mischung aus einer affektiven Erkrankung, wie die Depressionen und Manien auch bezeichnet werden, und einer schizophrenen Erkrankung. Eine schizoaffektive Erkrankung ist nicht dasselbe wie eine Schizophrenie, auch wenn das manchmal angenommen wird. Wichtig ist, dass eine schizoaffektive Erkrankung eine viel bessere Prognose hat als eine schizophrene Psychose. Auch reagiert sie gut auf eine Prophylaxe mit Lithium oder einem Antiepileptikum, so wie auch die Depression und die Manie. Und das ist für die Patienten und ihre Familien sehr gut.

Boris und Ina

Als Boris aus der psychiatrischen Klinik entlassen wurde, ging er nicht nach Hause zurück. Ellen hatte die Entscheidung getroffen, sich scheiden zu lassen. Sie wollte ihr Schicksal nicht mehr mit einem «Psychotiker», wie sie Boris jetzt bezeichnete, teilen. Die Scheidung war ein großer Verlust für Boris. Er wurde nun wieder von seinen Eltern aufgenommen, die sich um ihn kümmerten. Bald war er wieder voll arbeitsfähig und begann, auf seinem Arbeitsplatz wieder so effizient und gut zu arbeiten, wie er es schon früher getan hatte. Schizoaffektive Erkrankungen haben eine relativ gute Prognose, wie ich bereits sagte. Die Mehrzahl der Patienten ist nach Abheilung der Krankheitssymptome wieder so wie vorher. Nach einem Jahr hatte er die Trennung von Ellen weitestgehend überwunden. Er lernte eine andere, sehr gefühlvolle Frau kennen – Ina. Auf beiden Seiten war es große Liebe. Nur drei Monate, nachdem sie sich kennen gelernt hatten, heirateten sie. In dieser Ehe fand Boris eine Entschädigung für die letzten Jahre mit Ellen, in denen er kaum noch Liebe und Zuwendung gefunden hatte. Nie zuvor war Boris so glücklich gewesen wie in dieser neuen Beziehung. Sie machten alles gemeinsam, und sie fühlten sich sehr wohl miteinander. Der eine war für den anderen da – ein ständiges Glücksgefühl für beide. «Das ist die Liebe. Das ist das Glück», dachte Boris immer wieder. Und Ina dachte genauso.

Ein Jahr nach der Hochzeit erkrankte Boris erneut an einer schweren Depression. Dieses Mal waren die schizophrenen

Symptome, die bei der vorigen Krankheitsepisode so dominant gewesen waren, nur andeutungsweise vorhanden. Die Depression mit all ihrer Verzweiflung stand im Vordergrund. Ina war erschrocken. Sie hatte Boris nie zuvor in einem solchen Zustand erlebt. Obwohl er Ina vor der Ehe alles über seine Erkrankung erzählt hatte, war sie sehr schockiert, als er erneut krank wurde. Beide hatten gedacht, das sei Vergangenheit. Ina war völlig unerfahren und ziemlich überfordert mit Boris' Zustand. Sie reagierte liebevoll, aber ratlos. Aus ihrer tiefen Sorge um Boris entwickelte sie einen Aktionismus. Ina erkundigte sich bei vielen Bekannten und versuchte Termine bei verschiedenen Ärzten zu bekommen. Doch am Zustand von Boris änderte das nichts. Als Boris ihr eines Tages offenbarte, dass er schon seit Tagen von sehr konkreten Selbsttötungsgedanken geplagt werde, war Ina völlig verzweifelt. Boris beruhigte sie: «Ich werde es nicht tun. Für mich wäre es zwar eine Erlösung, doch dir kann ich so etwas nicht antun. Ich werde mich nicht umbringen, weil ich dir so etwas nicht antun möchte.»

Boris wurde wieder in eine psychiatrische Klinik eingeliefert. Ina besuchte Boris dort jeden Tag. Sein Zustand besserte sich nicht. Ina zeigte eine Überfürsorge für ihn, die er fast schon als belastend empfand. Es war zwar schön für Boris, dass sie da war, doch gleichzeitig war es für ihn eine große Anstrengung. In seinem Zustand konnte er wenig aufnehmen, sich kaum auf ein Gespräch konzentrieren. Am liebsten wäre ihm eine Abschirmung von allen Informationen und Ereignissen gewesen. Es wäre ihm recht gewesen, wenn man die Vorhänge zugezogen, das Licht ausgeschaltet und die Tür geschlossen hätte. Er hätte sich gern unter seiner Decke verkrochen, um nichts zu sehen und zu hören.

Seitdem er sich in der Klinik befand, erzählte er Ina nichts mehr von seinen Selbsttötungsgedanken, die ständig wiederkehrten. Boris hatte gesehen, wie Ina verzweifelte, ja fast in Panik geriet, wenn er darüber sprach. Damit wollte er sie nun nicht mehr belasten. Boris war sich völlig sicher, dass er diesen Schritt nicht tun werde. Die Gedanken waren zwar da, er wollte damit aber niemanden beunruhigen. Auch den Ärzten in der Klinik erzählte er nichts von seinen Selbstmordabsichten. Boris wusste, dass die Ärzte bei Patienten mit Suizidgedanken sehr einschränkend vorgehen müssen: kein Ausgang, eventuell sogar Sitzwachen. Es werden viele Gespräche geführt und die Patienten ständig überwacht. All das wollte er für sich nicht. «Wie sollte es passieren, wenn ich es doch Ina nicht antun kann. Ina ist mein Schutz», dachte er. Ina bestärkte ihn darin, indem sie ihm immer wieder versicherte: «Ich werde auf dich aufpassen.»

Ina, überfürsorglich und überaktiv, suchte jeden Tag das Gespräch mit dem behandelnden Arzt. Immer wieder ging sie mit Kleinigkeiten zu den Ärzten. Deren beruhigende Worte wirkten jedoch kaum auf sie. Allmählich begann sie, mit ihrem Verhalten die Ärzte zu belasten. Und auch umgekehrt war das so, wobei Ina ihre Ungeduld offen zeigte. Damit war die Beziehung zwischen behandelndem Arzt und Angehörigen, die für die Therapie sehr wichtig ist, gestört. Ina sorgte dafür, dass Boris in einer anderen Klinik aufgenommen wurde. Sie war offensichtlich unzufrieden mit den Behandlungsmethoden und dem therapeutischen Personal der bisherigen Klinik. Am nächsten Montag sollte Boris in einer anderen Klinik in der Nachbarstadt aufgenommen werden. Sie sprach mit Boris darüber. Er war mit allem einverstanden. Die Ärzte der bisherigen Klinik waren gegen eine Verlegung. Sie befragten Boris in Anwesenheit Inas eingehend, ob er irgendwelche Selbsttötungsgedanken habe. «Nein», beteuerte Boris, «so etwas werde ich niemals tun. Ich kann Ina nicht allein zurücklassen.» Ina verschwieg, dass Boris ihr gegenüber manchmal doch solche Andeutungen machte. Sie wollte das Beste für ihn, und deshalb wollte sie auf jeden Fall eine Verlegung in eine andere Klinik erreichen.

Die Ärzte stellten sich auch weiterhin gegen die Entlassung, doch es war ihnen nicht möglich, Boris unter Zwang in der Klinik zu behalten. Das war der Grund dafür, warum Ina den Ärzten nicht gesagt hatte, dass Boris auch noch vor einer Woche Suizidgedanken geäußert hatte.

Boris konnte nicht nach dem «Gesetz zum Schutz psychisch Kranker» untergebracht werden, weil nach diesem Gesetz Patienten durch richterliche Entscheidung nur untergebracht werden können, die entweder selbst gefährdet sind, etwa durch Suizidalität, oder andere Menschen gefährden, z.B. durch krankheitsbedingte Aggressivität. Der zweite Punkt war bei Boris von Anfang an nicht vorhanden. Aggressivität gegenüber anderen war bei ihm nie festgestellt worden. Beim ersten Punkt war das nicht so eindeutig. Es musste zwar vermutet werden, dass Boris an Selbstmord dachte, doch der Richter braucht ganz konkrete Beweise, dass eine Selbstgefährdung vorhanden ist. Wenn aber Patienten und Angehörige glaubhaft verneinen, dass eine solche Gefahr existiert, gibt es keine Grundlage mehr für eine Unterbringung nach PsychKG. So auch in Boris' Fall. Boris und Ina unterschrieben also, dass die Entlassung gegen ärztlichen Rat, auf eigenen Wunsch und eigene Verantwortung erfolgte.

Ina holte Boris am Freitagvormittag nach Hause und wollte mit ihm das Wochenende verbringen. Sie wollte sich um Boris allein kümmern und ihn dann am Montagvormittag in die psychiatrische Klinik der Nachbarstadt bringen. Boris ging es überhaupt nicht gut. An diesem Freitag bemerkte er gegen elf Uhr mittags, dass in ihm ein neuer Gedanke heranreifte: «Es ist unmöglich, in dieser schwarzen Welt zu leben. Es hat keinen Sinn und Zweck mehr. Du musst dich erlösen. Doch was geschieht dann mit Ina? Sie kann nicht allein zurückbleiben. Ihr seid zusammen. So eng verbunden. Das ist eine unzertrennliche Liebe. Du musst auch Ina erlösen. Nimm sie mit.»

Dieser Gedanke erschreckte Boris sehr. Er kämpfte dagegen an. Der Gedanke kam und ging. Er wurde verdrängt. Doch er kam immer wieder, wenn sich Boris' Verzweiflung zuspitzte. Er kam und ging, wie ein bösartiger Gnom, über den schwarzen Horizont. Es war ein fürchterlicher Kampf, den Boris gegen sich selbst kämpfte. Dieser Kampf dauerte den restlichen Freitag, den ganzen Samstag und auch den ganzen Sonntag an.

Boris war erleichtert, als in den Abendstunden der Gedanke, Ina mit in den Tod zu nehmen, schwächer wurde. An diesem Sonntag nahm er gegen 22 Uhr seine Medikamente und ging zu Bett. Kurz danach kam auch Ina. Boris schlief. Doch er schlief unruhig. Plötzlich, gegen zwei Uhr morgens, sprang er mit schwerer Unruhe und innerer Verzweiflung aus dem Bett. Ina erwachte. Sie versuchte, ihn zu beruhigen, streichelte ihn und gab ihm ein Glas Wasser zu trinken. Boris war aber nicht zu beruhigen. Ina brachte ihm eine Schlaftablette. Sie saß im Bett und hielt seinen Kopf auf ihrem Schoß. Die Tablette wirkte. Eine halbe Stunde später schlief Boris. Sie ließ seinen Kopf sanft auf das Kissen gleiten. Kurze Zeit danach schlief auch Ina.

Es war kurz vor fünf Uhr morgens, als Boris aus einem Albtraum hochschreckte. Sein Herz raste. Sein Kopf «platzte» fast von einem Wirrwarr aus Ausweglosigkeit, Sinnlosigkeit, Hoffnungslosigkeit, Verzweiflung und Todeswünschen. Sein ganzer Körper zitterte vor Unruhe, sein Atem ging schnell und hastig.

Stürmisch, blitzschnell, wie von außen gesteuert, lief er in die Küche, nahm ein großes Fleischmesser und hob es vor seine Brust, um mit beiden Händen zuzustechen. Mitten in der Bewegung hielt er plötzlich inne. Es war eine laute innere Stimme, die schrie: «Du darfst das nicht tun. Du darfst Ina nicht allein lassen. Sie wird todunglücklich sein.» «Ja richtig, ich kann sie nicht allein lassen», sagte er entschieden. Ohne lange nachzudenken lief er ins Schlafzimmer und stach wahllos auf Ina ein. Ina schrie nur einmal auf, starrte ihn mit vor Angst und Überraschung geweiteten Augen an und versuchte, seine Hand festzuhalten. Doch er stach unzählige Male mit großer Wucht auf ihre Brust, ihren Hals und Bauch ein. Sie lag regungslos da. Dann hob er das blutige Messer und stach mehrere Male in seine Herzgegend, bis er bewusstlos vornüber auf die leblose Ina fiel.

Boris' Vater fand das Paar am nächsten Tag. Ina lebte nicht mehr. Boris hatte nur noch einen sehr schwachen Puls.

Die Herzchirurgen und Intensivmediziner konnten Boris in einem langen Kampf das Leben retten.

In Boris' Geschichte gibt es zwei besondere Aspekte: Erstens haben wir in diesem Fall – anders als bei Anne und Berthold – keine reine depressive Symptomatik, sondern eine so genannte schizoaffektive Erkrankung. Es ist bei einem erweiterten Suizid nicht so wichtig, welche psychische Erkrankung vorliegt. Wichtig ist, dass eine psychische Symptomatik vorhanden ist, die ein so genanntes «Syndrom der Ausweglosigkeit» beinhaltet.

Der zweite Aspekt betrifft die Tatsache, dass beim erweiterten Suizid nicht nur die Kinder, sondern auch andere geliebte Personen betroffen sein können.

Boris musste für viele Wochen auf der chirurgischen Station behandelt werden. Nachdem sein körperliches Befinden sich gebessert hatte, wurde er in einem psychiatrischen Haftkrankenhaus untergebracht. Der Psychiater diagnostizierte eine «schwere krankhafte seelische Störung», wie das deutsche Strafgesetzbuch es bezeichnet. Er empfahl deshalb dem Gericht, Boris als schuldunfähig zu betrachten. Der Psychiater argumentierte, dass Boris aufgrund der psychischen Störung sein Verhalten nicht steuern konnte. Das Gericht akzeptierte die Empfehlung des Psychiaters und erklärte Boris als schuldunfähig. Er wurde nicht bestraft.

Der Faktor Gefährlichkeit

Der Psychiater muss auch dazu Stellung nehmen, wie die weitere Prognose aussieht. In diesem Fall attestierte er Boris eine weiter bestehende Gefährlichkeit. Der Gutachter ging davon aus, dass Boris wieder depressiv werden und dass dann etwas Ähnliches noch einmal geschehen könnte. Er empfahl dem Gericht deshalb, so genannte Maßnahmen «der Besserung und Sicherung» anzuordnen. Das Gericht ordnete daraufhin die Unterbringung in einer speziellen psychiatrischen Klinik für psychisch kranke Straftäter an. In eine Klinik des Maßregelvollzuges, auch als forensisch-psychiatrische Klinik bezeichnet. Im deutschen Strafgesetzbuch gibt es dafür einen speziellen Paragraphen, den Paragraphen 63. Der besagt: «Wenn ein Mensch aufgrund einer psychischen Störung schuldunfähig oder vermindert schuldfähig eine rechtswidrige Tat begangen hat und die Gefahr besteht, dass er aufgrund seiner Erkrankung weitere Straftaten begehen wird, müssen die so genannten Maßnahmen der Besserung und Sicherung angeordnet werden.» Und das bedeutet Unterbringung im Maßregelvollzug.

Das ist sinnvoll für psychisch kranke Täter. Aber man darf dabei eines nicht übersehen. Der Maßregelvollzug hat eine große Tücke: Die Unterbringung hat keine zeitliche Begrenzung nach oben. Das heißt, es wird nicht bestimmt, wie lange ein Patient im Maßregelvollzug bleiben wird – der Straftäter ist nun auch offiziell zum Patienten geworden. Praktisch war er das ja schon immer. Er muss immer wieder psychiatrisch untersucht werden, und in regelmäßigen Abständen wird das Gericht über den Zustand des Patienten informiert. Es wurde ja eine Maßnahme der Besserung angeordnet. Auch muss eingeschätzt werden, ob von ihm weiterhin Gefahr ausgehen kann. Ich erinnere daran, dass es ja auch eine Maßnahme der Sicherung sein soll. Einige Erkrankungen sind lebenslange Erkrankungen, weshalb manche Insassen forensischer Kliniken viele, viele Jahre dort verbringen müssen. Die Zeit im Maßregelvollzug ist oft viel länger, als wenn sie eine Haftstrafe in einem normalen Strafvollzug verbüßen würden.

Bei Boris wurde eine bipolare schizoaffektive Erkrankung diagnostiziert, die lebenslang anhält. Natürlich kann es jahrelange Unterbrechungen zwischen den Krankheitsphasen geben, also symptomfreie Intervalle. Aber man muss davon ausgehen, dass er immer wieder neue Krankheitsphasen erleiden kann. Boris wurde tatsächlich zunächst in einer Klinik des Maßregelvollzugs untergebracht. Er erlitt auch immer wieder Krankheitsphasen. Aus diesem Grund teilten die Ärzte des Maßregelvollzugs dem Gericht immer wieder mit, dass Boris noch krank sei, dass bei ihm weiterhin Rückfallgefahr bestehe und sie deshalb nicht verantworten könnten, dass er entlassen werde.

Sieben Jahre nach seiner Unterbringung lernte ich Boris kennen. Als unabhängiger Gutachter sollte ich über ihn ein so genanntes Prognosegutachten erstellen, also auch zu seiner weiteren Gefährlichkeit Stellung nehmen. In diesem Gutachten äußerte ich meine Zweifel, dass der Maßregelvollzug für diese Erkrankung das Richtige sei. Ich habe meine Skepsis durch folgende Argumente untermauert:

Die Erkrankung allein reicht nicht aus, um eine Fremdgefährlichkeit bei Boris zu attestieren. Über 99 % aller depressiven Patienten oder Patienten mit Erkrankungen, die sehr verwandt mit der Depression sind – z.B. die schizoaffektiven Erkrankungen –, sind nie fremdgefährlich. Die Diagnose einer solchen Erkrankung allein reicht nicht aus, um von einer Wiederholbarkeit der Tat, geschweige denn von einer allgemeinen Gefährlichkeit zu sprechen.

Eine Gefährlichkeit entstünde nur im Fall einer Beziehungskonstellation, wie wir sie bei dem «Dreieck der Voraussetzungen für den erweiterten Suizid» bereits kennen gelernt haben.

Das liegt natürlich nicht im Bereich des Unmöglichen. Die Gefahr reduziert sich jedoch aus folgenden Gründen:

Erstens: Erkrankungen wie die von Anne, Berthold oder Boris – also die affektiven und schizoaffektiven Erkrankungen – sind behandlungsfähige Erkrankungen. Zur Behandlung gibt es wirksame Medikamente. Darüber hinaus gibt es effiziente Vorbeugemethoden, die bei einer großen Anzahl von Patienten erfolgreich angewendet werden können.

Es gehört zu den Aufgaben der Ärzte, die Patienten zu sensibilisieren, damit sie sich, wenn bestimmte Symptome auftreten, die auf einen möglichen Rückfall der Erkrankung hinweisen, sofort mit Fachleuten in Verbindung setzen. Das können Psychiater sein.

Zweitens: Auch der Patient ist aufgrund seiner Erfahrung, das Liebste in seinem Leben getötet zu haben, so sensibilisiert, dass er bei jedem Anzeichen der Wiederkehr seiner Erkrankung sofort die Hilfe der Ärzte suchen wird.

Ich kenne übrigens keinen Menschen mit erweitertem Suizid, der ein Wiederholungstäter wäre, weder aus meiner klinischen oder forensischen Tätigkeit noch aus der Literatur.

Der letzte Punkt ist: Das Gericht kann die Auflage verhängen, dass sich der Patient in regelmäßigen Abständen bei einem Psychiater oder in einer psychiatrischen Poliklinik vorzustellen hat. Damit werden leichte, sich vorankündigende Symptome, so genannte «prodromale» Symptome, erkannt. «Prodromal» kommt übrigens auch wieder aus dem Griechischen und bedeutet «vorankündigend» oder «vorbereitend». Damit ist die Gefahr einer Eskalation der Erkrankung gebannt. Eine Behandlung kann dann bereits bei den ersten Zeichen von Depression beginnen. Genau so verfuhren wir zum Beispiel mit Berthold.

Mit allem Respekt für den Maßregelvollzug, aber die Behandlung von akuten psychotischen Zuständen, akuten Depressionen und Manien ist nicht die große Spezialität der meisten forensischen Kliniken. Die Kollegen im Maßregelvollzug haben andere Schwerpunkte, andere Spezialisierungen. Sie behandeln vorwiegend persönlichkeitsgestörte Menschen, Sexualstraftäter und Ähnliches. Die akuten psychotischen Störungen und vor allem die akuten Depressionen und Manien sind selten im Maßregelvollzug zu finden. Damit sind die Erfahrungen forensischer Ärzte auf dem Gebiet dieser Erkrankungen auch nicht übermäßig groß.

Ich habe Boris' Entlassung aus dem Maßregelvollzug und die Aufnahme in einer allgemeinen psychiatrischen Klinik empfohlen. Ich brachte die eben erwähnten Argumente vor. Die forensische Klinik war mit meiner Argumentation nicht einverstanden. Das Gericht jedoch entschied, Boris aus dem Maßregelvollzug zu entlassen und ihn in einer Universitätsklinik für Psychiatrie weiter behandeln zu lassen. Nach sieben Jahren Unterbringung im Maßregelvollzug wurde er entlassen. Er wurde zunächst lange in einer offenen psychiatrischen Klinik stationär behandelt, dann ambulant weiterbetreut. Neben der Einstellung auf eine prophylaktische Medikation, um weitere depressive oder manische Krankheitsphasen zu verhindern, wurde eine lange psychotherapeutische Behandlung durchgeführt. Boris musste seinen Lebensmut wieder finden, seine Ängste abbauen, sein Selbstbewusstsein wieder aufbauen. Und das Schwierigste für ihn: sich mit dem schrecklichen Geschehen auseinander setzen, mit der Tatsache, dass er seine geliebte Frau getötet hatte. Einer der schwersten Schritte für ihn war der Kontakt zu seiner Familie und seiner früheren sozialen Umgebung. Am Ende der Therapie – nach etwa einem Jahr – stand ein Besuch am Grab seiner Frau.

Inzwischen sind zehn Jahre vergangen, seit er aus dem Maßregelvollzug entlassen wurde. Er ist sozial gut integriert und seit sechs Jahren mit einer Frau zusammen, zu der er eine sehr gute Beziehung hat.

Allerdings hat er von sich aus eine große Zurückhaltung gezeigt und versucht, sich gefühlsmäßig nicht zu sehr an seine Frau zu binden. So hat er seine eigenen Schutzmechanismen eingebaut.

Er wird weiterhin mit vorbeugenden Medikamenten, speziell mit Lithium, behandelt und brauchte bisher keine stationäre Behandlung mehr. Kleine Anflüge seiner Erkrankung konnten ambulant behandelt werden. In den ersten fünf Jahren kam er sehr gewissenhaft den Bewährungsauflagen des Gerichtes nach, sich regelmäßig bei einem Psychiater vorzustellen. Inzwischen braucht er das nicht mehr.

Übrigens, einen ähnlichen Verlauf nahm auch Bertholds Leben. Er erfüllt ebenfalls gewissenhaft die Auflagen des Gerichtes und stellt sich in regelmäßigen Abständen in einer psychiatrischen Poliklinik vor. Bei ihm sind seit dem dramatischen Ereignis drei Jahre vergangen. Berthold wird ähnlich behandelt wie Boris. Auch bei ihm ist kein Krankheitsrückfall aufgetreten.

Die altruistische Tötung

Wenn man die Geschichten der Menschen betrachtet, die einen erweiterten Suizid begangen haben, dann könnte man meinen, dass es sich bei all diesen Fällen um eine Tötung aus Altruismus handelt. Also um jemanden von einem drohenden Leid zu befreien, zu erlösen. Doch das ist nicht unbedingt der Fall. Wenn wir noch genauer hinschauen, werden wir wahrscheinlich einiges erkennen, was gegen diesen ersten Eindruck spricht.

Versuchen wir zunächst noch einmal, den Begriff «erweiterter Suizid» genauer zu erklären. Beginnen wir mit der ersten Definition, die aus dem Jahre 1908 von dem deutschen Psychiater Naecke stammt. Als erweiterten Suizid bezeichnet man seitdem den Suizid, bei dem ein Mensch, der sich dazu entschlossen hat, gleichzeitig andere ohne ihre Zustimmung und ohne ihr vorheriges Wissen mit in den Tod nimmt. Das war zunächst eine sehr neutrale Definition. Doch spätere Autoren verknüpften dann mit dem Begriff «erweiterter Suizid» sehr stark das Merkmal der «altruistischen Motivation». Um zu sehen, ob das wirklich immer so ist, müssen wir einige Differenzierungen vornehmen, etwa zwischen einem erweiterten Suizid und einem Doppelsuizid.

Beim Doppelsuizid treffen im Gegensatz zum erweiterten Suizid zwei oder mehrere Betroffene gemeinsam die Entscheidung, sich das Leben zu nehmen. Sie führen die suizidale Handlung entweder getrennt aus oder einer der Betroffenen vollstreckt den gemeinsamen Entschluss. Die Entscheidung aber ist eine gemeinsame Entscheidung. So wie wir das z.B. bei manchen religiösen Sekten erleben. Dort findet ein mehrfacher Suizid statt, der aber auf einer gemeinsamen Entscheidung basiert. Oder in manchen kriegerischen Situationen, wenn kein Ausweg mehr besteht, trifft eine Gruppe von Menschen die Entscheidung, lieber aus dem Leben zu scheiden, statt in die Hände des Feindes zu geraten. Die alte und neue Geschichte der Menschheit ist voll von solchen Beispielen. Doch auch im Privatleben gibt es so etwas. Wenn etwa zwei ältere Menschen zusammenleben, die ihre Situation als ausweglos erleben, zum Beispiel wegen einer schweren Krankheit, und sich gemeinsam zum Suizid entschließen. Entweder vollstrecken sie die suizidale Handlung getrennt, etwa indem sie Medikamente nehmen, oder der stärkere der beiden vollzieht den Suizid, indem er erst den Partner und dann sich selbst tötet. Der Unterschied zum erweiterten

Suizid besteht also darin, dass es sich beim Doppelsuizid oder auch Mehr-Personen-Suizid um eine gemeinsame Entscheidung handelt.

Es gibt auch einen Unterschied zwischen einem erweiterten Suizid und einer Tötung mit nachfolgendem Suizid. Wenn jemand einen Menschen tötet und anschließend in Panik gerät, weil er es vielleicht gar nicht beabsichtigt hatte und er nun Angst vor den Konsequenzen hat, kann er sich entscheiden, auch sich selbst zu töten.

Aber auch der so genannte «Amokläufer» gehört nach meiner Meinung in diese Kategorie. Er tötet in der Regel mehrere Menschen und danach sich selbst. Das geschieht aus vielerlei Gründen, entweder vorgeplant oder als Ausdruck seines psychischen Ausnahmezustandes.

Das sind aber noch nicht alle Facetten dieses Phänomens «Tötung mit nachfolgendem Suizid».

Eine andere Form ist die «altruistische Tötung». Nehmen wir als Beispiel ein schwer behindertes Kind. Das Kind kann allein nicht überleben. Mutter oder Vater des Kindes ist es aus irgendeinem Grund nicht mehr möglich, für das Kind zu sorgen. Etwa weil sie krank geworden oder sehr alt sind und befürchten zu sterben. Um dem Kind ein schlimmes Schicksal zu ersparen, töten sie es und anschließend sich selbst. Oder aber der liebende Partner, der es nicht mehr mit ansehen kann, wie seine Partnerin aufgrund einer schweren Krebserkrankung leidet. Er entscheidet sich dazu, ihr ein weiteres Leiden zu ersparen, da sie sowieso in Kürze sterben wird. Er befreit sie von ihren Schmerzen und ihrem Leiden, anschließend bringt er auch sich um. Der Unterschied zum Doppelsuizid ist, dass er seine Entscheidung allein trifft – ohne den anderen zu fragen.

Vermutlich könnte es mehrere Gründe dafür geben, warum der Täter sich auch selbst tötet. Etwa den, dass er für seine Tat nicht verurteilt werden möchte, der Strafe entgehen will. Oder dass er mit dem moralischen Druck bzw. der moralischen Schuld –

wenn man das so sagen will – nach der Tötung der geliebten Partnerin oder der Kinder nicht mehr leben möchte. Oder vielleicht möchte er auch einfach ohne sie nicht weiterleben.

Doch es gibt auch Gemeinsamkeiten zwischen der altruistischen Tötung und dem erweiterten Suizid.

Zum Ersten: Es gibt in beiden Fällen keine gemeinsame Absprache. Im Gegensatz zum Doppelsuizid. Zum Zweiten: Es besteht gegenüber dem Tatopfer keine zerstörerische Einstellung von Seiten des Handelnden, also keine «destruktive Einstellung». Und drittens: Der Handelnde hat schützende Motive. Er will eine geliebte Person von ihrem Leid befreien oder sie davor bewahren.

Die zwei wesentlichen Unterschiede des «erweiterten Suizids» und der «altruistischen Tötung» sind die folgenden:

Der erste Unterschied ist: Beim erweiterten Suizid wird zuerst der Handelnde suizidal. Denken Sie an Anne, Berthold und Boris. Sie wollten aus diesem Leben ausscheiden. Doch nachdem sie die Entscheidung getroffen hatten, trafen sie die weitere Entscheidung, die geliebte Person nicht allein zu lassen, sondern mit in den Tod zu nehmen.

Wir können uns den gedanklichen Ablauf beim erweiterten Suizid als ein zweistöckiges Gebäude vorstellen (siehe Schema). Das erste wird mit dem zweiten Stockwerk durch eine lange Treppe verbunden. Die untere Etage ist die Etage der «*Selbst*tötungsbereitschaft». Die obere Ebene ist dagegen die Ebene der «*Fremd*tötungsbereitschaft», was die Fachleute die «homizidale Tatbereitschaft» nennen. Zuerst besteht die suizidale Tatbereitschaft, die über viele Stufen zur homizidalen Tatbereitschaft, also zur Fremdtötungsbereitschaft, führt.

Anders dagegen steht es bei der altruistischen Tötung. Auch diesbezüglich dürfen wir uns ein zweistöckiges Gebäude vorstellen, dessen beide Etagen durch eine mehrstufige lange Treppe miteinander verbunden sind (siehe Schema). Diesmal ist die untere Etage jedoch die Etage der «*Fremd*tötungsbereitschaft»,

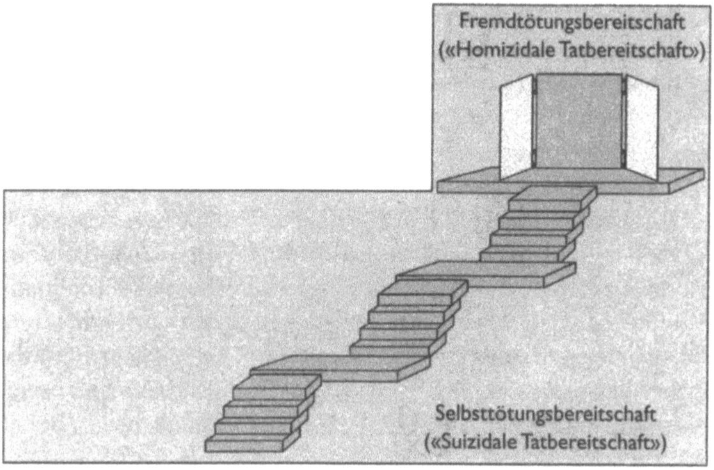

Erweiterter Suizid

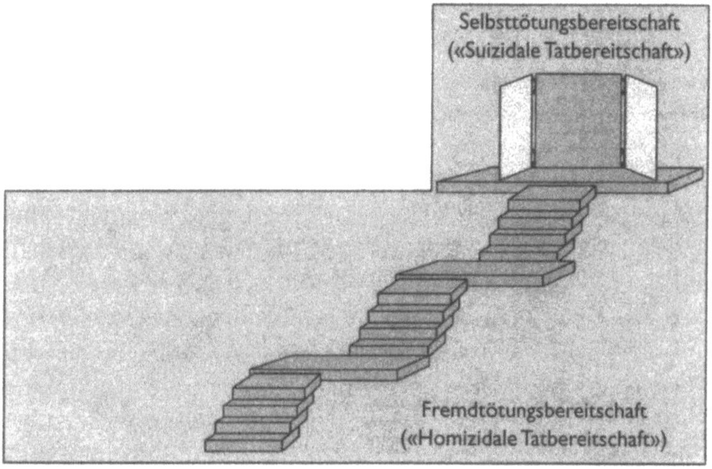

Altruistische Tötung

also der «homizidalen Tatbereitschaft». Die obere Ebene hingegen stellt hier die «*Selbst*tötungsbereitschaft» dar. Das bedeutet also, dass bei der altruistischen Tötung zuerst die Fremdtötungsbereitschaft entsteht, die anschließend zur Selbsttötungsbereitschaft führt. Altruistische Tötung und erweiterter Suizid entstehen also aus umgekehrten Gründen.

Viele Autoren meinen, dass der Altruismus ein wichtiger Bestandteil des erweiterten Suizids ist. Und so ist es auch häufig bei den Gerichten. Es gibt aber offenbar eine Diskrepanz zwischen dem, was die Psychiater mit dem Begriff «Altruismus» meinen, und dem, was die juristische Praxis darunter versteht. Die Justiz versteht unter «Altruismus» all das, was unter der Bezeichnung «jemandem ein schlimmes Schicksal ersparen» – ein vermeintliches oder reales – fungiert. Das hat dann auch bei der Strafbemessung eine große Bedeutung. Und das ist auch gut so. In der Psychopathologie und Psychologie wird der Begriff des Altruismus etwas enger definiert. Das ist ebenfalls wichtig. Wichtig deshalb, weil sich daraus therapeutische Konsequenzen für den Überlebenden ergeben. Und auch prognostisch, also für die Frage, wie es mit ihm weitergeht, ist die altruistische Motivation von großer Bedeutung.

Altruismus bedeutet Aufopferung für den anderen. Verzicht auf etwas zugunsten eines anderen, Einsatz für den anderen oder auch bewusst mögliche Nachteile auf sich zu nehmen, um einen anderen zu schützen. Die eigene Person wird zugunsten eines anderen zurückgestellt. Das «Ego», das «Ich» also, wird zugunsten des «alter», des «anderen», zurückgestellt. Daraus entsteht der Begriff «Altruismus» – als Gegenbegriff zum Egoismus. Wie wir aber bei den bereits besprochenen Fällen sahen, ist die Motivation für Fremd- und Selbsttötungshandlungen konträr. Nehmen wir einmal Anne als Beispiel.

Anne unternahm einen erweiterten Suizid bzw. Suizidversuch. Sie war hierbei die handelnde Person. Christian war das Opfer. Anne wollte sich aus dem schweren Ausweglosigkeitserleben erlösen. Und Anne hatte die Absicht, Christian die Konsequenzen ihrer Entscheidung zu ersparen. Er sollte nicht allein zurückbleiben auf dieser «bösen Welt».

Anne wollte also sich erlösen. Und sie wollte, dass Christian die Konsequenzen ihres Handelns nicht tragen muss, wie in folgendem Schema dargestellt.

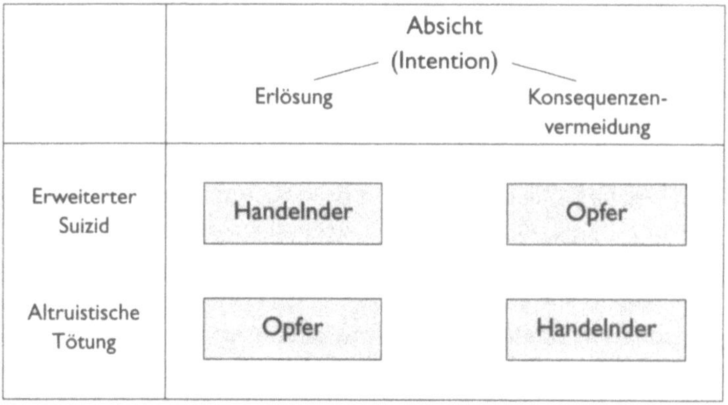

Gegensätzliche Position des Handelnden bei erweitertem Suizid und altruistischer Tötung

Anders ist das bei der altruistischen Tötung. Bleiben wir bei dem Ehemann, der mit ansieht, wie seine Frau eine unheilbare Krebserkrankung hat, in einigen Wochen sowieso sterben wird und unter unheimlichen Schmerzen leidet. Er will *sie* davon erlösen. Also ist der zu Erlösende hier in diesem Fall das Opfer. Der handelnde Ehemann will aber die juristischen, moralischen, gesellschaftlichen oder psychologischen Konsequenzen seiner Handlung nicht tragen. Deshalb tötet er sich selbst.

Die Handelnden bei einem erweiterten Suizid und einer altruistischen Tötung nehmen also eine entgegengesetzte Position ein.

Man könnte sogar sagen, dass beim erweiterten Suizid der Handelnde aus egozentrischen Gründen handelt. Wenn wir hier «Egozentrismus» ohne seinen negativen Beigeschmack begreifen. Dieser Egozentrismus aber ist das Produkt eines schweren Leidens oder eines pathologischen Erlebens. Kein Charaktermerkmal. Er ist aus der schlimmen Situation eines schwer leidenden Menschen ableitbar. Er ist aber nicht das antisolidarische Merkmal mancher wenig sympathischen Persönlichkeiten:

der Egoisten also, der egozentrischen Persönlichkeiten. Es ist ein Egozentrismus, der durch eine schwere Erkrankung entsteht und mit ihr wieder verschwindet. Also ist der Handelnde der primär Leidende. Er ist derjenige, der krank geworden ist und das Gefühl der Ausweglosigkeit für sich selbst hat. Deshalb möchte er selbst seine eigene Person erlösen. Seine eigene Person, das Ego also, steht im «Zentrum» seiner Überlegungen. Deshalb «Egozentrismus». Aber seine Motive, die geliebte Person mitzunehmen, bleiben unabhängig davon Motive, die aus Verantwortung und Liebe dem Opfer gegenüber entstehen. Und die Justiz sollte das auch weiterhin als «altruistisch» betrachten.

Es gibt noch einen weiteren Unterschied zwischen der altruistischen Tötung und dem erweiterten Suizid. Und zwar in praktischer Hinsicht. Bei der altruistischen Tötung wird in der Regel die Tat lange Zeit überdacht, lange geplant. Dann wird die effizienteste Methode, in der Regel eine schmerzlose Methode, gesucht. Das Stadium der Planung ist viel länger, viel überlegter und viel besonnener als beim erweiterten Suizid. Und die Durchführung hat keinen stürmischen Ablauf, wie es häufig beim erweiterten Suizid der Fall ist. So sahen wir es bei Anne, Berthold und Boris und werden es später noch bei Christine wieder finden. Bei einer altruistischen Tötung wird auf einen günstigen Moment gewartet. Häufig wird ein Moment gewählt, in dem das Opfer nichts davon bemerken kann. Oft wird die Handlung beispielsweise vollzogen, wenn es schläft. Es läuft dann alles so ab, wie im Schema auf der nächsten Seite dargestellt. Das «Stadium der Erwägung» und das «Stadium der Ambivalenz» werden hier zusammengefasst. Ebenso wie das «Stadium der Planung» und das des «Entschlusses».

Ich würde den erweiterten Suizid, die Mitnahmetötung aus Liebe und starker Verbundenheit mit dem Opfer, formell so definieren:

Erstens: Die Selbsttötungsabsichten des Handelnden sind zuerst da, sie «dominieren primär».

Stadien der altruistischen Tötung

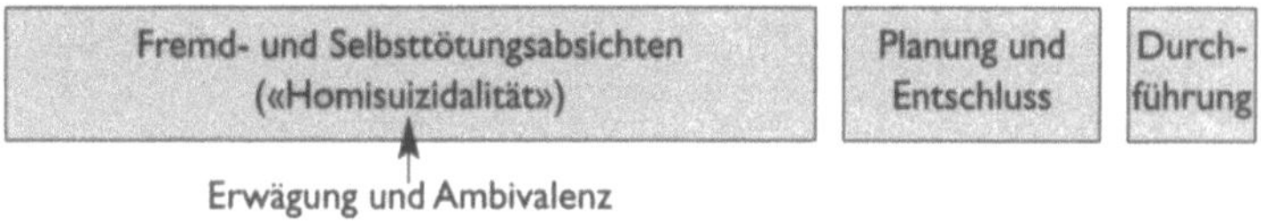

Stadien des erweiterten Suizids

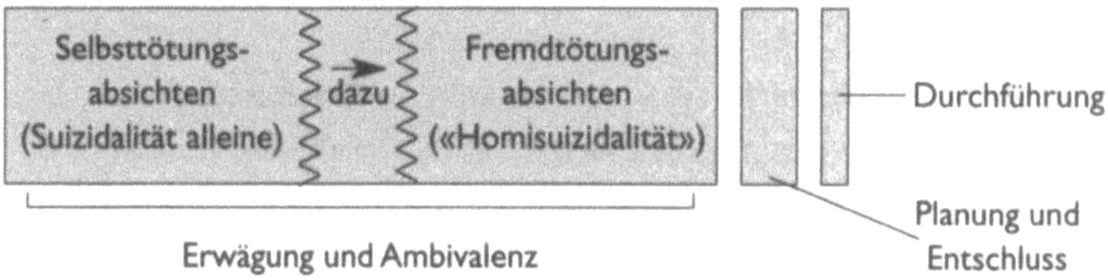

Zweitens: Es besteht gegenüber dem Tatopfer keine negative, zerstörerische Einstellung, keine «destruktive Einstellung».

Drittens: Die Mitnahmetötung geschieht ohne Wissen und ohne Billigung des Tatopfers.

Viertens: Der erweiterte Suizid ist durch das Liebes- und Verantwortlichkeitsgefühl motiviert. Er ist aus der besonderen Beziehung zwischen Täter und Opfer ableitbar.

Aber ein Syndrom der Ausweglosigkeit entsteht nicht nur dann, wenn schwere psychische Erkrankungen, z.B. Depressionen oder Psychosen vorhanden sind, wie es bei Anne, Berthold und Boris der Fall war, sondern auch andere psychische Störungen können ein Ausweglosigkeitserleben verursachen. Wie beispielsweise Belastungsreaktionen. Also Reaktionen auf besondere Lebensereignisse, z.B. Verlusterlebnisse. Aber auch Erlebnisweisen, die mit einer Persönlichkeitsstörung verbunden sind, können zu einer solchen Konstellation führen. So wie etwa im Fall von Christine oder Uwe.

Christine und ihre Kinder. Vom Traum, eine bessere Mutter zu sein

Christines Traum

Christine hatte als Kind einen einzigen Wunsch, eine einzige Sehnsucht. «Ich möchte später alles für meine Kinder tun. Ich werde für meine Kinder alles besser machen, als meine Mutter es jetzt mit mir macht.» Sie hatte gute Gründe dafür, unzufrieden mit ihrer Mutter zu sein. Christines Beziehung zu ihrer Mutter war eine ganz besonders schwierige. Eine Beziehung, die sie für ihr ganzes Leben prägte, sie begleitete und viele spätere Geschehnisse mitbestimmte.

Als ich Christine kennen lernte, war sie 32 Jahre alt. Ich führte viele Gespräche mit ihr in meinem Arbeitszimmer in der Klinik. Das Thema unseres dritten Treffens war die Mutter-Tochter-Beziehung. Ich bat sie, mir ihre Mutter und die Beziehung zu ihr zu beschreiben. Christine wurde bei dieser Aufforderung unruhig. Sie wechselte mehrere Male ihre Sitzposition im Sessel, wobei sie nervös mit ihren Fingern spielte. Sie schaute mal links und mal rechts auf den Boden und fragte mich dann mit leiser Stimme: «Muss ich das beantworten?»

«Nein, nicht wenn Sie nicht wollen. Aber es ist sehr wichtig, dass wir darüber reden», erwiderte ich.

«Ich will ja darüber sprechen», sagte sie nach einer längeren Pause. «Aber ich habe Angst vor ihr.»

«Vor Ihrer Mutter? Warum haben Sie Angst vor ihr?»

«Wenn meine Mutter erfährt, dass ich Ihnen etwas über sie erzähle, wird sie mich mit Sicherheit bestrafen. Sie wird mich dann nie wieder im Gefängnis besuchen. Es ist mir aber sehr wichtig, dass sie mich im Gefängnis besuchen kommt.»

Nach einem kurzen inneren Kampf entschied sich Christine schließlich doch, über ihre Mutter zu sprechen.

«Eigentlich», sagte sie, «kann meine Beziehung zu meiner Mutter in einem Satz zusammengefasst werden: Ich wollte meinen Kindern einmal eine bessere Mutter sein, als meine Mutter es für uns war.»

Und Christine erzählte mir, wie ihre Mutter sie und ihre vier Geschwister behandelt hatte. Sie hatten von der Mutter kaum Liebe erfahren. Christine meinte, dass ihre Mutter die ganze Liebe den Männern geschenkt habe. «Genügend Essen war immer da. Doch die Liebe, die wir so dringend gebraucht hätten, haben wir nie bekommen.»

Christines Mutter war insgesamt fünfmal verheiratet. Sie hatte fünf Kinder von vier verschiedenen Vätern. Mit Christines Vater war sie dreimal verheiratet, hatte sich aber von ihm immer wieder scheiden lassen. Zwischen den verschiedenen Männern hatte sie noch weitere Männerbeziehungen. Die Erziehung der Kinder übernahm Christines ältere Schwester. Die Mutter kümmerte sich überhaupt nicht um die kleineren Kinder. Die Väter sowieso nicht. Keines der Kinder lernte jemals das «Zu-Bett-gebracht-Werden» durch die Mutter kennen. Auch ein «Gutenachtkuss» war ihnen fremd. Christine und ihren Geschwistern war von der Mutter nie gesagt worden: «Ich habe euch lieb.» Christine konnte sich an kein Liebeswort, an keine Liebesgeste von Seiten der Mutter erinnern. Doch auch Christine konnte ihrer Mutter nicht sagen, dass sie sie liebte. Sie hatte es nicht gelernt. So gern hätte sie der Mutter ihre Liebe und Zuneigung gezeigt, doch es gelang ihr nicht. Sie wurde immer wieder abgewiesen, die Mutter war wie eine Wand. Christine konnte sich erinnern, dass sie bereits in den ersten Schuljahren dachte: «Für meine Kinder werde ich es besser machen als meine Mutter. Ich werde meine Kinder über alles lieben. Ich werde für sie alles tun. Mit ihnen spazieren gehen, Eis essen, gemeinsam ins Kino gehen und vieles, vieles andere mehr.»

Während ihrer Kindheit suchte Christine die Nähe ihres Vaters. Sie hatte Sehnsucht danach, von ihm zu bekommen, was die Mutter ihr verweigerte. «Merkwürdig!», dachte sie sehr viel später. «Den Vater hatte ich doch bereits als Kleinkind als gewalttätig und immer betrunken erlebt. Ich kann mich erinnern, dass er nachts betrunken nach Hause kam und dann zu schreien begann. Ich weiß noch heute, dass er eines Nachts mit einer Axt auf meine Mutter losging. Ein paar Mal wiederholten sich ähnliche Szenen. Ich kann mich erinnern, dass er sie einige Male mit einem großen Messer bedrohte. Mein Vater schlug auch die älteren Geschwister häufig. Ich denke heute, das tat er, weil sie nicht seine leiblichen Kinder waren. Meine kleine Schwester und mich – also seine leiblichen Kinder – behandelte er völlig anders. Uns gegenüber zeigte er eine Art von Liebe. Trotzdem muss ich sagen, dass in die nächtlichen Auseinandersetzungen alle Kinder einbezogen wurden. Und doch hatte ich Sehnsucht nach seiner Nähe. Ich kann mich erinnern, dass ich im Kindergarten froh war, wenn es Nachmittag wurde und ich nach Hause durfte. Zu meinem Vater.»

Im Laufe der Jahre änderten sich Christines Gefühle für den Vater sehr. Sie entwickelte eine innere Distanz, ja eine starke Abneigung gegen ihn. Seine Trinkereien, die Gewaltausbrüche und Streitereien konnte sie nicht mehr ertragen.

Christine hatte ihr ganzes Leben lang eine tiefe Sehnsucht nach Harmonie und Liebe. Doch diese war unerfüllt geblieben.

Am schlimmsten aber war für sie der vergebliche Kampf um die Mutter.

Christine war gerade 13 Jahre alt, als ihr Wunsch nach eigenen Kindern fast zur fixen Idee geworden war. Ihre Gedanken kreisten nur noch um dieses Thema. Natürlich war es noch zu früh für eigene Kinder. Da war es für sie wie eine göttliche Fügung, dass im Nachbarhaus zwei kleine Kinder wohnten, ohne Mutter, nur mit dem Vater. Die beiden waren damals zwei und vier Jahre alt. Sie waren mit dem Vater erst vor kurzer Zeit in das Haus gezogen, nachdem sich ihre Eltern hatten scheiden lassen. Die Kinder, Manuela und Laura, waren sehr viel allein. Jens, der Vater, war Schichtarbeiter und ging noch dazu gern mit Kumpels aus. Christine begann, sich intensiv um die beiden kleinen Kinder zu kümmern. Obwohl sie selbst ja noch ein Kind war. Der Vater der beiden betrachtete wohlwollend, ja dankbar, die Bemühungen der kleinen Christine um seine Kinder. Sie nahmen Christine gern als ihre «Mutter» an. Christine war 15 Jahre alt, als sie diese «Mutterrolle» übernahm. Sie hielt sich praktisch ständig bei den beiden Kindern auf. Der Vater, der kaum zu Hause war, gab ihr den Wohnungsschlüssel, und sie kümmerte sich wie eine richtige erwachsene Mutter um die beiden Kleinen, fürsorglich und liebevoll. Sie kochte für sie – soweit es ihr möglich war –, ging mit ihnen spazieren, spielte mit ihnen und tat einfach alles für sie. «Wie eine echte Mutter», stellte die Nachbarschaft und Verwandtschaft fest.

Christine bekommt endlich ein eigenes Kind

Als Christine 17 Jahre alt geworden war, begann sich eine Liebesbeziehung zwischen ihr und dem Vater der Kinder zu entwickeln. Jens, der Vater der beiden, bot Christine wenige Tage nach ihrem 18. Geburtstag an, zu ihnen zu ziehen. Es war eine riesige Freude für die beiden Kinder. Aber auch für Christine und Jens. Bald wurde Christine von Jens schwanger. Nun herrschte große Freude, Aufregung und hohe Erwartung bei der ganzen Familie. Doch vor allem bei Christine. Später erzählte sie, dass das eine der glücklichsten Zeiten in ihrem Leben gewesen sei. Sie konnte kaum erwarten, das Baby endlich im Arm zu halten. Das eigene Baby! «Oh ja, jetzt zeige ich meiner Mutter, wie man eigene Kinder erzieht. Von Anfang an.»

Christine gebar ein Mädchen. Welch ein Tag für Christine – der schönste Tag in ihrem Leben! Das Baby bekam den Namen Kerstin und wurde zum Mittelpunkt in Christines Leben. Kerstin kam wie gerufen. Kurz nachdem sie nämlich zu Jens gezogen war, musste Laura zurück zu ihrer leiblichen Mutter. Diese hatte mit einer gerichtlichen Entscheidung erwirkt, eines ihrer beiden Kinder zu sich nehmen zu dürfen. Das war ein großer Verlust für Christine. Und Manuela begann allmählich selbstständiger zu werden und brauchte Christine nun immer weniger.

Christine war sehr glücklich mit ihrem Baby Kerstin. Nur mit Jens lief es zu dieser Zeit nicht mehr besonders gut. Nein, Christine hatte kein Glück mit Männern. Weder mit ihrem Vater noch mit Jens oder zwei weiteren folgenden Männerbekanntschaften. Jens hatte begonnen, viel zu trinken. Sein Alkoholkonsum nahm von Monat zu Monat zu. Nachdem er seine Arbeit wegen des Trinkens verloren hatte, wurde es noch schlimmer. Er war fast immer angetrunken oder gar betrunken. Jens wurde nun immer grober und aggressiver gegenüber Christine und auch gegenüber Manuela. Sogar die kleine Kerstin bekam häufiger die Folgen seiner Trunksucht zu spüren. Christine entdeckte eines Tages, dass sie froh war, wenn Jens nicht da war. Jens war zu diesem Zeitpunkt nicht besonders oft zu Hause. «Gott sei Dank», dachte Christine mit Traurigkeit und Wehmut. Allmählich zeigte sich, dass zwei Welten aufeinander prallten, die sich dabei immer weiter voneinander entfernten. Christine war ordnungsliebend, pflichtbewusst, pünktlich, akkurat und sauber – genau wie Anne, wie Berthold und auch wie Boris. Der deutlich ältere Jens dagegen wurde mit zunehmendem Alkoholismus zum Inbegriff der Unordnung. Seitdem seine Trinkgewohnheiten sich so zugespitzt hatten, nahmen auch seine Unordentlichkeit, die Vernachlässigung der Körperpflege und die Verletzung elementarster Pflichten gegenüber seinen Kindern und Christine überhand. Es wurde zum Alltag, dass er nicht nur Christine, sondern auch die Kinder vernachlässigte.

Dann geschah es, dass Christine erneut schwanger wurde. Diese Schwangerschaft verlief anders als die erste. Die Einstellung Christines gegenüber dieser Schwangerschaft war widersprüchlich. Zum einen empfand sie große Freude über das Baby, andererseits aber Angst. «Was wird mit diesem Kind geschehen? In welcher Umgebung wird dieses Kind aufwachsen? Die anderen zwei Kinder haben es schon schwer genug. Soll jetzt noch ein drittes Kind dazukommen?»

Diese Zwiespältigkeit wurde im Verlauf der Schwangerschaft noch schlimmer, weil Jens offensichtlich viel gegen diese

Schwangerschaft hatte. Denn als Christine ihm schüchtern und vorsichtig erklärte, dass sie wieder schwanger sei, kam es zu einer Kanonade von Beschimpfungen und Vorwürfen. Jens schrie sie an, wer sich denn um dieses Kind kümmern und es ernähren solle. Nur von Arbeitslosenhilfe könnten sie nicht noch ein Kind großziehen. Sie solle doch verschwinden, meinte er zum Abschluss. Zum Glück hatte Jens Christine dieses Mal nicht verprügelt. Im letzten Jahr war es häufiger dazu gekommen, dass er sie und Manuela schlug, wenn er betrunken war.

Einige Tage, nachdem Christine mit Jens über die Schwangerschaft gesprochen hatte, kam er sehr spät nach Hause. Es war kurz vor Mitternacht. Er hatte wie immer irgendwo gemeinsam mit seinen Kumpanen getrunken. Viel getrunken. Kerstin und Manuela schliefen, Christine saß vor dem Fernseher. Das Programm nahm sie jedoch kaum wahr. Sie grübelte die ganze Zeit, wie sie für sich, vor allem aber für ihre Kinder, ein besseres Leben einrichten könnte. Ein anderes Leben, als sie es jetzt mit Jens verbrachte.

Jens trottete ins Wohnzimmer. Dabei murmelte er etwas Unverständliches vor sich hin. Er begrüßte Christine nicht. Als er sie entdeckte, schrie er sie an: «Hier bist du also, du Schlampe. Du Hure. Das Kind ist nicht von mir.»

«Was redest du denn da für dummes Zeug?», fragte Christine empört.

«Das Kind ist nicht von mir», schrie Jens noch einmal.

«Wie kannst du so etwas behaupten?», fragte sie entsetzt.

«Das weiß ich deshalb, weil ich nur Mädchen zeuge», meinte Jens.

«Und woher weißt du, dass dieses Kind kein Mädchen ist?»

«Die Schwangerschaft verläuft anders», sagte Jens. «Dein Bauch sieht anders aus.»

«So ein Quatsch», gab Christine zur Antwort. «Es ist auch dieses Mal das Gleiche wie damals.»

«Wir werden sehen. Wenn es ein Junge wird, bist du verloren», drohte Jens. «Es ist besser, du lässt den Bastard wegmachen.» Indem er das sagte, ließ er sich aufs Bett fallen und schlief sofort ein.

Christine aber ging nicht zu Bett. Sie weinte die ganze Nacht über, bis sie in den Morgenstunden erschöpft und gequält im Sessel vor dem laufenden Fernseher einschlief.

Jeden Tag bekam Christine die gleichen Vorwürfe zu hören. Sie war verzweifelt. Immer wieder dachte sie an Abtreibung. Der Wunsch jedoch, noch ein Kind zu haben, war stärker als die Qualen und Befürchtungen. Christine beschloss ein für alle Mal, alles über sich ergehen zu lassen, nur um das Baby behalten zu können. Offensichtlich machte das Jens noch aggressiver. Gewalttätigkeiten gegen seine schwangere Frau waren keine Seltenheit. Sie war inzwischen im achten Monat schwanger. Eines Nachts, als Jens nach Mitternacht betrunken nach Hause kam, zerrte er Christine aus dem Bett, wobei er fürchterlich auf sie einschimpfte. Er beschimpfte sie wieder einmal als Schlampe, als Hure, die einen Bastard zur Welt bringe. Dabei trat er sie mit den Füßen und schlug mit den Fäusten auf ihren Bauch ein. «Das ist nicht mein Kind. Du bist ganz sicher fremdgegangen. Dieses Kind wird ein Junge, das spüre ich», schrie Jens auf sie ein. Schließlich flüchtete sie aus der Wohnung. Die hochschwangere Christine nahm ihr Fahrrad und fuhr durch die Nacht zu ihrer Schwester. Bei ihr wollte sie Zuflucht vor Jens suchen. Kurz bevor sie dort ankam – verstört, verzweifelt und weinend –, stürzte Christine schwer auf den harten Asphalt. Dieser Sturz aber führte glücklicherweise nicht dazu, dass sie ihr Baby verlor.

Einige Stunden später kehrte Christine nach Hause zurück, da sie die Kinder nicht allein lassen wollte. Jens hatte inzwischen seinen Rausch ausgeschlafen und sagte wenig. Bei dem wenigen, was er sprach, war jedoch keine Entschuldigung.

Der Tag der Entbindung kam. Sie wurde von ihrer Schwester ins Krankenhaus begleitet, denn Jens hatte keine Lust dazu. Er murmelte etwas Unverständliches, Aggressives, bevor Christine ins Krankenhaus ging.

Christine brachte einen gesunden Jungen zur Welt. Freude und Panik erfüllten sie gleichzeitig. Ein Junge – für Jens ein Bastard. Als sie ihren kleinen Sohn das erste Mal im Arm hielt, weinte sie.

Sie war froh und glücklich darüber, dass der kleine Bursche so gesund aussah. Die ganze Schwangerschaft über hatte sie Angst gehabt, dass ihr Baby durch die vielen Misshandlungen Schaden hätte davontragen können. Eigentlich hatte sie sich schon immer einen Jungen gewünscht. Doch auch Panik befiel sie, wenn sie an Jens' Reaktionen dachte. Was würde er jetzt sagen? Wie konnte sie seine verrückte Idee, dass er nur Mädchen zeugen könne, aus seinem Kopf vertreiben? Sie befürchtete das Schlimmste. Am Tag der Entbindung kam Jens nicht ins Krankenhaus. Auch am zweiten Tag besuchte er sie nicht. Erst am dritten Tag tauchte er endlich auf. Er war betrunken und sagte laut vor dem Personal und den anderen Frauen der Station: «Zeig mir den Bastard.» In diesem Moment wusste Christine definitiv: «Das ist das Ende. Ich werde Jens verlassen.»

Am Tag der Entlassung rief sie Jens an und bat ihn, sie und das Baby abzuholen. Lallend lehnte er diese Bitte ab. Christine nahm sich ein Taxi, fuhr mit dem Baby aber nicht zu Jens, sondern zu ihrer Schwester. An diesem Tag traf sie zwei Entscheidungen. Die erste war, das Baby André zu nennen. Diesen Namen hatte sie schon immer sehr schön gefunden. Die zweite Entscheidung war, dass sie nie zu Jens zurückkehren wollte. Unter Polizeischutz zogen sie und Kerstin aus der gemeinsamen Wohnung aus. Jens hatte gedroht, sie und den «Bastard» umzubringen, falls sie ihn verlasse. Manuela durfte sie jedoch nicht mitnehmen, da diese nicht ihre leibliche Tochter war. Sie kämpfte wie besessen darum. Das Jugendamt lehnte die Bitte aber ab und entschied, dass Manuela in ein Heim käme.

Christine und ihre Männer

Christine zog in das gleiche Haus, in dem bereits ihre Schwester wohnte. Dort lebte sie mit ihren beiden Kindern Kerstin und André. Sie lebte nur für die beiden Kleinen. Lange Zeit fing sie keine neue Beziehung zu einem Mann an, obwohl es viele gab, die sie umwarben. Sie tat alles für ihre Kinder. All das, was ihre Mutter für sie nie getan hatte.

Kerstin aber bereitete Christine große Sorgen. Sie war sehr still, entwickelte nur wenige Kontakte zu anderen Kindern. Sie trennte sich kaum von ihr und war Bettnässerin. André dagegen entwickelte sich prächtig.

Fast zwei Jahre lang blieb Christine allein. Eines Tages traf sie jedoch die Entscheidung, den Annäherungsversuchen von Walter nachzugeben. Walter war ein Mann in Christines Alter, der bei der Familie ihrer Schwester zur Untermiete lebte. Walter schien ein arbeitsamer, einfacher Mensch zu sein, der vor allem kinderlieb war. Christine beobachtete wohlwollend, wie sich Walter um ihre Kinder kümmerte, mit ihnen spielte, und wie gut er sich mit ihnen verstand. Nach einigem Hin und Her traf sie die Entscheidung, mit Walter zusammenzuziehen.

Christine aber hatte kein Glück mit ihren Männern. Walter wurde arbeitslos und begann nun auch zu trinken, und im Verlauf der Monate entwickelte er ähnliche Verhaltensweisen wie Jens. Mit einem Mal verschwand seine gesamte Kinderfreundlichkeit. Die Arbeitslosigkeit und der Alkohol machten ihn zu einem aggressiven Menschen. Ständig war er gereizt und schrie die Kinder an. Das konnte und wollte Christine nicht dulden. Sie verbot ihm, die scheue und zurückhaltende Kerstin anzufassen oder anzuschreien. Auch verbot sie ihm, den nicht einmal drei Jahre alten André in irgendeiner Weise schlecht zu behandeln. An diese Verbote hielt sich Walter jedoch kaum. Die Kinder wurden immer unglücklicher, die Zurückhaltung und Ängstlichkeit Kerstins nahmen mehr und mehr zu. Sie nässte nun fast jede Nacht ins Bett. Auch André begann, Angst vor dem betrunkenen Walter zu haben. Dies konnte Christine nicht weiter ertragen. Sie trennte sich von Walter und begann erneut, sich allein um ihre beiden Kinder zu kümmern.

Einige Zeit danach aber erlebte Christine eine stürmische Liebe. Es war praktisch ihre erste richtige Liebe. Sie hatte sich in einen Mann verliebt, der sich erst kurze Zeit zuvor von seiner Frau getrennt hatte. So etwas hatte Christine bisher noch nie erlebt. Sie war bis in die Zehenspitzen verliebt. Zusätzlich begeisterte sie, dass dieser Mann sehr kinderlieb war. Oder vielmehr empfand sie das so. Dieser Mann hieß Rüdiger. Er war von Beruf Handwerker. Rüdiger war ein wenig untersetzt, hatte ein rundliches Gesicht und schlaue Augen. Rüdiger bat Christine, diese Beziehung zunächst zu verheimlichen, da er mit seiner Noch-Ehefrau keine Komplikationen wollte. Christine akzeptierte diesen Wunsch, ohne auch nur einmal darüber nachzudenken. Sie trafen sich in einer Waldhütte außerhalb der Stadt. «Eine sehr romantische Umgebung», wie Christine dachte. Das Glück dauerte nur zwei Wochen. Rüdiger erzählte ihr, dass er wieder zurück zu seiner Frau müsse. Nicht aus Liebe, sondern aus Kalkül. Es habe etwas mit dem Finanzamt, den Rechten an der Wohnung, dem Unterhalt und all solchen Dingen zu tun. Eine Welt brach für Christine zusammen. Sie stellte ihm viele Fragen, die er alle ausweichend und unpräzise beantwortete.

An diesem Abend hatte sie sehr große Mühe, beim Spielen mit André nicht so traurig zu wirken. Mit André spielte sie jeden Abend, bevor er zu Bett ging. Sie bemerkte auch, wie viel Mühe es sie kostete, an diesem Abend Kerstin bei den Schulaufgaben zu helfen. Kerstin hatte eine Menge Schwierigkeiten, obwohl sie erst die 1. Klasse besuchte. Nach Meinung der Lehrer benötigte Kerstin viel Hilfe, wenn sie weiterhin die normale Schule besuchen wolle. Diese Hilfe gab Christine ihrer Tochter immer und ohne Einschränkungen. Doch heute Abend war sie völlig lustlos. Es war, als stehe sie neben sich.

Nachdem die Kinder eingeschlafen waren, zog Christine sich an und lief viele Stunden ziellos durch die Straßen der Stadt. Es war bereits nach Mitternacht. Die Straßen waren dunkel, die Beleuchtung war schlecht, und es begann zu regnen. Plötzlich, kurz bevor sie ihre Wohnung erreicht hatte, kamen angetrunkene Jugendliche auf sie zu. Es waren «Glatzen», mit Springerstiefeln und Bomberjacken bekleidet. Sie grölten etwas über «nationalen Widerstand», «Afrika den Affen», «Ausländer raus», «Jude verrecke» und andere Ekel erregende Parolen. Die «Glatzen» entdeckten sie, sahen eine einsame Frau, die mit gesenktem Kopf allein durch die Straßen lief. Sie begannen, Christine zu belästigen mit Sätzen wie: «Na Puppe, wie wäre es mit uns?» Sie umstellten sie, und einer von ihnen versuchte sie anzufassen. Christine schrie aus Leibeskräften: «Verschwindet. Lasst mich in Ruhe.» Die «Glatzen» verschwanden erst, als von weitem ein Polizeiauto in Sicht kam. Christine kam traurig, müde und erschöpft zu Hause an. Sie fiel bleischwer auf ihr Bett.

Am nächsten Tag kamen kein Anruf und kein Lebenszeichen von Rüdiger. Sie war zutiefst unglücklich. Sie hätte alles gegeben, um Rüdiger behalten zu können. Der Abend verlief wie der vorherige. Wieder spielte sie lustlos mit André und half auch Kerstin nur widerstrebend bei deren Schulaufgaben. Dabei hatte sie große Schuldgefühle, dass sie ihre Kinder vernachlässige. Nachdem die Kinder eingeschlafen waren, zog sie sich den Anorak an, öffnete ihre Wohnungstür und ging die ersten Stufen nach unten. Da plötzlich kam die Erinnerung an die «Glatzen» der letzten Nacht wieder hoch. Sie bekam Angst, dass ihr etwas passieren könnte, und kehrte deshalb in ihre Wohnung zurück. Sie schloss langsam die Tür und stand unentschlossen in der Diele. Sie trug noch immer den Anorak und hielt die Tasche in der Hand. Dann sah sie auf dem kleinen Tisch in der Diele einen großen Schraubenzieher, den sie heute nach einer Reparatur am Fahrrad dort hatte liegen lassen. Sie nahm ihn, steckte ihn in ihre Handtasche und begab sich nun doch auf die Straße. Sie dachte, der Schraubenzieher sei wie eine Waffe. Sie fühlte sich damit sicherer. Nach vielen Stunden in den nächtlichen Straßen der Stadt kehrte sie müde und erschöpft nach Hause zurück. Ihr Kopf war leer und ihr Herz traurig. Auch in dieser Nacht schlief sie sehr schlecht.

Am nächsten Morgen rief sie Rüdiger auf seiner Arbeitsstelle an. Sie fragte ihn, ob er nicht doch Lust hätte, sich mit ihr in der Waldhütte zu treffen. Zu ihrer Freude willigte Rüdiger ein. Mit dieser positiven Antwort änderte sich Christines Stimmung schlagartig. So als wenn die Hand eines Zauberers ihre schlechte

Stimmung weggewischt hätte, strahlte sie nun wieder. Sie war wieder ein lebensfroher und lustiger Mensch, sehr zur Freude von Kerstin und André.

Am späten Nachmittag brachte sie die Kinder zu ihrer Schwester, die ganz in der Nähe wohnte, und fuhr mit dem Fahrrad zur Waldhütte. Sie kam vor Rüdiger dort an, pflückte einen Blumenstrauß und stellte eine Flasche Sekt auf den Tisch. Sie hatte auch ein paar Nüsse mitgebracht, die sie nun auch auf den Tisch legen wollte. Sie öffnete ihre Tasche und bemerkte, dass der Schraubenzieher noch darin war. Bei seinem Anblick lächelte sie und dachte: «Gott sei Dank, ich habe ihn nicht gebraucht.» Die Tasche ließ sie halb geöffnet auf einem Stuhl neben dem Bett stehen. Nun wartete sie ungeduldig auf Rüdiger.

Wenig später kam er. Sie liebten sich genauso leidenschaftlich wie all die vorigen Male. Christine hörte nicht auf, ihm zu sagen, wie froh sie sei, ihn wieder zu haben. Rüdiger lag auf dem Rücken und sagte nichts. Er blickte nur zur Decke. Hätte Christine Gedanken lesen können, wäre sie sehr erschrocken gewesen. Denn Rüdiger dachte bei sich: «Ich suche in dir nur ein Abenteuer. Meine Frau werde ich niemals verlassen. Ich hatte auch schon andere Frauen, mit denen ich ins Bett ging. Die heißen Stunden mit dir im Bett sind mir etwas wert. Aber nicht so viel, dass ich dafür alles aufgebe.»

Doch Christine konnte keine Gedanken lesen. Und Rüdiger sprach kein Wort. Christine war allmählich beunruhigt darüber, dass Rüdiger so stumm neben ihr lag. Sie trank ihr Glas Sekt aus und reichte es Rüdiger, nachdem sie es wieder aufgefüllt hatte. Die Leidenschaft überrollte sie noch einmal, und sie umarmte fast verzweifelt den schweigenden Rüdiger. Sie liebten sich noch einmal, aber diesmal weniger stürmisch von Rüdigers Seite. Schließlich lag Rüdiger auf dem Rücken, in seiner Lieblingslage, beide Hände hinter dem Kopf verschränkt. Er schaute Christine nicht in die Augen. Sie sagte ihm, wie sehr sie ihn liebte, wie glücklich sie mit ihm sei und dass sie lange Zeit mit ihm zusammen bleiben wolle.

Rüdiger wurde ungehalten. Plötzlich griff er nach Christines Oberarmen und sagte: «Begreifst du denn nicht, dass ich meine Frau nicht verlassen kann. Es ist schön mit dir, aber von Liebe kann keine Rede sein. Jetzt muss ich zu meiner Frau zurück. Es ist endgültig Schluss zwischen uns. Schluss! Feierabend!», schrie er Christine an. Diese letzten Worte «Schluss», «endgültig», «Feierabend» hallten in Christines Kopf nach. Sie wirkten wie ein Hammer, den man ihr auf den Kopf geschlagen hatte. Christine befreite ihre Arme aus Rüdigers Griff, schlug die Hand vor den Mund und schrie immer wieder: «Nein, nein. Das ist nicht wahr.» Rüdiger schob Christines Hand zur Seite und schrie laut: «Es ist aber so. Schluss! Aus! Feierabend!» Sie hörte nur das letzte Wort «Feierabend» wie durch ein Echo, das gegen die Felsen prallt und sich ständig wiederholt. Die Hütte wurde schwarz. Sie sah nur Rüdigers nackten Oberkörper, der von den letzten schwachen Sonnenstrahlen des sommerlichen Abends beleuchtet vor ihr lag. Genau wie der Tisch und der Stuhl, die neben dem Bett standen. Die Sonne beleuchtete wie ein Scheinwerfer die wenigen Gegenstände auf der sonst so dunklen Bühne. Der nackte Rüdiger, der Tisch mit der Sektflasche, der Stuhl mit Christines geöffneter Handtasche. Und in dieser Handtasche der Schraubenzieher. Da schlug es wie ein Blitz in ihrem Kopf ein. Es waren keine Gedanken. Es war keine Absicht. Es war nichts als ein plötzlicher greller Blitz, der Christines Hand zum Schraubenzieher greifen ließ. Sie riss ihn aus der Tasche und versuchte mit aller Wucht, auf Rüdiger einzustechen, der noch immer auf dem Rücken lag. Rüdiger griff geistesgegenwärtig mit beiden Händen nach Christines Hand, in der sie den Schraubenzieher hielt. Doch die Wucht ihrer Wut konnte er nicht vollständig bremsen. Der Schraubenzieher streifte seine linke Bauchseite und hinterließ eine blutige Spur. Rüdiger musste sich nicht weiter wehren. Christine schien plötzlich zu erwachen und schrie: «Was hab ich gemacht? Was ist in mich gefahren?» Sie sprang aus dem Bett, nahm ein Tuch und versuchte, die Wunde zu versorgen. Gott sei Dank war die Verletzung nur oberflächlich. Rüdiger jedoch war rasend vor Wut. «Was bist du nur für eine Schlampe?», schrie er Christine an. «Du wolltest mich umbringen. Du bist eine Mörderin. Ich gehe zur Polizei. Ich werde dich anzeigen. Weißt du überhaupt, was du getan hast? Das ist versuchter Mord. Jawohl, versuchter Mord. Weißt du, was du dafür bekommst? Zehn Jahre Gefängnis. Jawohl, mindestens», schrie er immer wieder. «Ich werde zur Polizei gehen. Ich gehe jetzt direkt dorthin und werde dich anzeigen, wegen versuchten Mordes.» Christine umklammerte seine Beine, weinte und bat ihn um Verzeihung. Sie versuchte ihm zu erklären, dass etwas geschehen sei, was sie selber nicht verstehen konnte. Dass es nicht durch ihren Willen geschehen sei. Rüdiger hörte nicht auf sie. Er zog sich hastig an und schrie unaufhörlich: «Ich werde zur Polizei gehen. Du Mörderin. Das war versuchter Mord. Ich hoffe, du sitzt lange im Gefängnis.»

Christine flehte ihn an, das nicht zu tun. Sie habe es nicht gewollt. Es sei über sie gekommen, beteuerte sie immer wieder. Rüdiger beruhigte sich nicht: «Und deine Kinder? Hast du nicht an die gedacht? Die Jahre, in denen du im Knast sitzen wirst, werden deine Kinder im Kinderheim sein.»

«Tu mir das bitte nicht an», flehte Christine. «Ich werde alles für dich tun. Ich werde dich nie wieder sehen. Doch tu mir das bitte nicht an. Meinen Kindern zuliebe. Nur meinen Kindern zuliebe.»

«Morgen früh, vor der Arbeit, werde ich zur Polizei gehen», waren Rüdigers letzte Worte, bevor er sich in sein Auto setzte und verschwand.

«Aber ich wollte doch die beste Mutter sein . . .»

Christine blieb noch in der Waldhütte zurück. «Lieber Gott», flehte sie, «es kann alles geschehen, nur ins Gefängnis darf man mich nicht stecken. Alles, nur nicht das. Meine Kinder dürfen nicht ins Heim. Alles andere ist mir gleich, aber meine Kinder dürfen nicht ohne Mutter aufwachsen. Alles. Aber nicht das.»

Wie in tiefer Hypnose stand Christine langsam auf, zog sich an, nahm den Schraubenzieher und steckte ihn in ihre Handtasche zurück. Anschließend verließ sie die Waldhütte und begab sich auf den Heimweg.

«Bist du verrückt geworden?», vernahm sie eine laute Stimme, die von kräftigem Hupen begleitet wurde. Erst in diesem Moment bemerkte Christine erschrocken, dass sie völlig unkonzentriert mit dem Fahrrad mitten auf der Straße fuhr. Nur ein Gedanke beherrschte sie: «Lieber Gott, alles, nur nicht ins Gefängnis und meine Kinder ins Heim.»

Auch als Christine ihre Kinder von der Schwester abholte, konnte sie an nichts anderes denken.

Sie kümmerte sich um Kerstins Schulaufgaben, ohne in Gedanken dabei zu sein, und schickte an diesem Abend die Kinder früher als gewöhnlich ins Bett. Als die beiden dagegen protestierten, sagte sie nur: «Es geht mir nicht so gut. Seid mir zuliebe brav und geht ins Bett.»

Sie fühlte sich wie in Trance. Die Umgebung schien ihr fremd, und es kam ihr so vor, als ob es nicht sie selbst wäre, die dort handelte. Ein paar Mal hatte sie das Gefühl, als stünde sie außerhalb ihres Körpers und beobachte sich selbst. Ihre Handlungen, ihre Worte, ihre Gefühle – alles war ihr fremd. Irreal. Sie befand sich wie in einem Traumzustand.

Diesen Zustand, den Christine da erlebte, nennt man «Derealisation». Dieses Phänomen tritt oftmals zusammen mit dem Phänomen der «Depersonalisation» auf, das bei Christine ebenfalls vorlag: wenn ein Mensch seine Umgebung als irreal empfindet. So als wenn er in einem Traum lebte oder die Welt hinter einer dicken Glasscheibe wäre. So als ob alles fremd wäre und ihn nichts anginge. Und Depersonalisation bedeutet, das Gefühl zu haben, dass der eigene Körper fremd ist. Dass man gar nicht selbst agiert. So als ob man außerhalb der eigenen Person stünde und beobachtete, wie der eigene Körper handelt.

Sowohl Derealisation als auch Depersonalisation – die fast immer zusammen auftreten – sind unspezifische Phänomene. Man findet so etwas zwar bei Psychosen, aber auch bei akuten psychischen Ausnahmezuständen oder Persönlichkeitsstörungen, manchmal sogar bei Depressionen.

Christine erlebte also die Umgebung als fremd, und sie erlebte sich selbst als fremd. Sie rauchte ununterbrochen – davon war sie später selbst sehr beeindruckt, denn gewöhnlich rauchte sie nur ein bis zwei Zigaretten pro Tag. Jetzt, nachdem sie aus der Hütte zurückgekommen war, hatte sie in wenigen Stunden schon eine Schachtel geraucht. Dazu trank sie Unmengen Kaffee. Und sie hatte nur einen Gedanken: «Nicht ins Gefängnis. Die Kinder nicht ins Kinderheim. Die Kinder nicht ohne Mutter aufwachsen lassen. Du wolltest doch alles besser machen als deine Mutter.»

Christine befand sich in einem Ausnahmezustand. Auf einmal war da der Gedanke: «Wenn er das tut, bringe ich mich um. Ich will nicht erleben, dass meine Kinder ins Heim müssen. Ich kann und will es nicht ertragen, dass ich im Gefängnis sitze und weiß, dass meine Kinder im Kinderheim ohne Mutter aufwachsen. Besser tot als das erleben zu müssen.»

«Besser tot?», quälte die innere Stimme in ihr. «Und die Kinder? Müssen die dann nicht erst recht ins Waisenhaus? Werden die dann nicht ohne Mutter aufwachsen? Oder vielleicht kommen sie sogar zu ihrem Vater, der sie schlecht behandelt.»

Diese Gedanken erschreckten Christine zutiefst. «Nein, das kommt nicht in Frage», dachte sie entschlossen. Sie ging ans Telefon und wählte die Nummer Rüdigers. Es war bereits drei Uhr morgens. Doch für sie war nur eines wichtig, ihn noch einmal zu bitten, nicht zur Polizei zu gehen. Rüdigers Frau kam an den Apparat. Diese fragte mit verschlafener, mürrischer Stimme, wer dort sei. Christine war erschrocken. Sie hatte nicht damit gerechnet, Rüdigers Frau am Telefon zu haben. Sie legte den Hörer schnell auf und dachte: «Was tust du da? Warte bis zum Morgen.»

Rüdiger arbeitete in einem Betrieb, wo um 6.30 Uhr die Arbeit begann. Pünktlich um diese Zeit wählte sie seine Nummer und erreichte ihn auch. Er antwortete mit einem verstimmten: «Was willst du denn?»

Und wieder die gleichen Worte, die gleichen Bitten, die gleiche Ablehnung. Ja sicher werde er zur Polizei gehen, in der Mittagspause.

Christines Verzweiflung erreichte ihren Höhepunkt. «Nein, das darf nicht passieren.» Und das Karussell der immer gleichen Gedanken drehte sich schneller und immer schneller.

Wie in Trance machte sie die Kinder fertig. Kurz nach sieben Uhr brachte sie André in den Kindergarten und Kerstin zur Schule. Dann ging sie zu Rüdigers Arbeitsstelle. Als er sie kommen sah, wurde er wild. «Was willst du denn noch hier? Warum lässt du mich nicht in Ruhe?», fuhr er sie an.

Sie bat abermals um Verzeihung. Sie bat ihn noch einmal und noch einmal, um ihrer Kinder willen.

Rüdiger schob sie weg: «Scher dich zum Teufel. Du musst bestraft werden.» Dann ging er zurück an seinen Arbeitsplatz.

Christine war verzweifelt und bat ihn noch einmal, ihr das nicht anzutun. «Nicht ins Gefängnis, Rüdiger. Schick mich nicht ins Gefängnis, bitte. Verlange von mir alles, was du willst. Nur nicht ins Gefängnis.» Und noch einmal gab er ihr zur Antwort, dass er es auf jeden Fall tun werde. Das waren seine letzten Worte zu Christine.

Rüdiger machte später bei der Gerichtsverhandlung einen miserablen, einen feigen Eindruck. Auf die Frage des vorsitzenden Richters, wie er die erotische Beziehung zu Christine bezeichnen würde, gab er zur Antwort: «Abenteuer. Nur Abenteuer.»

«Ich habe etwas dagegen, mit den Gefühlen anderer zu spielen und es als Abenteuer zu bezeichnen», kommentierte der Vorsitzende Richter. Rüdiger erwiderte darauf nichts. Er habe gar nicht zur Polizei gehen wollen, sagte er später. Er habe nie die Absicht gehabt. Er habe nur Schluss machen wollen. Er sei so grob gewesen, um sie loszuwerden. Der Vorsitzende Richter frage ihn, ob er Schuldgefühle habe.

«Schuldgefühle», fragte Rüdiger, «wieso denn? Ich habe doch nichts getan.»

Christine lief weinend durch die Straßen der Stadt. «Nicht ins Gefängnis. Nicht ins Gefängnis. Besser tot. Tausendmal besser», dachte Christine in einem fort. «Aber du kannst dich doch wegen so einer Sache nicht umbringen. Wo bleiben dann deine Kinder? Das ist dann das Gleiche, als wenn du ins Gefängnis kommen würdest. Die kämen dann auch ins Waisenhaus oder zu ihrem schrecklichen Vater. Das geht nicht. Das kannst du deinen Kindern nicht antun», dachte Christine die ganze Zeit über.

«Ja», meldete sich wieder die leise Stimme in ihrer Brust, «dann nimm sie doch mit. Dann werden deine Kinder keine unglücklichen Heimkinder. Kerstin ist so schwach, sie braucht dich so sehr. Und André ist noch so klein. Wie soll er ohne dich weiterleben. Der braucht dich doch auch.

Dann nimm die beiden doch mit.»

Christine erschrak furchtbar über diese Gedanken. Sie versuchte, diese leise Stimme in ihrer Brust zum Verstummen zu bringen. Es gelang ihr aber nicht. Die Stimme wurde lauter und lauter, der Kampf schien verloren. Plötzlich stand Christine vor dem Kindergarten, den André besuchte. «Wenn ich schon einmal hier bin», dachte sie, «werde ich ihn gleich mit nach Hause nehmen. Wir wollten sowieso am Mittag zur Geburtstagsfeier meiner Schwester gehen. Jetzt ist es zwar noch ein bisschen früh, aber das ist nicht so schlimm. Dann muss ich nicht ein zweites Mal herkommen.»

Christine nahm André mit nach Hause. Es war gerade erst neun Uhr morgens – Christine hatte jegliches Zeitgefühl verloren. Die Kindergärtnerin wunderte sich zwar etwas, fragte aber nicht nach. Christine nahm André mit und bummelte mit ihm gemeinsam durch die Straßen der Stadt. André erzählte, Christine nahm von all dem aber kaum etwas wahr. Die Stadt schien ihr fremd, die Straßen unwirklich, die Menschen kamen ihr wie Marionetten vor. Sie selbst fühlte sich fremd, als gehöre sie nicht dazu.

Zwei Stimmen tobten in ihr. «Nimm die Kinder mit», sagte die eine. Diese Stimme sprach nun fast befehlsmäßig zu ihr. Und sie wurde immer lauter und lauter. Sie sprach immer häufiger zu ihr. Die zweite Stimme, die verzweifelt versuchte, dagegen anzukommen, sagte: «Tu so etwas nicht», wurde hingegen immer leiser. War kaum noch zu hören. Wurde immer seltener. Bald schon war sie gar nicht mehr zu hören.

Christine kaufte mechanisch ein Eis für André, später dann auch noch Popcorn. Wie ein Echo vernahm sie irgendwann die Stimme Andrés, der heftig an ihrem Rock zog, als wolle er sie aus dem Schlaf wecken. «Mama, wann gehen wir denn nach Hause? Ich bin so müde und habe Hunger.»

Jetzt erst bemerkte Christine, dass es inzwischen fast 13 Uhr geworden war. Sie nahm André an die Hand und ging mit langsamen Schritten nach Hause. Als Christine die Wohnungstür öffnete, wollte André in sein Zimmer laufen. Doch in der Diele stolperte er über einen großen Eisenhammer und wäre dabei fast hingefallen.

«Eh», schrie er, «was ist das denn hier?»

«Tante Claudia hatte den Hammer ausgeborgt. Heute Morgen, bevor sie zur Arbeit ging, hat sie ihn zurückgebracht. Ich hatte bisher keine Zeit, ihn wegzuräumen», gab Christine ihrem Sohn leise und erschöpft zur Antwort. André ging leise schimpfend in sein Zimmer und begann, mit seinem ferngesteuerten Auto zu spielen. Christine saß leer und erschöpft auf der Kante seines Bettes.

Ruhe und Sturm

«Merkwürdig», dachte Christine, «die Unruhe, die mich seit gestern so sehr geplagt hat, ist nun wie durch Zauberhand verschwunden.»

Die Stimme, die immer leiser und verzweifelter gesagt hatte: «Tu das nicht!», war verstummt. Die auffordernde Stimme dagegen, die ihr immer wieder eindringlich zugeredet hatte, sie solle die Kinder mitnehmen, war nun ununterbrochen zu hören. Sie versetzte Christine nicht in Panik. Nicht mehr.

«Mama, wann essen wir?», fragte André etwas mürrisch.

«Jetzt gleich, mein Schatz», antwortete ihm Christine unerwartet energisch und entschlossen. Und so als ob all ihre Erschöpfung und die tiefe Leere plötzlich verschwunden wären, sprang sie vom Bett und lief stürmisch in die Diele. Von dort nahm sie den schweren Hammer, rannte zurück zu André und schlug mit aller Wucht auf seinen Kopf ein. Mit ungeahnten Kräften. André hatte sich gerade über sein ferngesteuertes Auto gebeugt. «Es muss klappen!», schrie Christine. «Es muss unbedingt klappen!» Und sie schlug mit fest geschlossenen Augen noch zwei- oder dreimal mit dem schweren Hammer auf Körper und Brust des bewusstlosen Kindes ein. «Es muss klappen! Es muss unbedingt klappen!», schrie sie dabei immer wieder. Dann ließ sie den Hammer fallen, lief in die Küche, nahm ein großes Fleischmesser und rannte erneut zu dem bewusstlosen André. Dort schrie sie wieder wie besessen: «Es muss unbedingt klappen! Es darf nichts schief gehen! Wir müssen alle zusammenbleiben!» Mehrmals und mit aller Wucht stach sie mit dem Messer auf Andrés leblosen Körper ein.

«Mama, was machst du denn da?», hörte sie plötzlich eine Stimme hinter sich. Sie drehte sich um und sah Kerstin in der Tür stehen. Kerstin trug noch ihren Schulranzen auf dem Rücken und sah mit riesengroßen Augen auf das angerichtete Blutbad.

Wie elektrisiert drehte Christine sich um. Ohne ein Wort zu sprechen, ohne einen Bruchteil von Sekunden zu zögern, ging sie, wie von einer fremden Macht gesteuert, auf Kerstin los. Diese schrie: «Mami, Mami! Tu das nicht!» Christine stach mehrere Male auf die Brust von Kerstin ein.

Sie stürzte ins Bad und ließ Wasser in die Badewanne einlaufen. Dann nahm sie alle Tabletten, die sie im Badezimmer finden konnte. Sie stieg in die Wanne und begann, mit aller Wucht auf ihren Körper einzustechen. Sie stach in ihre Brust, um ihr Herz zu treffen. Sie stach blind auf ihren Bauch und ihre Arme ein. Sie fühlte die Ohnmacht kommen. «Es muss klappen! Es muss klappen!», sagte sie immer wieder, schon völlig kraftlos. «Wir müssen alle drei zusammenbleiben.» Sie ließ das Messer neben sich in die volle Badewanne fallen. Sie meinte, dass das Blut viel schneller fließe und der Tod bald käme, wenn sie im Wasser liege. «Nun muss es endlich klappen!»

Immer noch halb bei Bewusstsein, hörte sie ein Geräusch. Sie schaute in die Richtung des Geräusches, dorthin, wo der blutige Körper Kerstins lag. Es war Kerstin. Es klang, als ob sie röchelte. In Bruchteilen von Sekunden blitzte es in Christines Kopf auf. Als wäre ein schwarzer Vorhang kräftig auseinander gezogen worden und hätte Licht in ihr Innerstes gelassen. Die innere Bühne, die äußere Bühne, alles wurde plötzlich mit hellem Licht überflutet. «Was habe ich Wahnsinnige da getan? Ich habe meine Kinder getötet. Was habe ich getan?»

Sie sammelte all ihre Kräfte, stieg aus der Badewanne und kroch zu den beiden Körpern. Sie atmeten beide nicht mehr. Christine schrie wieder voller Verzweiflung: «Was habe ich Wahnsinnige da nur gemacht? Was habe ich nur getan?»

In diesem Moment – plötzlich, ja blitzartig – erkannte Christine, dass ihre Befürchtungen wegen des Gefängnisses und des Kinderheimes unbegründet gewesen waren. «Blödsinn», dachte sie. Sie kroch auf allen vieren zum Telefon. Sie rief nicht den Notarzt. Nicht den Rettungsdienst. Sie rief auch nicht die Polizei. Sie rief zu Hause bei ihrer Mutter an. Bei der Mutter, die ... Doch der Vater kam ans Telefon.

«Gib mir schnell die Mutti», sagte sie völlig außer sich. Ihre Mutter meldete sich. Die Mutter, die alles falsch gemacht hatte. Die Mutter, die für Christine ein negativer Maßstab gewesen war. Ein Maßstab dafür, alles besser zu machen als sie. Diese Mutter suchte sie in der Stunde der größten Not.

Christine sagte nur: «Bitte, komm schnell! Es ist etwas Schreckliches passiert. Ruf vorher noch den Rettungsdienst und die Polizei an.»

Christine kroch ins Badezimmer zurück. Sie nahm die letzten

Tabletten, die noch auf dem Wannenrand lagen, und schluckte auch diese. Fünf Minuten später waren ihre Eltern da, die in der Nähe wohnten. Die Eltern hatten einen Schlüssel für die Wohnung. Sie fanden die drei in ihrem Blut liegen. Fünf Minuten später kamen Polizei und Rettungsdienst.

Der Rettungsdienst konnte nur noch den Tod der beiden Kinder feststellen. Christine aber lebte. Sie schrie noch immer: «Was habe ich Wahnsinnige da nur getan?!»

Der Rettungsdienst brachte Christine sofort in das nächste Krankenhaus. Sie hatte immer noch nicht aufgehört zu schreien. Dem Oberarzt, ein gestandener Mann von über 60 Jahren, der in seinen 35 Dienstjahren viele schwere Fälle gesehen hatte, kamen die Tränen. «Sie schrie herzzerreißend», sagte er später vor Gericht aus. Die Ärzte des Kreiskrankenhauses konnten Christine nicht helfen. Ihre Lunge war gerissen, ihr Herz verletzt, und der Brustkorb war von Blut überschwemmt. Eilends wurde die endlich bewusstlos gewordene Christine mit dem Hubschrauber zur nächsten Universitätsklinik gebracht. Ganze zwölf Tage ihres Lebens fehlten später in Christines Gedächtnis, obwohl sie bereits nach dem fünften Tag erwachte und etwas sprechen konnte. Am fünften Tag sprach sie kurz mit einem Psychiater. Daran hatte sie aber später keinerlei Erinnerung. Am zehnten Tag nach dem Geschehen konnte sie kurz mit der Polizei sprechen. Auch daran hatte sie im Nachhinein keine Erinnerung. Ab dem zwölften Tag nach der Tragödie jedoch konnte Christine sich an alles erinnern.

Der Tag, den sie erst später als den zwölften Tag erkannte. Als sie nämlich an jenem Tag die Augen öffnete, lag eine elf Tage alte «BILD»-Zeitung auf ihrem Nachtschrank. In riesigen Lettern stand dort geschrieben. «MUTTER TÖTET IHRE ZWEI KINDER». Darunter sah man viele große Fotos, die fast das ganze Titelblatt einnahmen. Auf einem dieser Fotos erkannte sie sich selbst. Auf dem Bild darunter erkannte sie André und Kerstin. Ihre über alles geliebten Kinder. Sie gab einen ohrenbetäubenden Schrei von sich und fiel noch einmal in Ohnmacht.

Woher Christine die Zeitung hatte und wer so herzlos war, so etwas zu tun, konnte nie geklärt werden. Ich vermute aber, dass eine Frau, eine Mutter, zum Beispiel jemand vom Personal, das getan haben könnte. Es gibt ein Phänomen, das ich bei manchem Prozess gegen Mütter, die ihre Kinder getötet hatten, beobachten konnte. Die weiblichen Prozessbeteiligten gingen viel härter mit den angeklagten Müttern um als die männlichen Prozessbeteiligten.

Ich vermute, dass hierbei ein Projektionsmechanismus in Gang gesetzt wird. Das heißt also, man erkennt eine bestehende Gefahr. Nämlich die Gefahr, dass eine Mutter in der Lage sein kann, das Unvorstellbare zu tun: die eigenen Kinder zu töten. Eine Mutter, jede Mutter, könnte so etwas tun. «Auch mir als Mutter könnte so etwas passieren.» Und dann beginnt die Projektion und die Neutralisierung der Ängste. «Aber ich doch nicht! Ich gehöre zu den guten und nicht zu den schlechten Müttern. Die schlechten müssen bestraft werden. Ich muss die schlechten bestrafen. So zeige ich meine Empörung, so zeige ich meine Härte, so grenze ich mich ab.»

Manche Frauen gehen so weit, auf ihre eigene Art die Unglückliche zu bestrafen. Und in Christines Fall geschah das eben mit der Zeitung. Irgend eine Frau hat damit wohl die eigenen Ängste abgewehrt.

Die Schuld und die Unschuld Christines

Christine überlebte. Sie wurde gesundgepflegt und kam ins Gefängnis. Das Gericht erkannte eine erhebliche Beeinträchtigung ihrer Steuerungsfähigkeit zum Tatzeitpunkt an, jedoch keine völlige Aufhebung. Somit galt sie nicht als völlig schuldunfähig, sondern nur als vermindert schuldfähig. Sie wurde zu $6^1/_2$ Jahren Gefängnis verurteilt, nach Verbüßung der Hälfte ihrer Haftstrafe aber bereits entlassen.

Warum wurden Berthold und Boris als voll schuldunfähig bezeichnet und Christine nur als vermindert schuldfähig? Auch bei Anne hätte eine volle Schuldunfähigkeit anerkannt werden müssen. Was ist der Unterschied zwischen diesen vier Unglücklichen? Alle vier hatten eine sehr ähnliche Persönlichkeitsstruktur, eine sehr ähnliche Bindung und Liebe zu ihren Kindern bzw. Partnern sowie ein ähnlich starkes Erleben der Ausweglosigkeit. Der Unterschied liegt in der Art der psychischen Störung. Bei Anne, Berthold und Boris bestand nämlich eine Psychose bzw. mit der schweren Depression ein Psychose-gleicher Zustand. Eine schwere psychische Erkrankung also, die den Willen des Menschen völlig ausschaltet und sein Tun und Lassen diktiert. Anne und Berthold waren an einer so genannten endogenen Depression erkrankt, Boris hatte eine schizoaffektive Erkrankung. Sie erinnern sich? Diese Erkrankungen werden vom deutschen Strafgesetzbuch als «schwere krankhafte seelische Störungen» bezeichnet. Bei Christine wurde eine so genannte «akute Belastungsreaktion» diagnostiziert. Das ist die neue internationale Bezeichnung für Störungen, die früher als «abnorme Erlebnisreaktionen» bezeichnet wurden.

Es handelt sich dabei um eine psychologische Reaktion auf akuten Stress, auf eine akute Belastung. Der Mensch wird durch ein Ereignis oder ein Erlebnis psychisch schwer belastet und reagiert entsprechend. Die Reaktion des Menschen auf ein schweres Erlebnis ist abhängig von seiner Persönlichkeit und den damit verbundenen psychischen Abwehrmechanismen. Das heißt also, die Reaktion auf ein Erlebnis ist mit dadurch bedingt, welche innere Kraft ein Mensch aufbringt und welche psychischen Strategien er entwickelt, um mit einem belastenden Erlebnis fertig werden zu können. Wie er also dieses belastende Ereignis oder die Konfliktsituation bewältigt. Die meisten Menschen reagieren auf schlimme Ereignisse oder Konflikte in angemessener Weise: mit Trauer, Niedergeschlagenheit, Aggression, Wut oder auch mit körperlichen Symptomen, wie etwa Kopfschmerzen, Brechreiz, Schwitzen, Herzrasen usw. Es gibt unzählige Formen, mit denen der Mensch auf eine solche Situation reagieren kann. Normalerweise beeinträchtigen diese Reaktionen das soziale Leben, die Gesundheit und das innere Gleichgewicht eines Menschen gar nicht oder nur kurz. Manche Ereignisse jedoch besitzen eine so große Bedeutung für einen Menschen, dass er sie mittels seiner Persönlichkeit und seiner psychischen Abwehrkräfte nicht im angemessenen Rahmen bewältigen kann. Das beeinträchtigt dann den Menschen in seiner psychischen, aber auch körperlichen Gesundheit oder auch in seinen sozialen Funktionen und sozialen Beziehungen. Nehmen wir als Beispiel den Verlust einer geliebten Person. Es ist normal und völlig menschlich, dass man mit großer Trauer darauf reagiert. Unmenschlich, ja sogar anomal wäre es, wenn wir auf den Verlust einer geliebten Person nicht mit Trauer reagierten. Wenn der Mensch jedoch in seiner Trauer psychisch, körperlich und sozial über längere Zeit intensivst reagiert, zum Beispiel mit Selbstmordgedanken, völligem Rückzug, tagelang nichts essen usw., dann liegt das außerhalb der normalen Reaktionen, die nach allgemeiner Lebenserfahrung zu erwarten wären. Es handelt sich dann also um eine «abnorme» Erlebnisreaktion. Weil aber die Grenze zwischen Norm und «Abnorm», normal und anomal sehr schwer zu ziehen ist, wurde von der Weltgesundheitsorganisation ein neutralerer Begriff dafür gesucht. So entstand der Begriff der «akuten Belastungsreaktion».

Für Christine waren die Ereignisse im Vorfeld und in der Hütte akut: die Trennung also und vor allem auch die darauf folgenden verletzenden Äußerungen Rüdigers sowie seine Drohung, er werde zur Polizei gehen und sie wegen versuchten Mordes anklagen. Die drohende Gefahr, durch eine Gefängnisstrafe ihre Kinder zu verlieren, stellte den Kern der Belastungssituation dar. Christine reagierte mit Panik und Verzweiflung. Das in ihrer Fantasie drohende Gefängnis und der damit verbundene Verlust der Kinder bzw. das in ihrer Vorstellung tragische Schicksal der Kinder war für sie eine Horrorvision. Dazu kam das Erlebnis des vermeintlichen eigenen Versagens. Sie wollte immer alles für ihre Kinder tun. Wollte alles besser als ihre Mutter machen. Und jetzt würde sie ins Gefängnis müssen und die Kinder ins Heim. Alle Reaktionen, die wir bei ihr sahen, also die

Verzweiflung, die Panik und die Aufregung, die Einengung – Einengung in dem Sinne, dass sie nur an das eine dachte, das Gefängnis und das Kinderheim – und die so genannten «überwertigen Ideen», gehören zur akuten Belastungsreaktion. Als «überwertige Ideen» werden Ideen bezeichnet, die zwar nicht völlig aus der Luft gegriffen sind, doch die im Erleben des Menschen einen überdimensionalen, überproportionalen Wert bekommen. Diese Menschen können kaum Gegenargumente zulassen. Darüber hinaus kann man auch andere Reaktionen von Seiten Christines erkennen, die das Pathologische signalisieren. Sie hatte das Gefühl der «Derealisation» und der «Depersonalisation». Die Welt um sie herum kam ihr fremd vor. Das nannten wir «Derealisation». Weiterhin hatte sie das Gefühl, dass sie nicht sie selbst sei, dass sie außerhalb ihres Körpers stehe und alles als Fremde beobachtete. Das ist, wie Sie inzwischen wissen, das so genannte Phänomen der «Depersonalisation». Dies alles sind die Merkmale einer akuten Belastungsreaktion. Also hat Christine pathologisch reagiert.

Die erste Etage der Schuldfähigkeitsbeurteilung

Damit verbunden ist die Frage der Schuldfähigkeit. Um voll schuldunfähig zu sein, müssen bei dem Betroffenen solche psychischen Zustände bestehen, die den Willen des Menschen oder aber seine Einsicht, dass er etwas Unrechtes tut, außer Kraft setzen. Das bedeutet, dass der Mensch, plastisch gesprochen, eine Marionette ist, die nach dem Diktat der psychischen Störung handelt. Wichtig ist, welche Störungen solche Auswirkungen haben können. Die Antwort des Gesetzes ist klar definiert. Sie können das im Paragraph 20 des deutschen Strafgesetzbuches nachschlagen. Dieser besagt, dass ohne Schuld handelt, wer bei der Begehung der Tat wegen einer «krankhaften seelischen Störung», wegen einer «tiefgreifenden Bewusstseinsstörung», wegen «Schwachsinn» oder einer «schweren anderen seelischen Abartigkeit» unfähig ist, das Unrecht der Tat einzusehen oder nach dieser Einsicht zu handeln. Es ist aber nicht so kompliziert, wie es sich vielleicht anhört. Die «krankhafte seelische Störung» haben wir bereits definiert. Das sind also die Psychosen, wie die Schizophrenie oder die schizoaffektive Störung oder auch schwere Depressionen und Manien sowie schwere körperlich bedingte psychische Störungen.

Die «tiefgreifende Bewusstseinsstörung» ist der Zustand des Menschen, bei dem das Bewusstwahrnehmen vorübergehend aufgehoben ist. In der Regel nur für kurze Zeit. Dazu können verschiedene körperliche Faktoren führen, vor allem aber auch abrupte heftige Affekte, die sehr plötzlich entstehen und dann genauso plötzlich verschwinden.

Der «Schwachsinn» ist leicht zu beurteilen. Wenn ein Mensch einen IQ von weniger als 70 hat, muss geprüft werden, inwiefern er noch voll schuldfähig ist.

Und als «schwere andere seelische Abartigkeit» wird vom Gesetz all das bezeichnet, was nicht in eine der anderen genannten Kategorien einzuordnen ist. Dazu zählen also beispielsweise die Neurosen. Heute spricht man allerdings nicht mehr von Neurosen, sondern differenziert in Zwangsstörungen, Angststörungen, Störungen der Impulskontrolle, dissoziative Störungen, akute Belastungsreaktionen, Anpassungsstörungen und Sucht. Am häufigsten tauchen allerdings die Persönlichkeitsstörungen als «schwere andere seelische Abartigkeiten» auf.

Christines Ausnahmezustand würde nur als eine «schwere andere seelische Abartigkeit» bezeichnet werden. Der Gesetzgeber hat mit der zugegebenermaßen unschönen Bezeichnung «Abartigkeit» fast alle psychischen Störungen oder Abweichungen von der Norm untergebracht, die nicht in die anderen Kategorien gehören. In der Praxis wird bei Vorhandensein einer «schweren anderen seelischen Abartigkeit» enorm selten eine volle Schuldunfähigkeit attestiert. Aber sie wird häufig als Voraussetzung für verminderte Schuldfähigkeit anerkannt. Allerdings nur dann, wenn ein eindeutiger Zusammenhang zwischen der psychischen Störung und der Tat besteht. Also wenn die Tat aus dieser psychischen Störung ableitbar ist. Und Christines Tat war aus ihrem Zustand, also ihrer Störung, ableitbar.

Man kann nun die Frage stellen: «Warum ist sie nicht voll schuldunfähig?»

Es ist eine der ältesten Fragen, die sich die Menschheit stellt: «Wer ist schuldig, wer nicht?» Die pragmatische Antwort scheint leicht zu sein. Schuld ist nur derjenige, «der etwas dafür kann». Derjenige, «der nichts dafür kann», ist schuldunfähig. Aber diese einfache Antwort ist in der Praxis nicht immer so einfach anzuwenden. Manchmal ist es schwierig zu erfassen und zu bestimmen, welche Antwort richtig ist. Die Frage der Schuld ist eine hoch komplizierte Frage. Sie beschäftigt die Menschheit seit der Geburt der Philosophie, der Medizin und der Gerichtsbarkeit.

Die Begründer der Philosophie und der wissenschaftlichen Medizin in Griechenland erkannten, dass in manchen Fällen ein Mensch nonkonformes oder gesetzwidriges Verhalten zeigt, weil er eben krank ist, und dass er somit dafür nichts kann. Die Römer übernahmen diese Ideen auch in ihre Gesetze, und so dauert es fort bis in unsere Tage. Doch der Streit um diese Frage und ihre Beantwortung ist noch nicht beigelegt. Noch besteht eine tiefe Kluft zwischen Theorie und Praxis. Die theoretischen Diskussionen darüber haben bereits ein sehr hohes Niveau erreicht. In der Praxis allerdings gibt es noch große Lücken. Auch deswegen, weil die Richter hinsichtlich psychiatrischer und psychologischer Begriffe, wie etwa «Einsicht», «Irrtum», «Handeln», «Tun und Lassen», «Willen», «Affekt», «Intellektualität», «Impulsivität», «Wahrnehmung», «Verkennung» und «Irrealität», Laien sind. Oder weil sie davon eine andere Auffassung haben. Für die Urteilsfindung benötigen sie psychiatrische oder psychologische Gutachter. Doch die psychiatrischen Diagnosen sind nicht ein für alle Mal festgelegt. Sie können sich ändern. Da sie sich eigentlich ständig ändern, werden beinahe alle zehn Jahre die großen diagnostischen Systeme neu überarbeitet. Es wird damit versucht, das inzwischen neu gewonnene Wissen in die psychiatrischen Diagnosen zu integrieren.

Der Psychiater hat bei der Beurteilung der Schuldfähigkeit zwei schwierige Aufgaben. Zum einen muss er eine Diagnose stellen. Das klingt zwar leicht, ist es aber nicht immer. Manches Mal, vor allem in der forensischen Psychiatrie, stellen sich die Zusammenhänge sehr kompliziert dar, zum Beispiel deshalb, weil manche Täter Sachen, Ereignisse und biographische Daten anders darstellen, als es der Realität entspricht. Oder weil sie sich nicht mehr richtig erinnern, es sich selbst nicht erklären können. Die viel schwierigere Aufgabe des Psychiaters ist allerdings, dem Gericht darzulegen, ob eine ganz bestimmte Handlung zu einem ganz bestimmten Tatzeitpunkt von einer ganz bestimmten Person aus einer bestimmten psychischen Störung ableitbar war und ob diese Person für diese bestimmte Handlung zu diesem bestimmten Zeitpunkt verantwortlich war oder nicht. Und weil das Prinzip «ohne Schuld keine Strafe» ein fundamentaler Grundsatz demokratischen Strafrechts ist, bleibt die Frage der Schuld Dreh- und Angelpunkt jeder Umsetzung in die Praxis.

Doch es reicht nicht aus, bei jemandem eine psychiatrische Störung festzustellen, um ihn als vermindert schuldfähig oder schuldunfähig zu bezeichnen.

Der Psychiater muss darüber hinaus überzeugend darstellen, dass die Handlung des Angeklagten zum Tatzeitpunkt aus der bestehenden Störung ableitbar war.

Die zwei Etagen der Schuldfähigkeit

Die Entscheidung für die Schuldfähigkeit müssen wir uns wieder wie ein zweistöckiges Gebäude vorstellen, wie im Schema auf der folgenden Seite dargestellt.

Das untere Stockwerk bezeichnen wir als «biologisch-psychische Ebene». Das bedeutet nichts anderes, als dass es die psychiatrische Diagnose darstellt. Nennen wir es also «die Etage der psychiatrischen Diagnose». Finden wir keine psychiatrische Störung bei dem Angeklagten, stellen wir auch keine psychiatrische Diagnose.

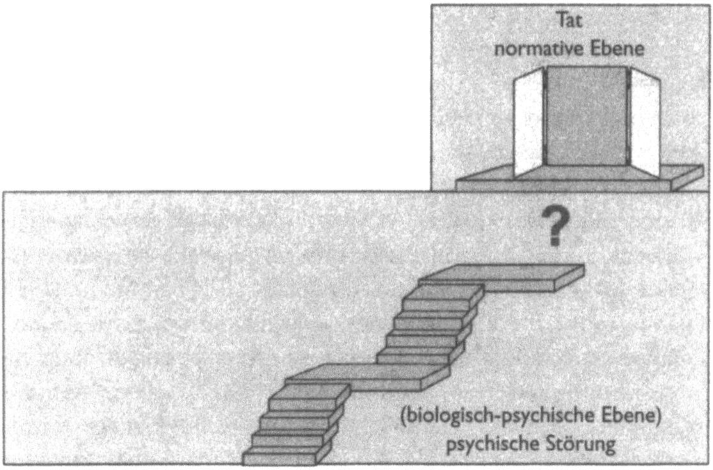

Die zwei Ebenen der Beurteilung der Schuldfähigkeit

Somit haben wir kein Erdgeschoss errichtet und können auch kein Obergeschoss darauf bauen. Die Frage der Schuldfähigkeit ist damit bereits beantwortet. Der Angeklagte ist voll schuldfähig. Stellen wir aber eine psychiatrische Diagnose, dann haben wir damit die erste, die «biologisch-psychische» Etage erbaut.

Die zweite Etage ist die Tat. Die Tat mit ihren Motiven, Absichten, Umständen und dem Umfeld. Man bezeichnet das auch als «normative Ebene». Der Psychiater muss nun sehen, ob eine Verbindung zwischen den beiden Etagen vorhanden ist. Ob es eine Treppe gibt, die von der ersten in die zweite Etage führt, von der Erkrankung zur Tat.

Das heißt also, dass auch bei Menschen mit psychischen Störungen nicht automatisch bei jeder Straftat verminderte Schuldfähigkeit oder Schuldunfähigkeit besteht. Vielmehr muss bei jeder Straftat neu geprüft werden, ob sie aus der psychischen Störung ableitbar ist.

Nehmen wir zum Beispiel einen psychotischen Patienten, der unter schweren Halluzinationen leidet. Die Halluzinationen geben ihm nun den Befehl, sein Kind zu töten, weil das Gottes

Wille sei. Es ist ihm nicht möglich, etwas dagegen zu tun. Er ist den Stimmen ausgeliefert. Die Halluzinationen bestimmen seine Tat. Für diese Tat ist er schuldunfähig. Derselbe psychotische Patient aber steht auf dem Marktplatz und hat großen Hunger, aber kein Geld bei sich. Nun stiehlt er ein Würstchen, um seinen Hunger zu stillen, obwohl er ganz genau weiß, dass das Unrecht ist. Für diese Tat ist er voll schuldfähig. Das Würstchenstehlen ist nicht aus seinem psychotischen Erleben, zum Beispiel von Halluzinationen, ableitbar.

Wenn man sich nun die Frage stellt, warum Boris und Berthold als schuldunfähig bezeichnet wurden, und dies auch bei Anne hätte getan werden müssen, Christine dagegen als nur vermindert schuldfähig beurteilt wurde, dann muss man die Antwort darauf mehr oder weniger in einem pragmatischen Kompromiss suchen. Eine Psychose nämlich setzt ohne Zweifel den freien Willen des Menschen außer Kraft. Das trifft für alle Störungen zu, die das Gesetz als «schwere krankhafte seelische Störung» bezeichnet, also auch für schwere Depressionen. Bei Störungen dagegen, die das Gesetz als «schwere andere seelische Abartigkeit» bezeichnet, also Neurosen, Persönlichkeitsstörungen, sexuelle Perversionen, akute Belastungsreaktionen usw., geht man im Regelfall davon aus, dass die Steuerungsfähigkeit des Betroffenen zwar erheblich beeinträchtigt sein kann, aber nicht völlig aufgehoben ist. Mit wenigen Ausnahmen. Die Einsichtsfähigkeit in das gesetzliche Unrecht der Tat bleibt in solchen Fällen unbeeinträchtigt. Deshalb wird ihnen vom Gericht nicht die volle Schuldunfähigkeit zuerkannt, sondern nur die verminderte Schuldfähigkeit. Damit ist also gemeint, dass unter bestimmten Umständen die Tragödie hätte vermieden werden können. Bei Christine wäre das zum Beispiel der Fall gewesen, wenn andere Abwehrkräfte ins Spiel gekommen wären. Sie hatte einen Verstand, der nicht durch eine Psychose gestört war, und hätte somit andere Wege suchen können. Es waren ihr nicht alle Auswege versperrt, wie das bei einer Psychose oder schweren Depression der Fall gewesen wäre. Die «schwere andere seelische Abartigkeit» lässt noch einige Freiheiten offen. Zwar nicht immer, aber doch in den meisten Fällen.

Gegner der Rechtsreform, mit der in den 70er Jahren die Kategorie der «schweren anderen seelischen Abartigkeit» eingeführt wurde, dachten damals: «Wir werden einen Dammbruch erleiden, wenn wir die ‹schwere andere seelische Abartigkeit› als schuldvermindernd anerkennen. Zu viele Straftäter werden als schuldunfähig bezeichnet werden. Dann müssen wir die Gefängnisse öffnen und stattdessen psychiatrische Kliniken für psychisch kranke Straftäter eröffnen.» Inzwischen, 30 Jahre nach der Rechtsreform, erwies sich diese Befürchtung als unbegründet. Es sind nur wenige Menschen, die aufgrund einer «schweren anderen seelischen Abartigkeit» als vermindert schuldfähig anerkannt werden. Und eine verschwindende Minderheit, nicht einmal 2 % der Straftäter, wird deshalb als voll schuldunfähig bezeichnet.

Bei Christine wurde eine «akute Belastungsreaktion» diagnostiziert, die zur Kategorie der «schweren anderen seelischen Abartigkeit» im Sinne des Strafgesetzbuches – also der Paragraphen 20 bzw. 21 – gehört. In ihrem Fall schwankten der psychiatrische Sachverständige und das Gericht zwischen der «mit Sicherheit vorhandenen verminderten Schuldfähigkeit» und der «nicht ausschließbaren vollen Schuldunfähigkeit».

Die Unsicherheit wurde durch die Tatsache hervorgerufen, dass Christine teilweise ein «quasi psychotisches Erleben» im Tatvorfeld und zum Tatzeitpunkt aufwies – die Verkennung der Realität also. Die Antworten Christines jedoch, die sie in der Hauptverhandlung auf die entsprechenden Fragen gab, konnten den Verdacht nicht erhärten, den der Psychiater hegte. Den Verdacht nämlich, dass ihre Gesamthandlung aus diesem «quasi psychotischen Erleben» ableitbar war. Deshalb konnte das Gericht sich nicht für die volle Schuldunfähigkeit entscheiden, sondern ging nur von einer verminderten Schuldfähigkeit aus. Deshalb wurde Christine nicht freigesprochen, sondern zu einer Haftstrafe verurteilt. Allerdings fiel diese deutlich geringer aus, als dies ohne Einschränkung der Schuldfähigkeit der Fall gewesen wäre.

Ich bin, muss ich gestehen, ein wenig traurig darüber, dass

Christine nicht als voll schuldunfähig bezeichnet wurde. Diese Traurigkeit aber hat ganz allein mit menschlichen Gefühlen zu tun. Nach wissenschaftlichen Kriterien und nach dem rechtlichen Prinzip ist an dieser Entscheidung nicht zu rütteln. Doch ich habe Christine erlebt. Ich sah ihr großes Leiden. Und ich weiß, dass ihre größte Strafe nicht die Haftstrafe, sondern der Verlust der eigenen Kinder ist. Die Tatsache, dass sie als «Mörderin» ihrer eigenen Kinder weiterleben muss, ist für sie die höchste Strafe. In menschlichem Sinne bin ich traurig, dass ihr nicht wenigstens die Haft erspart bleiben konnte.

Teil B:

Tötung aus Verzweiflung.
Der gemeinsame Untergang

Uwe und seine Familie

Uwe kann Versagen nicht eingestehen

Wenn sich jemand töten und seine Kinder oder seine Lieben mitnehmen will, läuft das nicht immer nach dem gleichen Muster ab wie bei Anne, Boris und Christine. Bei ihnen war tatsächlich ein durchgängiges Muster vorhanden, nämlich: «Ich möchte mich erlösen, kann aber meine Lieben und meine Kinder nicht allein zurücklassen, nicht schädigen.»

Der Handelnde ist in diesem Sinne der primär Leidende und will erlöst werden. Dabei hat er aber Angst, die geliebte, die abhängige Person zu schädigen, und nimmt sie deshalb mit.

Doch es gibt auch Abweichungen von diesem Muster. Etwa in dem Sinne: «Unter einer bestimmten Situation, unter einem bestimmten Umstand, einer bestimmten Veränderung werden wir alle leiden. Deswegen werden wir alle untergehen.»

Dieses Handeln ist zwar formell ebenfalls als erweiterter Suizid zu bezeichnen, die Dynamik und die Kriterien aber, die wir nannten, sind hierbei nicht erfüllt. In diesem Fall handelt es sich vielmehr um eine «kollektive Tötung». Dabei herrscht die suizidale Absicht des Handelnden nicht primär vor, die sich beispielsweise bei einem erweiterten Suizid nach großem inneren Kampf auf die anderen ausdehnt. Vielmehr steht hier bereits von Anfang an die Entscheidung des Handelnden fest, alle zu töten. Der Handelnde will sich selbst und die geliebten Personen töten, weil er glaubt, dass alle dem Untergang geweiht sind. Juristisch unterscheidet sich diese Handlungsform kaum von dem erweiterten Suizid. Psychopathologisch jedoch gibt es entscheidende Unterschiede. Ich kann diesbezüglich folgende tragische Geschichte erzählen, die damals, als sie sich abspielte, die Menschen sehr bewegte.

Uwe wusste es. Er wusste es ganz genau, dass dieser Samstag ein ganz entscheidender Tag für ihn selbst und seine Familie werden würde. Er selbst wusste es. Die anderen jedoch nicht. Deswegen war er bereits gleich nach dem Aufstehen sehr nachdenklich geworden. Er ging langsam in die Küche, wo seine Frau gerade das Frühstück zubereitete. Er sagte «Guten Morgen» und nahm am Küchentisch Platz. «Guten Morgen», antwortete seine Frau und beschmierte weiterhin die Brotscheiben mit Butter. Mehr sprachen die Eheleute nicht miteinander. Das war nicht ungewöhnlich. Sie hatten sich immer schon gut verstanden. Viele Worte brauchte es da nicht. Sie erledigte den Haushalt, und er sorgte für die Familie. Der eine mischte sich nicht in die Angelegenheiten des anderen ein. Seine Frau hatte ihm immer großes Vertrauen entgegengebracht. Bei sich dachte sie immer: «Er wird das schon alles machen.» Sie stellte ihm nicht viele Fragen, sie hätte aber auch kaum Antworten bekommen. Wenn es Probleme gab, antwortete Uwe ihr immer in der gleichen Weise: «Es wird schon gehen. Ich werde schon alles regeln.» Zwischen den beiden herrschte so etwas wie eine wortlose Harmonie. Oder genauer gesagt: eine Harmonie mit wenigen Worten. Mit sehr wenigen Worten. Kaum Streit, kaum Auseinandersetzungen, kaum Krach. Aber auch keine großartigen Gespräche.

Auch Uwes Liebe zu seinen vier Kindern kann als eine «wortkarge» Liebe bezeichnet werden. Wenige Worte, wenige Gespräche, wenig Ausdruck von Zärtlichkeit. Trotzdem liebte er die Kinder sehr. Seine vier Kinder waren sein ganzer Stolz: Sven, der jetzt 17 Jahre alt war, Thomas, der Zwölfjährige, Alex, der gerade acht Jahre geworden war, und vor allem die kleine dreijährige Bettina. Uwe hatte nur ein Ziel im Leben: alles für die Familie zu tun, ein Vorbild für seine Kinder und der Stolz für seine Frau und die Kinder zu sein.

Uwe war sehr fleißig. Er hatte den Beruf des Dachdeckers erlernt und immer in diesem Beruf gearbeitet. In guten und in schweren Zeiten. Als die Arbeitslosigkeit über Ostdeutschland hereinbrach und mehr als 20 % der Bevölkerung ohne Arbeit waren, hatte er noch immer Arbeit. Er war ein sehr guter Facharbeiter. Und das war ihm bewusst. Er war nicht nur einer der besten Facharbeiter, er war *der* beste, wie er selbst stolz berichtete. Das erzählte er auch mir, nicht nur mit großem Stolz, sondern auch mit großer Selbstüberzeugung. «Ich war immer der beste Facharbeiter. Ich leistete immer die beste Arbeit.» Seine Arbeiten führte er am liebsten allein aus.

Ich konnte während unserer vielen Gespräche feststellen, dass Uwe ein sehr ruhiger und zurückhaltender Mensch ist. Er erzählte, dass er im Kreis seiner Kollegen als Einzelgänger galt. Es fiel aber auf, dass er mit leuchtenden Augen die nicht seltenen Belobigungen seines Chefs entgegennahm. Uwe war von seiner Persönlichkeit her nicht wie Anne, Berthold, Boris und Christine. Er hatte nicht deren Hang zur Ordentlichkeit und Pünktlichkeit. Auch vor Schulden hatte er nicht die geringste Angst. Mit der Wahrheit nahm er es ebenfalls nicht so genau, wenn er dadurch niemandem schadete. Nein, Uwe war anders als die vier anderen, die Sie bereits kennen gelernt haben. Er war ein kühler, distanzierter Mensch, der wenige Beziehungen außerhalb seiner Familie hatte. Vor allem deswegen, weil er ein überdurchschnittlich misstrauischer Mensch war. Er hatte kaum Vertrauen zu anderen. Uwe hatte immer das Gefühl, von anderen Menschen missverstanden oder ungerecht behandelt zu werden. Deshalb war er sehr vorsichtig. Das trug dazu bei, dass er sogar mit seinen Eltern und Geschwistern schon im jungen Alter kaum enge Beziehungen pflegte. Zu seinen Eltern hatte er eine kühle, distanzierte Haltung. Zu seinen Geschwistern war die Distanz sogar noch stärker ausgeprägt. Uwe war ein sehr leicht kränkbarer Mensch. Ein Wort, eine Geste, eine Handlung, eine Haltung, die er als beleidigend oder kränkend empfand, rief bei ihm starke negative Gefühle hervor. Er reagierte mit depressiver Verstimmung und noch stärkerer Distanzierung. So hatte er jahrelang nicht mit seiner Schwester gesprochen, weil er sich durch eine – objektiv gesehen – unwichtige Äußerung ihrerseits gekränkt fühlte. Er war auch nachtragend. So konnte er Leuten, die ihn beleidigten – oder von denen er meinte, dass sie ihn beleidigt hätten –, nur schwer verzeihen. Auch neidisch war er. Menschen, die er als Gewinner der politischen Wende in Deutschland erlebte, konnte er nicht ausstehen. Vor allem seine alten Schulkameraden, die nach der «Wende» etwas geworden waren, waren ihm ein Dorn im Auge. «Die sind hochnäsig geworden. Die sprechen kaum noch mit mir. Die haben unsere gemeinsamen Jahre vergessen.» Eigentlich gehörte auch er zu den Gewinnern der «Wende». Er hatte nun endlich sein Auto, zu Hause stand ein Computer für die Kinder, die Familie besaß drei Handys, und die Küche war mit allen denkbaren Geräten ausgestattet. Fernseher und Videorekorder waren sowieso vorhanden. Doch Uwe gehörte nicht zu den ganz großen Gewinnern. Dabei hätte er es so gerne gewollt. Deshalb konnte er solche Leute nicht ausstehen, die es nach der «Wende» weiter als er gebracht hatten und mit ihm jetzt wenig zu tun haben wollten. Oder von denen er meinte, dass sie mit ihm nichts mehr zu tun haben wollten. Trotz alledem konnte Uwe seine Aggressivität nur wenig nach außen hin zeigen. Nur wenn ihn eine Situation schwer belastete, war es ihm möglich, verbal aggressiv zu reagieren. In der Regel jedoch reagierte er in Konfliktsituationen eher ruhig und gelassen. Doch nur für die Außenstehenden wirkte er so ruhig. Innerlich kochte er vor Wut. Er konnte in einer ruhigen Art lange streiten. In einer äußerlich ruhigen Art. Er beharrte vehement auf seinen Rechten und auf seiner Position.

Uwe stellte seine Person und seine Interessen in den Mittelpunkt. Für die Gefühle anderer Menschen interessierte er sich kaum. Ja, Uwe war ein selbstbezogener Mensch, ein egozentrischer Mensch. Die Fähigkeit, sich in die Gefühle anderer Menschen hineinzuversetzen und Mitgefühl zu entwickeln, die so genannte Empathiefähigkeit, war bei ihm nur wenig ausgeprägt. «Was geht mich fremdes Elend an? Für mich hat sich auch niemand interessiert», war eine seiner häufigsten Bemerkungen.

Allerdings machte er eine große Ausnahme: seine Familie. Seine Frau und seine vier Kinder waren der Mittelpunkt seines Gefühlslebens. Auch wenn er Gefühle so schwer äußern konnte. Er sagte: «Für sie habe ich alles getan. Immer solidarisch, immer loyal.» Er arbeitete Tag und Nacht für seine Familie. Neben seiner regulären Arbeitsstelle arbeitete er viel «schwarz». Er brauchte Geld. Viel mehr, als er verdiente. Jeder Pfennig ging in die Familienkasse. Es war so, als ob er all die Solidarität, die er anderen Menschen gegenüber nicht empfand, in seine Familie investierte. Doch in Gefühlen konnte er das nicht ausdrücken. Er konnte seine Gefühle überhaupt nie äußern. Zärtlichkeiten, nette Worte, warme Worte waren nicht seine Stärke. Es wurde tatsächlich nur wenig gesprochen bei Uwe zu Hause.

Das Wichtigste aber war, dass er kein eigenes Versagen dulden, ertragen und eingestehen konnte.

Wenn er tatsächlich einmal versagte, behielt er das für sich. Dann quälte er sich enorm, sagte niemandem etwas davon und fühlte sich niedergeschlagen. Die wortlose Harmonie im familiären Umfeld wurde dann noch wortloser. Seine eingeschränkte Fähigkeit, seiner Familie gegenüber Gefühle, insbesondere Liebe, zu zeigen, wurde noch eingeschränkter. Dabei litt er unbeschreiblich. Und er log. Er sagte niemandem die Wahrheit, wenn es sein Versagen betraf. Im Gegenteil. Seine Unfähigkeit, Versagen als einen Bestandteil des menschlichen Lebens zu akzeptieren, bereitete ihm viele Probleme. Die größten Probleme hatte er mit seiner Unfähigkeit, sein Versagen einzugestehen und Hilfe zu suchen. Hilfe, um die entstandene Situation zu überwinden. Er war einfach nicht fähig, Unterstützung bei anderen Menschen zu suchen, Hilfe zu erbitten, um eine von ihm allein nicht mehr zu meisternde Situation zu bewältigen.

Ganz schlimm wurde es vor einem Jahr.

Damals entstand eine bedrohliche Situation. Uwe konnte seine guten Absichten, der Familie ein angenehmes Leben zu bieten, nicht mehr finanzieren. Die Familie hatte alles – Auto, Videorekorder, Handys, Computer. Und eine große Wohnung. Eine große Wohnung, deren Kaltmiete mehr als die Hälfte von Uwes Einkünften verschlang. Bald zeigte sich, dass er die Miete nicht mehr aufbringen konnte. Und die Berge an Mietschulden und die Berge unbezahlter Rechnungen wuchsen und wuchsen. Um einer Zwangsräumung zu entgehen, bezog die Familie ein anderes Haus. Doch dieses war genauso teuer wie die alte Wohnung. Die Familie kannte den Grund für den Umzug nicht. Uwe hatte wie immer mit niemandem über den Schuldenberg gesprochen. Uwe begründete den Umzug damit, dass das neue Haus viel schöner sei. Dieses Argument war zwar richtig, aber nicht ehrlich. Uwe hatte nicht eine einzige Minute darüber nachgedacht, eine Wohnung in der nahe gelegenen Siedlung zu mieten. Dort hatte es viele leere Wohnungen gegeben, die von der Stadt mit sehr niedrigen Mieten angeboten wurden. Doch Uwe wollte so eine Wohnung nicht für seine Familie. Es wäre gegen seinen Stolz gewesen.

Gegen seine Überzeugung, dass er der Beste ist.

Es wäre vor allem ein Eingestehen seines Versagens gewesen. Das aber konnte er nicht.

Er ging auch zu keiner Schuldnerberatungsstelle. Das wäre für ihn das Unvorstellbarste gewesen, das Eingeständnis seines Versagens. Er, ein «sozialer Fall»? Undenkbar für ihn. Er, der «beste Facharbeiter»? Nein, der Gang zur Schuldnerberatungsstelle wäre für ihn dem Gang zu einer «Schuldeingeständnisstelle» gleichgekommen. Ein Gang zum Sozialamt hätte dem Gang zum «Asozialenamt» geglichen. Nein! Das kam auf keinen Fall für ihn in Frage.

Die Mietschulden wuchsen und wuchsen. Er konnte die Miete, die Rechnungen und die Beiträge für Versicherungen und Finanzamt einfach nicht mehr zahlen.

Einige Monate später stand die zweite Zwangsräumung ins Haus. Die Behörden boten Hilfe an. Doch die wollte er nicht annehmen. Seine Frau, die etwas überrascht vom Besuch der Mitarbeiter des Sozialamtes und der Schuldnerberatungsstelle war, beruhigte er mit den Worten: «Das ist ein Missverständnis. Natürlich habe ich alles bezahlt. Die überwiesenen Beträge sind nur auf einem falschen Konto eingegangen. Die Bank wird das schon in Ordnung bringen. Es gibt keinen Grund zur Aufregung.»

Seine Frau vertraute ihm und Uwe konnte auch weiterhin nicht die Wahrheit sagen. Er konnte sein Versagen auch jetzt nicht eingestehen. Auch jetzt nicht, am Rande des Abgrunds.

Die Wand, die den Weg versperrt

Die Zwangsräumung wurde anberaumt. Sie war unausweichlich geworden. Und an diesem Samstag, als er bei seiner Frau in der Küche saß und wortlos sein Frühstück aß, wusste er, wie eng es werden würde. Wie eng es bereits geworden war.

In der Nacht hatte er wieder einmal diesen Traum gehabt, der ihn in letzter Zeit häufig gequält hatte. Uwe erzählte mir später von diesem immer wiederkehrenden Traum: «Ich träumte in letzter Zeit davon, dass ich ängstlich, aufgeregt und verzweifelt durch eine lange Straße laufe. Links und rechts der Straße stehen Hochhäuser, riesige Hochhäuser. Es gibt keine Nebenstraßen. Es gibt keinen Ausweg. Es gibt nur diese eine Straße, die gerade nach vorn führt. Und die Hochhäuser beginnen einzustürzen. Und sie stürzen alle hinter mir nieder. Ich renne verzweifelt. Ich werde immer verzweifelter. Ich renne nach vorn. Doch ich sehe vor mir keinen Ausweg. Nur eine Wand. Eine hohe glatte Wand. Die Straße ist durch diese Wand versperrt. Ich hatte diesen Traum sehr häufig in den letzten Monaten. Jedes Mal rutscht die Wand, die mir den Weg versperrt, ein Stück näher zu mir heran. Und die einstürzenden Hochhäuser kommen immer dichter auf mich zu.»

An diesem Samstagmorgen in der Küche dachte er an nichts anderes als an diesen Traum. In der Nacht, als er wieder davon geträumt hatte, war die Wand ganz nah gewesen. Die Wand war so nah, dass er fast mit dem Kopf gegen sie geschlagen wäre.

Uwe wusste es. Und er war der Einzige in der Familie, der davon wusste, dass sich an diesem Samstag alles entscheiden würde. Er wusste auch, dass es sich im günstigsten Fall höchstens um eine

Aufschiebung handeln würde. Dass sich der Schlag mit dem Kopf gegen die Wand nur ein wenig verzögern würde. Im günstigsten Fall.

Heute, an diesem trüben Samstag, hatte Uwe einen wichtigen Termin. Er wollte ein neues Haus mieten. Der Familie hatte er nur erzählt, dass der bisherige Vermieter wegen der Mietverzögerung nicht bereit sei, ihnen das Haus noch länger zu überlassen. Er sei deshalb auf der Suche nach einem neuen Haus. Uwe wollte sich auch diesmal auf keinen Fall um eine Wohnung in der Nachbarsiedlung kümmern. Trotz der sehr niedrigen Mieten. Nein, ein Haus müsse es schon sein, keine Wohnung mit Zuschüssen vom Staat. Nein, das würde einem Versagen gleichkommen. Er suchte wieder ein Haus. Ein Haus, das er voraussichtlich auch diesmal nicht würde bezahlen können. Drei Versuche waren gescheitert. Heute wollte er den letzten Versuch starten. Er hatte die Hoffnung, dass es heute klappen würde. Doch er wusste auch, dass es sich nur um einen kurzen Aufschub handeln würde.

Ein «Hallo, Papa» der dreijährigen Bettina, die auf ihn zugerannt kam und auf seinen Schoß sprang, ließ ihn aufblicken. Er unterbrach für kurze Zeit sein Grübeln. Bettina versuchte, mit dem Papa zu schmusen. Doch er war heute lustloser als sonst. Mechanisch spielte er ein wenig mit dem Kind, das auf seinem Schoß hin und her turnte. Dann nahm er Bettina sanft hoch und sagte: «Der Papa hat etwas zu erledigen. Ich werde später zu dir kommen. Ich muss erst einmal etwas tun.»

«Tschüss, Papi», sagte Bettina.

Er nahm seine Tasche, steckte sein Butterbrot und eine Thermoskanne Kaffee hinein, den ihm seine Frau gekocht hatte, und verabschiedete sich von ihr mit einem kurzen «Tschüss». Er ging in Richtung Haustür und hörte aus der oberen Etage, dass auch die anderen Kinder inzwischen wach geworden waren.

Bis Samstagmittag arbeitete er auf einem Dach. Anschließend stieg er in sein Auto und fuhr ins Nachbardorf, wo sich das begehrte Haus befand.

Es dauerte nicht lange, bis Uwes Aufregung und seine angstvolle Erwartung ein Ende finden sollten. Das Gespräch zwischen ihm und dem Vermieter war kurz. Der Vermieter meinte: «Nein, es tut mir Leid. Wir haben uns für einen anderen Interessenten entschieden.»

«Ach so», sagte Uwe leblos. «Ist gut. Ich danke Ihnen.»

Dabei drehte er sich auf dem Absatz um und ging mit gesenktem Kopf zögernd zu seinem Auto. Er stieg langsam ein und startete den Motor. Uwe fuhr jedoch nicht ab. Er saß wie gelähmt bei laufendem Motor hinter dem Steuer und blickte starr durch die Frontscheibe in die Leere, ins Ungewisse. Plötzlich bemerkte er, dass Leute aus der Nachbarschaft ihn misstrauisch beobachteten. Sie wunderten sich wohl, dass der Motor lief und er so regungslos dasaß. Er fuhr los, hielt aber gleich nach dem Ortsausgang an. Am Straßenrand parkte er das Auto und begann zu grübeln.

«Was nun? Heute ist Samstag. Am Mittwoch soll die Zwangsräumung sein. Niemand weiß davon, nur ich. Was soll ich bloß tun?»

Uwe begann zu zittern. Er zitterte, obwohl bereits sommerliche Temperaturen herrschten. Seine Hände und Füße waren kalt. Weinen konnte er aber nicht. Irgendwann schaute er auf die Uhr im Auto. Erst jetzt bemerkte er, dass er mindestens drei Stunden dort gesessen hatte. «Zu Hause werden sie sich Sorgen um mich machen», dachte er. «Ich muss gehen.» Und mit diesem Gedanken fuhr er nach Hause.

Als er zu Hause ankam, spielte Bettina im Vorgarten. Als sie ihn sah, rannte sie zum Auto, stieg durch die halb geöffnete Tür hinein und sprang auf Uwes Schoß. Doch Uwe reagierte nicht. Sie nahm das Lenkrad in ihre beiden Händchen und tat, als wenn sie wegfahren wollte.

«Hup, hup», lachte sie und drehte das Lenkrad nach links und rechts, so als befahre sie scharfe Kurven. Nach einer Weile, einer wortlosen Zeit, sagte Uwe: «Komm, Bettina, die Mutti wartet auf uns.» Und damit gingen sie gemeinsam ins Haus. Die gesamte Familie war zu Hause.

Seine Frau fragte: «Und, bekommen wir das Haus?» Gegen

besseres Wissen gab er ihr zur Antwort, dass sie es bekämen. Auch dieses Mal hatte er alles geregelt. So ließ er es zumindest seine Frau glauben.

«Schade, dass ich es vorher nicht gesehen habe», sagte seine Frau darauf. «Meinst du, es wird mir gefallen?»

«Ich bin davon überzeugt», antwortete er knapp.

«Ab wann können wir es haben?», fragte seine Frau weiter.

«Ab sofort», log Uwe.

«Und wann sollen wir dieses Haus abgeben?», fragte sie noch einmal.

«Spätestens am Dienstag», meinte Uwe.

«Also los, Jungs, jetzt machen wir uns an die Arbeit», sagte seine Frau zu den Söhnen. «Wir müssen anfangen, die Sachen zu packen, wenn wir am Montag umziehen wollen.»

Und damit begann die gesamte Familie mit dem Einpacken. Kartons wurden besorgt und die Sachen aus den Regalen genommen. Vieles wurde eingepackt, anderes nur in eine Ecke gestellt, um es später unterzubringen.

«Haben wir Kinder in dem neuen Haus alle ein eigenes Zimmer?», fragte der achtjährige Alex seinen Vater.

«Ja, na klar», antwortete ihm der 17-jährige Sven. «Es ist größer als dieses Haus, hat Vati gesagt.»

«Was heißt hier ‹na klar›, du hast seit langem dein eigenes Zimmer», gab Alex empört zurück. «Ich muss mir mit Thomas das Zimmer teilen. Auch ich möchte einmal mein eigenes Zimmer haben.»

«Ihr habt dort alle eigene Zimmer», beschwichtigte Uwe seine Söhne. «Jeder ein eigenes Zimmer.» Und er fuhr fort einzupacken. Gegen Abend hatte die Familie ihre Sachen zusammengepackt. Uwes Frau hatte inzwischen das Abendessen zubereitet, und nun saßen sie alle gemeinsam am Tisch. Wie immer sprachen sie nicht sehr viel. Dieses Mal herrschte keine freudige Erwartung wegen des neuen Hauses, trotz der versprochenen eigenen Zimmer für alle. Es war nicht so wie die letzten Male, wo sie freudig umgezogen waren. Die Familie war inzwischen etwas genervt, innerhalb eines Jahres das dritte Mal umzuziehen. Und dieses Haus war doch so schön, warum mussten sie es aufgeben? «Wenn bloß nicht dieser böse Vermieter wäre», dachten alle. Nur Uwe wusste es besser.

Nach dem Essen sah die Familie gemeinsam fern. Bettina wurde zu Bett gebracht, das neben dem Ehebett im Erdgeschoss stand. Die drei Jungen gingen nach oben in ihre Zimmer. Es kam nichts Besonderes im Fernsehen an diesem Abend. Auch waren sie alle müde vom Packen. Die beiden Eheleute blieben im Wohnzimmer allein zurück. Uwe saß in einem Sessel vor dem Fernseher. Seine Frau hatte sich bereits ausgezogen, auf das Sofa vor den Fernseher gelegt und mit einer Wolldecke zugedeckt. Bald war sie vor dem laufenden Fernseher eingeschlafen. «Das macht sie immer», dachte Uwe bei sich.

Uwe blieb nun allein vor dem Fernseher sitzen. Welche Sendung aber lief, nahm er nicht wahr.

Er war gefangen in seiner eigenen Welt. Seine Gedanken drehten sich verwirrt im Kreis.

«Wie komme ich da bloß raus? Wie komme ich da nur raus?», fragte er sich immer wieder. Es gelang ihm nicht, einen einzigen klaren Gedanken zu fassen. Die Bilder des Traumes tauchten wieder auf. Dieses Mal sah er sie, obwohl er gar nicht schlief. Die einstürzenden Hochhäuser, und wie er verzweifelt durch die Straße lief. Und die Wand. Die Wand, die sich vor ihm aufbaute. Doch diesmal nahm er im wachen Zustand wahr, wie die Häuser in einem atemberaubenden Tempo einstürzten. Dicht an ihm vorbei. Viel gewaltiger noch als in seinen Träumen. Er spürte fast körperlich, wie die Steine, die Balken, die Glassplitter, die Fenster und die Holzstücke auf ihn fielen und ihn zu begraben drohten. Und die Wand. Die Wand stand jetzt direkt vor ihm. Er geriet immer mehr in Panik. «Wie komme ich da nur raus? Was soll ich nur tun?», dachte er laut.

Seine Frau regte sich kurz. Wahrscheinlich hatte sie im Halbschlaf seine Worte wahrgenommen. Dann aber drehte sie sich um und schlief weiter.

Kurze Zeit später sah ich Uwe zum ersten Mal. Wenige Stunden, nachdem er gefunden worden war. In einer Lache von Blut. In seinem verschlossenen Auto, das in einem Waldstück stand. Uwe hatte versucht, sich das Leben zu nehmen. Man fand ihn aber noch rechtzeitig und er wurde in die Chirurgie gebracht, wo seine Handgelenke genäht wurden, die durch tiefe Schnitte verletzt waren. Nachdem seine Wunden versorgt und die ersten medizinischen Maßnahmen abgeschlossen waren, wurde er zu uns in die psychiatrische Klinik gebracht. Dabei wurden große Sicherheitsmaßnahmen getroffen. Der verletzte und entkräftete Uwe kam mit Handschellen und Fußfesseln zu uns. Mehrere uniformierte Beamte begleiteten ihn bis zu meinem Arbeitszimmer. Ich bat sie, die Handschellen und Fußfesseln zu entfernen. Die Beamten zögerten, doch ich bestand darauf. Sie verlangten, dass mindestens einer von ihnen in meinem Zimmer stehen solle und ein weiterer Beamter vor der Tür. Zwei andere wollten sich vor dem Vorzimmer platzieren. Ich lehnte das ab und bat die Beamten höflich, aber definitiv, draußen im Wartezimmer Platz zu nehmen. Die Beamten erklärten sich erst dann damit einverstanden, als ich die volle Verantwortung dafür übernahm.

Uwe war inzwischen zum Protagonisten einer großen Tragödie geworden.

Nun saß er vor mir. Kreidebleich, mit dunklen Augenringen. Zitternd und mit leiser Stimme sprach er monologisierend vor sich hin: «Ich möchte zu meiner Familie. Meine Familie wartet auf mich. Lassen Sie mich bitte zu meiner Familie. Die Bettina war da. Ich habe sie gesehen. Die saß dort auf meinem Bett. Warum habt ihr mir die Bettina weggenommen? Ich möchte zu meiner Familie. Meine Familie wartet auf mich.»

Nach einer kurzen Untersuchung rief ich den Oberstaatsanwalt an, um ihm mitzuteilen, dass Uwe unbedingt in einem psychiatrischen Krankenhaus aufgenommen werden müsse. Er brauchte dringend Behandlung. Uwe wurde in ein psychiatrisches Haftkrankenhaus eingewiesen.

Drei Wochen später besuchte ich ihn dort. Zurückhaltend, leise und bleich sprach er mit mir. Und er erzählte Folgendes:

«. . . Ich habe an diesem Abend, als die Familie schlafen ging, im Sessel gesessen und nachgedacht. Ich habe gegrübelt, ‹wieso, weshalb, warum›. Ich stand so unter Druck, dass ich eine Flasche Likör trank. Normalerweise trinke ich keinen Alkohol. Seit Jahren nicht mehr. Es war Kirschlikör. Von dem Kirschlikör habe ich jedenfalls eine halbe Flasche getrunken, das weiß ich. Dann habe ich auch noch eine halbe Flasche Wodka getrunken. Bis dahin habe ich nie Wodka getrunken. Ich wollte mich irgendwie beruhigen.

Schon bevor ich anfing zu trinken, war der Gedanke, uns alle umzubringen. Dann würden wir alles hinter uns haben. Dann hätten wir uns alles erspart. Das Rausgeworfen-Werden. Das Auf-der-Straße-Bleiben. Den Spott der anderen. Die Verachtung. Und ich hätte niemandem sagen müssen: ‹Ich habe versagt.› Meiner Familie nicht gestehen müssen: ‹Ich bin ein Versager.› Konkret wurde der Gedanke, als ich noch einmal zum Auto ging, um Zigaretten zu holen. Das muss so ungefähr zwischen null und ein Uhr gewesen sein. Irgendwie bin ich da nicht mehr ganz bei der Sache gewesen. Als ich zum Auto ging und von dort die Zigaretten holen wollte, sah ich dann das Beil liegen. Hier ist mir der Gedanke gekommen: ‹Du machst damit ein Ende. Mit allem.›

In der Zeit bis etwa zwei Uhr morgens wurde der Gedanke stärker, mich und die anderen umzubringen. Ich wurde immer überzeugter, dass es richtig ist, das zu tun. Damit das ganze Elend endlich ein Ende hat. Auch Gegengedanken hatte ich, nämlich es nicht zu tun. Weil es schlimm ist. Solche Gedanken sind auch mit aufgetaucht. Ich fragte mich immer, ob es denn tatsächlich die beste Lösung ist. Ob es nichts anderes gäbe. Aber dann hat schließlich dieser andere Gedanke überwogen. Je mehr ich aus der Wodkaflasche trank, desto bestimmter wurde der Gedanke, dass der Tod das Beste für uns wäre. Ich trank mir Mut an. Vorher wechselten meine Gedanken immer. Mal dachte ich: ‹Mach es!›, und dann wieder: ‹Mach es nicht!› Es war so ein innerer Kampf, der eine ganze Weile dauerte. Ich schätze ungefähr eine Stunde. Dann überwog jedoch der Gedanke, dass es die beste Lösung ist, wenn ich das tue. Die bloße Erwägung wurde rasch zum Entschluss. Mein Plan stand schon fest: mit dem Beil alle anderen zu töten. Und mich selbst vergiften und die Pulsadern öffnen. Zwischen dieser Entscheidung – also nachdem der innere Kampf beendet war – und dem Moment, wo ich es tat, ist eigentlich noch ein Stückchen Zeit gewesen. Ich denke, wenigstens noch eine halbe Stunde.»

Man sieht auch hier wieder die verschiedenen Stadien der Suizidalität: die Erwägung, die Ambivalenz, die Planung, der Entschluss. Da Uwe das alles natürlich nicht so fließend erzählen konnte, machte er viele Pausen, sprach stockend. Nach einer ganzen Weile fuhr er fort:

«Das muss irgendwie ... Ich weiß nicht, wie ich das sagen soll.

Schon beim ersten Gedanken daran, ob das die beste Lösung wäre, als ich also die Zigaretten geholt habe, nahm ich das Beil aus dem Auto gleich mit. Es kam mir der Gedanke: ‹Das wäre eine Lösung, wenn wir jetzt alle ... wenn ich sie alle tot mache, mich ebenfalls.› Daraufhin habe ich das Beil mitgenommen. Danach habe ich es jedoch erst einmal beiseite gestellt. Zuerst musste ich noch einmal darüber nachdenken. Wissen Sie, ich hab mich das nicht gleich ... Es ging ja nicht. Es ist da irgendetwas gewesen, was mich daran gehindert hat, das zu machen, das auszuführen. Es hat mich etwas daran gehindert, es gleich zu tun. Es ist so in meinem Kopf gewesen. Ich war im Prinzip noch zu klar im Kopf, um so was machen zu können. Darum ist es erst so spät passiert.

Zwar hatte ich unten, als ich das Beil mitnahm, diesen Gedanken, aber als ich wieder zurückkam, habe ich ihn zeitweise verdrängt. So etwas ging ja nicht. Das widerstrebte mir ja.

Ich hab mich dann hingesetzt und versucht, noch einmal über alles nachzudenken, ob das auch richtig ist, was ich da mache und was ich da wollte. Ob es nicht doch vielleicht noch eine andere Lösung gibt. Auf alle Fälle war dann irgendwann ein Punkt erreicht, von dem ab ich eigentlich nicht mehr so richtig gewusst habe, was ich mache. Es war wie eine Art Abschalten im Kopf, wenn ich das so sagen kann. Dieses Abschalten kam wohl mit der Entscheidung, es doch zu tun, im gleichen Moment. Es kam wohl gleichzeitig mit der Beendigung des inneren Kampfes. Die Entscheidung, es doch zu tun, kam dann einfach, und sie ist irgendwie mit einem Abschalten verbunden gewesen, so dass ich nicht mehr darüber nachgedacht habe. Es war kein Kampf mehr, sondern Ruhe. Große Ruhe. So ungefähr ist es gewesen. Es war Ruhe. Es war kein Kampf mehr. Es war ein fester Entschluss.

Danach habe ich dann begonnen. Zuerst ging ich zu meiner Frau, die noch auf der Couch lag. Ich nahm das Beil und schlug zu. Ich schlug meiner Frau auf den Kopf. Ihr Kopf war nicht bedeckt. Ich glaube, ich habe zwei- oder dreimal zugeschlagen. Ich weiß nicht, ob es noch mehr Schläge waren. Sie hat nichts gesagt und nicht geschrien. Sie hat sich nicht bewegt. Sie gab keinen Laut von sich. Kein Wort. Keinen Schrei. Keine Bewegung. Ich stellte fest, dass sie tot ist. Sie atmete nicht mehr. Sie lag regungslos da, blutüberströmt.»

Uwe machte erneut eine große Pause und sprach dann mit leiser Stimme, fast flüsternd weiter:

«Anschließend ging ich zu den Kindern. Zuerst zu Sven, dem Älteren. Ich ging direkt von meiner Frau zu Sven. Der schlief allein in seinem Zimmer. Nach oben ging ich langsam. Normal. Ich bin nicht gerannt. Ich bin bestimmt nicht gerannt. Dort lief es genauso ab wie mit meiner Frau. Ich schlug mit dem Beil auf Sven ein. Wieder auf den Kopf. Ich hab zugehau'n. Ich hab zugehau'n. Ich habe mit dem Beil zugehau'n . . .

Auch Sven hat nicht reagiert . . . Kein Wort . . . Keine Bewegung.

Von Svens Zimmer aus ging ich anschließend zu den beiden anderen Jungs, Alex und Thomas. Zu wem ich zuerst ging, weiß ich nicht mehr. Ich weiß nicht, ob ich zuerst zu Alex oder zu Thomas ging.

Ich habe denen auch wehgetan ... allen, auch dem Alex. Ja ... ja ... allen habe ich wehgetan. Ich tat meiner Frau weh, dem Sven und dem Alex und dem Thomas. Und der Bettina. Ich habe denen allen wehgetan ...»

Und wieder weinte Uwe.

«Auch dem Alex habe ich wehgetan. Dem hab ich auch wehgetan ...

Ich habe allen wehgetan ... Ich hab denen allen wehgetan ...

Dem Alex habe ich wehgetan. Mit einem Kissen habe ich ihn erstickt. Ich weiß nicht, warum nicht auch mit dem Beil. Daran kann ich mich nicht erinnern. Ich hab ihm wehgetan. Ich hab ihm doch wehgetan ... Ich hab ihm wehgetan ... Ich habe allen wehgetan.

Dann habe ich Thomas getötet. Mit dem Beil. Mit mehreren Schlägen ... auf den Kopf. Ich habe ihm auch wehgetan.

Die Bettina schlief immer noch unten. Als ich von oben wieder herunterging, bin ich nicht gleich zu Bettina gegangen. Ich setzte mich in den Sessel vor den laufenden Fernseher und bin wohl eingeschlafen. Hier habe ich bis zum nächsten Morgen geschlafen. Ich wurde von Bettina geweckt. Sie hat nach ‹ihrem Papa› gerufen. Die hat immer früh nach ihrem Papa gerufen. Deshalb ging ich zu ihr hin und nahm sie aus dem Bettchen. Danach habe ich sie in unser gemeinsames Bett gelegt. Dann hab ich ihr auch noch wehgetan. Das tat ich mit dem Kissen.

Ich habe, bevor ich Bettina getötet habe, mehrere Stunden geschlafen. Nachdem ich am Morgen wach geworden bin, und bevor das mit Bettina geschah, habe ich sofort gewusst, dass das mit den anderen passiert ist. Es ist nicht so gewesen, als wenn ich aus einem Traum erwacht wäre. Ich wusste, was ich gemacht habe. Das war jedoch für mich nicht genügend Grund, um mich selbst davon abzuhalten, dasselbe auch mit Bettina zu tun. Nein, nein! Das ging ja nicht! Ich konnte doch die Kleine nicht ohne Mama und Papa lassen. Denn für mich stand fest, dass ich mich auch umbringe. Weil ich doch auch nicht mehr will. Und ich mach das auch noch ... Ja! Darauf können Sie Gift nehmen ...

Als das Kind wach wurde, war es schon hell. Bettina hat immer so bis um acht oder halb neun geschlafen. Also kann es auch sein, dass sie an dem Tag um diese Zeit wach wurde.

Ich habe mit ihr so zehn Minuten lang gespielt. Na, was heißt ‹gespielt›? Eigentlich haben wir nichts weiter gespielt. Wir haben uns vielmehr noch einmal beide hingelegt. Bettina hat sich an mich herangekuschelt, ist wieder eingeschlafen, und dann ist es passiert.

Wie es weiterging, weiß ich nicht mehr genau. Das Beil brachte ich dann jedenfalls noch weg. Aber zuerst habe ich es gereinigt. Danach habe ich es weggebracht, genau wie das andere Werkzeug aus meinem Auto. In die Werkstatt zurück.

Das war alles in den Vormittagsstunden des Sonntags. Inzwischen könnte es auch schon Mittag gewesen sein. Erst am Nachmittag bin ich irgendwann von der Firma wieder zurückgekommen. Für den Weg von zu Hause bis zu meiner Firma brauchte ich nur etwa fünf Minuten. Dass ich erst so spät zurückkam, lag daran, dass ich mein Auto ausladen musste. In meinem Auto war sowohl das Werkzeug als auch ein bisschen Material, was ich eben immer so im Auto hatte. Nachdem ich alles ausgeladen hatte, packte ich auch noch alles an seinen Platz. Ich packte es wieder weg, weil es nicht mein Eigentum war. Die Kollegen brauchten das doch, um weiterarbeiten zu können. Das konnte ich doch nicht einfach behalten. Ich hatte ja beschlossen, mich umzubringen. Danach bin ich schließlich wieder zurückgefahren.

Nachdem ich am Nachmittag wieder zu Hause war, nahm ich Tabletten ein. Schlaftabletten, Schmerztabletten und alles, was da gewesen ist. Was das genau für Schlaftabletten waren, die ich da nahm, weiß ich nicht mehr. Aber es waren so um die 20 bis 30 Stück, oder auch mehr. Damit wollte ich mich umbringen. Ich nahm sie also ein, und dazu trank ich Alkohol. Aber es hat nicht gewirkt. Ich bin davon bloß eingeschlafen und irgendwann wieder aufgewacht. Es muss ganz, ganz spät gewesen sein, als ich wach wurde. Damit meine ich, dass es schon Montag oder Dienstag gewesen sein musste. Ich habe sehr lange geschlafen, mindestens einen ganzen Tag. Als ich nun wieder wach wurde, war es wohl schon Dienstag. Das kann sein. Als ich entdeckte, dass ich noch lebe, war mir das unverständlich. Natürlich bin ich darüber sehr enttäuscht gewesen, dass ich noch lebte. Also beschloss ich, irgendetwas anderes zu tun. ‹Am besten ist, dich aufschneiden›, dachte ich. Dazu habe ich aber nichts dagehabt. Ich hatte zwar aus meinem Rasierapparat eine Klinge genommen, aber die hat nicht funktioniert. Ich wollte mir die Pulsadern aufschneiden, aber das ging nicht. Die Klinge hat nicht geschnitten. Darum bin ich dann weggefahren.

Vorher trank ich aber noch den Rest aus der Flasche Wodka und bin wieder eingeschlafen. Als ich wieder aufwachte, bin ich schließlich mit dem Auto weggefahren. Unterwegs habe ich mir in einem kleinen Laden Rasierklingen gekauft. Dort gab es die richtigen. Damit bin ich anschließend dorthin gefahren, wo man mich gefunden hat. Ich fuhr gezielt dorthin und habe mir die Arme aufgeschnitten. Es waren tiefe Einschnitte, denn es spritzte richtig schön heraus. Letztendlich hat es aber wieder nicht geklappt. Irgendwie ist nicht alles Blut rausgelaufen. Zu langsam. Schließlich hat man mich gefunden. Da muss ich wohl bewusstlos gewesen sein.

Auf einmal sind draußen Lichter gewesen. Es waren helle Lichter, wahrscheinlich Autolichter», schloss Uwe seinen Bericht.

Es war die Polizei, die eine Großfahndung ausgelöst hatte. Am Mittwochmorgen war nämlich der Gerichtsvollzieher wegen der

Zwangsräumung gekommen und hatte das Haus öffnen lassen. Da hatte man die fünf Leichen gefunden. Uwes Frau und seine vier Kinder.

Ich fragte Uwe, wie er heute zu seiner Tat stehe. Uwe gab mir Folgendes zur Antwort:

«... Heute denke ich über das, was geschehen ist, dass es eine blödsinnige Idee war. Es war dumm, so was zu machen. Ich komme damit nicht klar und kann mir nicht erklären, wie es dazu kommen konnte. Es war irgendwie eine Kurzschlussreaktion. Anders kann ich mir das nicht erklären. Ich bin irgendwie weggetreten, und da habe ich das gemacht. Denn in normaler Verfassung kann man das nicht machen. Nachdem ich gesehen habe, was mit den anderen passiert ist, habe ich die Bettina nicht mehr verschonen können. Das ging doch nicht mehr ... Das ging doch nachher nicht mehr. Ich will mich jetzt auch umbringen, ja natürlich! Immer noch. Aber man passt ja auf mich auf, dass ich das nicht schaffe. Ich will es aber immer noch. Ich will nicht mehr weiterleben ...

Ich will nicht mehr! Und ich kann auch nicht mehr! Warum soll ich weiterleben? Können Sie mir das mal erzählen? Warum soll ich weiterleben? Warum? ... Warum? Es gibt doch gar keinen Grund mehr. Da stehen drei Fragen, erstens: Wo?, zweitens: Womit? und drittens: Wofür? Ja, wofür? Wofür soll ich weiterleben? Mit erstens meine ich, wo ich denn leben soll, und mit zweitens, womit ich denn einen Neuanfang machen soll? Schließlich bleibt noch drittens, nämlich wofür soll ich denn weiterleben? Wofür? Das ist die Frage! Wofür? Die ersten beiden Fragen könnte man ja noch beantworten, aber die dritte nicht – das ‹Wofür› nicht. Wenn es geht, will ich darauf auch eine Antwort haben.

Ich habe keinen Grund mehr, um für irgendjemanden weiterzuleben, für mich selber nicht. Für mich ist das alles erledigt. Und das, wofür ich noch leben könnte, existiert nicht mehr. Wofür es sich lohnen würde, weiterzuleben, das existiert nicht mehr. Also ist kein Wofür da. Aber das ist ja die Hauptfrage: Wofür?

Zu einem Prozess kommt es gar nicht erst, weil ich mich vorher umbringe. Etwas Gutes, wozu ich jetzt sagen könnte, ‹na ja, das kann man noch . . . und . . .›, kommt dabei sowieso nicht für mich raus. Außerdem, selbst wenn, dann stehen da immer noch die drei Fragen bzw. diese eine Frage: ‹Wofür soll ich denn das mitmachen?›

Aus Verantwortung gegenüber der Gesellschaft, hat man mir gesagt. Das hat ein Doktor hier im Haftkrankenhaus versucht mir klar zu machen. Ich muss dazu aber sagen: ‹Was geht mich diese Gesellschaft an?› Der Doktor meinte damit, dass man auch eine Verantwortung der Gesellschaft gegenüber hat, vielleicht um es anderen zu ersparen, wenn ich das so richtig behalten habe. Aber die Gesellschaft ist es nicht wert, dass man da irgendwas tut! Ich möchte den Prozess jedenfalls nicht mitmachen, und ich mache ihn auch nicht mit, weil ich vorher . . . Das ist meine feste Entscheidung.

Ich will das tun, damit ich vom Gericht nicht bestraft werde. Ich will mich doch nicht selber bestrafen. Ich empfinde es nicht als Strafe, wenn man sich das Leben nimmt. Das ist keine Strafe. Das ist eine Erlösung für mich, versteh'n Sie? Alles andere ist nur eine Quälerei. Für mich ist das keine Strafe, wenn ich mich selbst richte. Das ist für mich keine Strafe!»

Es kam trotzdem zum Prozess. Einige Monate nach der Tat distanzierte sich Uwe von seinen Selbstmordgedanken und beschloss weiterzuleben.

Das Gericht erkannte für Uwe verminderte Schuldfähigkeit an. Trotzdem wurde er zu 13 Jahren und sechs Monaten Haft verurteilt.

Die verminderte Schuldfähigkeit wurde mit dem Zusammenwirken einer pathologischen Persönlichkeitsstruktur und der subjektiv erlebten ausweglosen Situation begründet.

Bei Uwe diagnostizierten wir eine «kombinierte Persönlichkeitsstörung». Diese Störung zeigt Merkmale verschiedener Persönlichkeitsstörungen. Dominierend bei Uwe waren jedoch narzisstische Merkmale. Das Wort «Narzissmus» kommt aus der griechischen Mythologie. Narkissos war ein Jüngling, der sich nur selbst bewunderte, der ständig die Anerkennung und Bewunderung der anderen suchte. Und er war leicht zu kränken, wenn er sie nicht fand. Er tat alles, diese Anerkennung und Bewunderung zu bekommen. Dabei dachte er nur an sich selbst. Die Götter verwandelten ihn daher in eine Blume, die am Ufer eines Sees wuchs – die Narzisse. Dort am Ufer des Sees betrachtete er nun für immer sein Spiegelbild im Wasser und bewunderte seine Schönheit.

Bei Uwe wurden als «narzisstische» Merkmale zum einen seine Überzeugung, der Beste zu sein, erfasst. Des Weiteren lebte er über seine Verhältnisse, um Anerkennung und Bewunderung zu erlangen, auch wenn er sie nur von Seiten seiner Familie erhielt. Dann ist da noch die Unfähigkeit, eigenes Versagen zuzugeben und eigene Fehler einzugestehen. Uwe war nicht in der Lage, Hilfe zu suchen, Niederlagen einzugestehen. Er erzählte Lügen, um sein Image nicht zu gefährden. Er war egozentrisch und übermäßig verletzlich. Gegenüber Kritik reagierte er empfindlich und nachtragend.

Dies sind die wichtigsten Merkmale einer narzisstischen Persönlichkeitsstörung. Dazu kam seine geringe Empathiefähigkeit, die wir bei vielen Störungen finden können, vor allem aber bei den so genannten dissozialen Persönlichkeiten. Zur gleichen Kategorie gehört die mangelnde Solidarität anderen gegenüber.

Die kühle Distanzierung, die eingeschränkte Fähigkeit, Gefühle zu zeigen, das wortkarge Kommunizieren, das große Misstrauen sowie das Einzelgängertum sind dagegen Merkmale, die wir vorwiegend bei einer anderen Persönlichkeitsstörung finden, nämlich bei der schizoiden Persönlichkeit.

Es bestand also bei Uwe eine Mischung von Merkmalen verschiedener Persönlichkeitsstörungen. In diesem Sinne diagnostizierten wir bei ihm eine kombinierte Persönlichkeitsstörung, die aber vorwiegend narzisstische Elemente zeigte. Gerade diese Persönlichkeitsstruktur baute für ihn die hohe glatte Wand seiner Albträume. Hierdurch geriet er in eine vermeintliche Ausweglosigkeitssituation. Als er auf diese imaginäre Wand prallte, tat er, was er tat. Das Unrecht seiner Tat war ihm bewusst. Es war ihm aber nicht möglich, sich hundertprozentig zu steuern. Deshalb wurde ihm aufgrund seiner verminderten Steuerungsfähigkeit die verminderte Schuldfähigkeit zugesprochen und bei der Strafzumessung berücksichtigt.

Dieser Mann hat gewiss eine unsagbare Tragödie erlebt und verursacht. Doch irgendwie verspüre ich einen Unterschied in meinen Gefühlen ihm gegenüber im Vergleich zu denen, die ich gegenüber Anne, Berthold, Boris oder Christine empfand. Alle diese Personen haben in mir große Sympathie erweckt. Bei Uwe ist das nicht unbedingt der Fall.

Das liegt an Uwes Persönlichkeit, die sich deutlich von Annes, Bertholds, Boris' und Christines unterscheidet. Gerade die narzisstischen und schizoiden Elemente machen einen Menschen nicht unbedingt sympathisch. Auch die Art seiner Argumentation konnte kaum positive Gefühle in mir erwecken. Dass er nicht in der Lage war, sich selbst zu «demütigen» und damit seine Familie zu retten, erweckt bei vielen Menschen negative Gefühle. Trotzdem ist auch Uwe ein Opfer. Ein Opfer seiner Persönlichkeit und ein Opfer seiner Art, die Welt zu sehen.

Ich besuchte ihn einige Monate nach seiner Verurteilung privat. Exakt ein Jahr nach dem tragischen Geschehen. Ich wollte sehen, wie es ihm geht, und wollte ihm, soweit es mir möglich war, meine Hilfe anbieten. Uwes Verhalten war unverändert. Er arbeitete aktiv in einer Gartenkolonne des Gefängnisses und war sehr fleißig. So als ob er durch seinen Fleiß seine Erinnerungen verdrängen wollte. Uwe erzählte mir, dass die Szenen der Tötung seiner Kinder und seiner Frau immer wieder in ihm hochkämen und ihn verfolgten. Vor allem in den langen Nächten, wenn er in seiner Zelle allein war, hatte er mit diesen Gedanken zu kämpfen. Und Uwe ist oft sehr allein dort im Gefängnis. Seine Familie, also seine Eltern und Geschwister, haben sich bisher noch nicht bei ihm gemeldet. Sie besuchen ihn nicht, rufen ihn nicht an und schreiben ihm auch keine Briefe. Weder während der schlimmen Zeit nach dem tragischen Geschehen noch während der langen Zeit nach seiner Verurteilung kümmerten sie sich jemals um ihn. Für sie ist Uwe einfach abgeschrieben. Auch sonst bekommt Uwe von niemandem Post oder Besuch. Ja, auch Uwe ist ein Bedrängter. Auch wenn er bis jetzt noch die Auffassung vertritt, dass damals keine andere Lösung möglich gewesen wäre. Auch wenn er bis heute, wie er sagt, die Schuld an dem Geschehen der Gesellschaft, den Institutionen und dem System gibt. Ich kann verstehen, wenn er bei Ihnen nicht die Sympathie erweckt wie etwa Anne. Doch ist auch Uwe ein Opfer. Ist auch er ein Bedrängter. Und deshalb hat er zumindest Mitleid verdient.

Teil C:

Tötung aus Verdrängung und Verheimlichung. Die negierte Schwangerschaft

Die zwei Mumien

Die Entrümpelungsfirma kam aus der nahen Stadt. Das Haus im Hof, das lange Zeit leer gestanden hatte, sollte gründlich renoviert werden. Eine Familie aus der Stadt hatte es gekauft. In diesem kleinen Ort mit wenigen Einwohnern konnte man günstig Immobilien erwerben. Die Stadt war nahe, und man konnte von hier aus mit dem Auto zur Arbeit, zum Einkaufen oder auch zu Vergnügungen fahren. Und trotzdem war es ein dörfliches Milieu. Wo jeder jeden kennt und jeder weiß, was der andere macht. Wo jeder weiß, wie der andere ist. Und ob er heute anders aussieht als gestern.

Eine Nachbarin gab den Arbeitern den Schlüssel zum Haus. Sie könnten zu ihr kommen, wenn sie etwas benötigten. Ihre Wohnung lag am Ende des Hofes. Zwei Arbeiter begannen mit der Entrümpelung des Dachbodens. Im Gegensatz zum Erdgeschoss und der ersten Etage, die von Möbeln und anderen Gegenständen völlig leer geräumt worden waren, war der Dachboden übervoll mit alten Sachen. Dort stand ein kaputter Sessel, da ein verstaubter alter Fernseher. Viele alte Kleidungsstücke lagen herum. Kartons waren voll von unbrauchbaren Dingen, alten Schuhen, zerlöcherten Pullovern. Und überall war Staub, so als ob viele Jahre lang dieser Raum nicht mehr betreten worden wäre.

Zwischen einem zerbrochenen Stuhl und einem unordentlich gefüllten Karton hinter dem alten Fernseher lagen zwei verschnürte Bündel. Es war dunkel auf dem Dachboden, so dass die beiden Arbeiter nicht erkennen konnten, was die beiden Bündel beinhalteten. Einer der beiden Männer schob ein Schränkchen zur Seite, das vor dem kleinen Fenster des Dachbodens stand und das Eindringen des Lichtes verhinderte. Auf dem Dachboden wurde es nun heller. Die beiden Arbeiter konnten jetzt die Bündel etwas genauer betrachten. Es waren zwei bunte Wolldecken, die von oben bis unten mit einer Schnur umwickelt waren. «Komisch», sagte einer der beiden, «die sehen aus wie kleine Mumien im alten Ägypten.»

«Vielleicht sind es Puppen», bemerkte der zweite Arbeiter. «Die Kinder haben sie wahrscheinlich hier oben versteckt und dann vergessen, sie wieder nach unten zu holen.»

Einer der beiden Männer nahm eine Zange aus seiner Werkzeugtasche, löste damit den Strick von einem der Bündel und öffnete die Decke. Da sah er ein Gesicht. Ein sehr kleines Gesicht. Doch das war kein Puppengesicht. Es war das Gesicht eines Babys. Es war kein skelettierter, kein blanker Schädel. Vielmehr kam da ein kindlicher Kopf zum Vorschein, der mit getrockneter Haut bedeckt war. Tatsächlich sah es aus wie die Mumien im alten Ägypten.

«Du», sagte er zu seinem Kollegen, «hier ist etwas faul.»

Er öffnete schnell auch das zweite Bündel. Dort machte er die zweite schreckliche Entdeckung. Eine weitere «Mumie» kam zum Vorschein. Eine Babymumie. Die beiden Arbeiter liefen aufgeregt zur Nachbarin, die ihnen zuvor den Schlüssel gegeben hatte. Sie erzählten ihr hastig, dass sie die Leichen zweier kleiner Kinder auf dem Dachboden gefunden hätten. Die Nachbarin, eine gut gelaunte Bäuerin, lachte und meinte: «So etwas gibt es nur im Film. In diesem Haus wohnt schon seit langem kein Mensch mehr. Und ich hatte immer den Schlüssel dafür.»

«Dann kommen Sie doch mit», sagte einer der beiden Arbeiter.

Halb belustigt und halb neugierig ging die Bäuerin gemeinsam mit den beiden auf den Dachboden des Nachbarhauses. Sie öffneten eines der beiden Bündel ganz und sahen eine mumifizierte Babyleiche. Ärmchen, Beinchen und Köpfchen kamen zum Vorschein. Genau wie in dem anderen Bündel. Sie benachrichtigten sofort die Polizei, die wenig später eintraf. Die Bäuerin wurde nun gefragt, wer in diesem Haus gewohnt hatte.

«Seit anderthalb Jahren steht dieses Haus bereits leer», gab sie zur Antwort. «Früher wohnte hier ein junges Paar mit einem Kind.»

«Ob die beiden Babys wohl dem jungen Paar gehörten?», fragte ein Polizist die Bäuerin.

«Das ist ausgeschlossen», meinte die Bäuerin, fest davon überzeugt. «Stefanie – die junge Frau, die dort mit ihrem Mann gewohnt hat – war vor sechs bis sieben Jahren schwanger und hat ihren Sohn Dennis zur Welt gebracht. Danach war sie nie wieder schwanger.»

«Sind Sie sich da ganz sicher?», fragte ein anderer Polizist.

Die Bäuerin lachte. «Wenn ich eine schwangere nicht von einer nichtschwangeren Frau unterscheiden kann, dann habe ich im Leben nichts gelernt», gab sie zur Antwort. «Die Stefanie war ein sehr nettes Mädchen. Ruhig, schüchtern und arbeitsam. Sie ist nie wieder schwanger gewesen nach Dennis. Ich hatte zwar nicht sehr viel mit ihr zu tun, weil sie ein recht verschlossener Typ war, aber sie war höflich, sehr höflich und nett. Ich traf sie fast jeden Tag auf dem Hof. Und sie war nie wieder schwanger. Ich habe dieses Dorf seit zehn Jahren nicht mehr verlassen. Wäre Stefanie schwanger gewesen, hätte ich das natürlich bemerkt. Das ist ja lächerlich. Vor allem, da sie ja zweimal hätte schwanger sein müssen. Und davon sollte ich nichts mitbekommen haben? Dass ich nicht lache.»

«Es könnte ja sein, dass es Zwillinge waren», sagte der Polizeibeamte.

«Sicher», meinte die Bäuerin, «das wäre möglich. Doch dann hätte ich es erst recht bemerken müssen, junger Mann. Das ist ausgeschlossen. Suchen Sie also einen anderen Täter, nicht die Stefanie.»

Die unsichtbare Schwangerschaft

Stefanie wurde gesucht und gefunden. Sie wohnte nicht mehr in diesem Dorf, sondern lebte nun in der nahe gelegenen Stadt. Sie hatte sich inzwischen von ihrem Mann getrennt und wohnte nun mit einem anderen Mann und ihrem sechsjährigen Sohn Dennis zusammen. Stefanie wurde zur Polizei gebracht und dort verhört. Nein, ihr einziges Kind sei Dennis, beteuerte Stefanie. Sonst sei sie nie schwanger gewesen.

Die Polizei machte auch den Ex-Ehemann Stefanies ausfindig. Dieser lebte allein in einer kleinen Wohnung am Rande eines nahen Dorfes, die ziemlich verwahrlost aussah. Der frühere Ehemann Stefanies war ein kleiner Mann mit halblangen Haaren und ungepflegtem Bart. Ungepflegt war seine gesamte Erscheinung. Er gab auf die verschiedenen Fragen nur kurze Antworten in der Art: «Was weiß ich» oder «Ich weiß von nichts».

«Wie viele Kinder haben Sie?», fragte der verhörende Polizeibeamte.

«Eines, Dennis. Der lebt bei seiner Mutter.»

«Haben Sie andere Kinder?», fragte der Polizeibeamte weiter.

«Nein.»

«Gehabt?»

«Auch nicht.»

«War Ihre Frau außer bei Dennis noch einmal schwanger?»

«Nein.»

«Sind Sie sich da sicher?», fragten die Beamten weiter.

«Ich hätte es gewusst, wenn meine Frau schwanger gewesen wäre, oder?», meinte er nur.

«Sind Sie sich da ganz sicher?», fragte noch einmal der Polizeibeamte.

«Na ja», gab Stefanies Ex-Ehemann zur Antwort, «es sei denn, dass sie schon in den ersten Wochen der Schwangerschaft eine Abtreibung hatte.»

«Nein, das habe ich nicht gemeint», sagte der Beamte. «Ich wollte wissen, ob sie auch entbunden hat.»

«Was?», fragte er und lachte kurz, aber laut. «Und Sie meinen, ich hätte nicht bemerkt, wenn meine Frau ein Kind bekommen hätte?»

«Zwei», sagte kühl der Polizeibeamte.

Ein erneutes «Was?» entfuhr dem Mann. «Zwei? Also so bescheuert bin ich nun wirklich nicht.»

Nach dem Verhör sagte der Polizeibeamte zum Protokollanten: «Na ja, ein zuverlässiger Typ ist der aber nicht.»

«Ganz sicher nicht», gab dieser zur Antwort. «Aber man kann davon ausgehen, dass er gewusst hätte, wenn seine Frau zweimal schwanger gewesen wäre und zweimal entbunden hätte.»

«Ja, das denke ich auch», meinte der Polizeibeamte halb resigniert.

Der zuständige Kripobeamte besuchte am nächsten Tag den Chef der Rechtsmedizin der nahen Universitätsstadt. «Herr Professor, könnten Sie mir sagen», brachte er sein Anliegen vor, «wie alt die beiden Babys geworden sind?»

«Ich schätze, dass sie beide nur bis kurz nach der Geburt gelebt haben.»

«Sind es Zwillinge?», fragte der Polizeibeamte.

«Das glaube ich nicht», antwortete der Rechtsmediziner.

«Sie meinen also, dass es sich um zwei unterschiedliche Geburten handelt?», fragte der Polizeibeamte etwas überrascht.

«Ja, das denke ich», gab der Professor zur Antwort. «Nach unseren Untersuchungen scheint es so, dass das eine Kind im Abstand von einem bis anderthalb Jahren zum anderen Kind zur Welt kam.»

«Sind es Geschwister?», fragte daraufhin der Polizist.

«Das wissen wir noch nicht», sagte der Professor, «doch mit den neuen Untersuchungsmethoden, bei denen wir den so genannten genetischen Fingerabdruck, die DNA also, untersuchen, können wir genau feststellen, ob die beiden Babyleichen verwandt sind oder nicht.»

«Kann man darüber auch die Eltern identifizieren?», fragte der Polizeibeamte.

«Mit dieser Methode der DNA-Untersuchung denke ich das schon», sagte der Rechtsmediziner.

«Was benötigen Sie dafür?», wollte der Kripobeamte wissen.

«Wir werden anhand des Gewebes der beiden Leichen eine DNA-Untersuchung durchführen. Diese können wir dann mit dem Blut, Speichel oder Gewebe von Verdächtigen vergleichen.»

«Wären Sie bereit, eine solche Untersuchung durchzuführen?», fragte der Kriminalpolizist.

«Ja, natürlich», gab der Professor für Rechtsmedizin zur Antwort.

Eine Woche später wurde dem Rechtsmedizinischen Institut der Universität das Blut verschiedener Leute aus dem Dorf zugestellt, die eventuell als Eltern der beiden Kinder in Frage kamen.

Nach einiger Zeit wurden die Ergebnisse der DNA-Untersuchungen bekannt gegeben. Die beiden mumifizierten Babys waren die Kinder Stefanies. Der genetische Fingerabdruck war eindeutig. Nach mehreren Verhören gab Stefanie dann endlich zu, diese beiden Kinder geboren zu haben.

Sie blieb nur kurze Zeit in Haft. Die Staatsanwaltschaft und das Gericht sahen keine Fluchtgefahr. Deshalb wurde sie unter Aufsicht vorübergehend entlassen. Ich wurde beauftragt, Stefanie psychiatrisch zu untersuchen und die Frage zu beantworten, ob sie bei der Begehung der beiden Taten schuldfähig war oder nicht.

Einige Wochen später kam Stefanie zu mir. Sie war eine 28-jährige, gut aussehende, aber unbeschreiblich schüchterne, zurückhaltende und scheue junge Frau. Ich hatte Schwierigkeiten, mit ihr Kontakt aufzunehmen, ihr Vertrauen zu gewinnen und die Explorationen durchzuführen. Im Verlauf der Gespräche konnte ich jedoch Zugang zu ihr finden. Stefanie begann, mir über ihr Leben, das Geschehen und ihre Motive zu erzählen. Sie erzählte stockend, mit leiser Stimme und unendlich langen Pausen. Häufig weinte sie, wodurch ihre Ausführungen unterbrochen wurden. Die Gespräche, die ich mit ihr führte, bestanden im Grunde genommen nur aus meinen Fragen und ihren kurzen Antworten. Nie sprach sie über längere Zeit zusammenhängend. Immer wieder musste ich sie dazu auffordern, überhaupt Antworten zu geben. Sie sprach sehr leise, so dass ich sie manches Mal um eine Wiederholung bitten musste, um alles verstehen zu können.

Was mir Stefanie in knappen Worten erzählte, die immer wieder durch das lange Schweigen und Weinen unterbrochen waren, möchte ich hier für Sie zusammenfassen. Stefanie berichtete, dass den beiden Schwangerschaften eine lange Zeit der Unzufriedenheit vorangegangen war. Sie war zutiefst unglücklich mit ihrem Mann. Er vernachlässigte sie extrem, Gespräche gab es kaum, genauso wenig wie gemeinsame Unternehmungen. Sie führten ein einsames Leben zu zweit. Am schlimmsten aber erlebte Stefanie das Verhalten ihres Mannes Dennis gegenüber. Er benahm sich so, als existierte Dennis gar nicht. Niemals spielte oder unternahm er etwas mit dem Kind. Als er Dennis einmal aus dem Kindergarten abholen musste, vergaß er das. Dennis blieb den ganzen Nachmittag allein im Kindergarten zurück. Das bedrückte Stefanie unendlich. Sie schwor sich, nie wieder schwanger zu werden. Sie wollte kein Kind mehr, zumindest nicht von diesem Mann. Nie wieder wollte sie ein unglückliches Kind zur Welt bringen. Nie wieder sollte ein Kind von ihr das Gleiche erleben wie Dennis.

Doch sie wurde wieder schwanger. Fünf Monate lang hatte sie davon nichts bemerkt. Es war schließlich auch keine Veränderung zu sehen. Keine Veränderung ihres Körpers, keine Veränderung ihrer biologischen Funktionen und auch keine Veränderung ihres Verhaltens. Der Bauch war wie immer, auch die Brüste, und ihr Appetit hatte sich ebenfalls nicht verändert. Auch ihre Periode blieb zunächst nicht aus. Sie war zwar unregelmäßig und weniger als normal geworden, doch sie war in den ersten Monaten noch vorhanden. Zumindest war das bis zum vierten Schwangerschaftsmonat der Fall. Dann aber begann Stefanie etwas zu ahnen. Die Periode blieb aus, der Bauch zeigte eine leichte Rundung, und es war so, als ob die Brüste straffer würden. Ein verzweifeltes «Das darf nicht wahr sein» folgte dieser Vermutung. Dennoch nahm sie ihre Schwangerschaft nicht bewusst wahr. Oder besser gesagt, wollte sie gar nicht wahrnehmen. Die Zunahme des Bauchumfangs und andere körperliche Veränderungen hielten sich in Grenzen, so dass durch das Tragen geschickter Kleidung niemand bemerkte, dass sie schwanger war. Auch sprach sie mit niemandem darüber. Weder mit ihren Eltern noch mit den Geschwistern und auch nicht mit ihrem Mann. Dieser bemerkte während der ganzen Zeit nicht das Geringste von ihrer Schwangerschaft, obwohl sie ab und zu Geschlechtsverkehr hatten. Selbst im achten Schwangerschaftsmonat bekam er nichts davon mit. Stefanie suchte keinen Arzt und auch keine Hebamme auf. Sie traf auch keinerlei Vorbereitungen für die bevorstehende Geburt. Während der ganzen Zeit war ihr nicht klar, in welchem Schwangerschaftsmonat sie gerade war. Bis zur letzten Minute wollte sie nicht wahrhaben, dass sie tatsächlich schwanger war und gebären würde.

Dann kamen die Wehen. Unerwartet, an einem Wochenende. Als die erste Wehe kam, lag sie bereits im Bett. Sie schilderte mir die Szene in folgender Weise:

«Meine Wehen bei diesem Kind bekam ich in der Nacht, als ich zu Hause war. Wie spät es war, weiß ich nicht mehr. Ich glaube, dass es noch vor Mitternacht war, vielleicht gegen zehn. Mein Mann war zu Hause, als die Wehen eingesetzt haben. Er saß gerade vor dem Fernseher. Unser Haus hatte drei Räume, ein Schlafzimmer, ein Wohnzimmer und ein Kinderzimmer. Das Wohnzimmer ist unten gewesen, das Schlafzimmer oben. Es war ein zweistöckiges Haus.

Ich war im Schlafzimmer. Mein Mann hat die ganze Zeit überhaupt nichts davon bemerkt, was dort ablief. Auch Dennis nicht, der im Nachbarzimmer schlief. Ich habe entbunden, ohne dass mein Mann irgendetwas davon bemerkt hat. Die Wehen und die gesamte Entbindung habe ich ganz allein bewältigt. Bei der Geburt habe ich auch nicht geschrien. Ich war trotz der Schmerzen ganz ruhig. Ich schätze, dass die Entbindung insgesamt etwa drei Stunden gedauert hat.

Ich wollte versuchen, so leise wie möglich zu entbinden, um das Baby dann sofort oben auf den Boden zu bringen. Mein Mann sollte davon nichts mitbekommen.

Zuerst habe ich die Nabelschnur mit einer Schere, die ich bei mir hatte, durchschnitten. Das Kind hat nicht geschrien, es war ganz ruhig. Es ging alles so schnell.»

An dieser Stelle weinte Stefanie lange.

«Das Kind gab keinen Ton von sich, alles war ruhig. Nachdem ich die Nabelschnur durchschnitten hatte, muss ich das Kind sofort in eine Decke gewickelt haben. Es ging alles so schnell, so dass ich gar nicht richtig sagen kann, was ich eigentlich gemacht habe. Ich habe auf jeden Fall den ganzen Körper des Kindes eingewickelt. Auch den Kopf. Und nachdem ich das Kind eingewickelt hatte, habe ich es auch noch zugeschnürt. Die Schnur lag schon da. Obwohl ich nach der Entbindung erschöpft war, habe ich das alles ganz schnell gemacht. Ich ging auf den Boden, legte das Kind ab und kehrte wieder zurück. Dann ging ich ins Bett. Die ganzen blutigen Sachen habe ich aber zuvor noch weggeräumt. Das Blut habe ich weggewischt. Ich habe alle Spuren beseitigt, weil ja keiner wusste, dass ich schwanger gewesen war, und weil ich nicht wollte, dass jemand merkte, dass ich ein Kind geboren hatte. Vor allem nicht mein Mann. Er hat es auch nicht bemerkt.

In dieser Nacht habe ich gar nicht geschlafen. Ich konnte zwei Tage lang überhaupt nicht schlafen, weil ich nicht begreifen konnte, was ich da gemacht hatte. Ich habe aber auch nicht nachgesehen, ob noch etwas zu retten war. Ich bin nicht wieder auf den Boden gegangen.

Ich musste zu dieser Zeit nicht arbeiten, weil ich noch im Babyjahr mit Dennis war. Um ihn habe ich mich gleich am nächsten Tag wieder vollständig gekümmert. Ich habe alles für Dennis gemacht, was ich sonst auch immer tat.

Mein Mann hat mich auch nie gefragt, warum ich so schlecht aussehe. Oder was eigentlich mit mir los sei. Er hat nichts dergleichen gefragt, obwohl wir an dem Tag nach der Entbindung miteinander gesprochen haben. Wir haben uns wie immer nur über alltägliche Dinge unterhalten. Richtig ausgesprochen haben wir uns ja nie. Ich bin meistens meinen Weg gegangen und er seinen.»

Wenige Monate nach diesem Ereignis wurde Stefanie von ihrem Mann erneut schwanger. Auch diese Schwangerschaft entwickelte sich wie die vorangegangene. Wieder vermutete sie die Schwangerschaft erst, als sie bereits im fünften Schwangerschaftsmonat war. Nachdem die unregelmäßigen Blutungen ganz aufgehört hatten und ihr Bauch etwas rundlicher geworden war, reagierte sie wie schon beim letzten Mal mit Panik und Verheimlichung.

Stefanie erzählte mir über diese Schwangerschaft und Entbindung Folgendes:

«... Als ich dann entdeckte, dass ich erneut schwanger war, war ich wieder im fünften Monat. Ich weiß nicht warum, aber an eine Abtreibung habe ich nicht gedacht. Ich wollte es nicht wahrhaben, dass ich schon wieder schwanger war, und bin völlig in Panik geraten. Daher habe ich die Schwangerschaft ‹unterdrückt›, indem ich mir eingeredet habe, dass ich nicht schwanger bin, es gar nicht sein kann. Schließlich habe ich auch diese Schwangerschaft verheimlicht. Auch diesmal hat es niemand bemerkt.»

Dieses dritte Kind brachte sie anderthalb Jahre nach dem zweiten zur Welt, wieder in der Nacht. «Mein Mann war auch wieder zu Hause, wieder unten im Wohnzimmer, und ich war oben im Schlafzimmer. Er hat nichts mitbekommen. Ich habe auch diesmal nicht geschrien. Allerdings war die Schlafzimmertür nicht zu, sondern nur angelehnt. Die Tür ging nämlich nicht mehr richtig zu.

Auch dieses Baby hat nach seiner Geburt nicht geschrien. Wie beim ersten Mal habe ich es gleich in eine Decke eingewickelt.

Danach bin ich auf den Boden gegangen und habe das Baby neben dem anderen abgelegt. Unten habe ich gleich wieder die Spuren beseitigt. Die Bettwäsche und all diese schmutzigen Dinge habe ich nicht gewaschen, sondern weggeschmissen. Ich habe diese Sachen gleich in die eigene Mülltonne geworfen und bin dafür nicht erst irgendwohin gefahren. Auch beim ersten Mal habe ich es so gemacht.

Diese zweite Geburt war an einem Wochenende. Ich glaube, dass ich, als das Wochenende vorbei war, wieder normal arbeiten ging.

Drei Jahre später habe ich mich dann von meinem Mann getrennt und bin von zu Hause ausgezogen.»

Stefanie konnte während dieser Schilderungen kaum sprechen. Nachdem sie sich ein wenig erholt hatte, habe ich sie gebeten, mir über die Motive zu erzählen, die zur Tötung der beiden Kinder geführt hatten.

«... Rachegefühle gegenüber meinem früheren Mann dafür, dass er unsere Beziehung so schwierig machte, habe ich eigentlich nicht. Eher Hassgefühle. Eigentlich hatte ich die schon kurz nach der Geburt von Dennis. Schon kurz nach der Geburt, weil er sich absolut um nichts, weder um mich noch um das Kind, gekümmert hat.

Als ich diesen Hass zum ersten Mal bemerkte, habe ich mir gewünscht, ich hätte diese Beziehung nie begonnen. Ich hätte mir auch gewünscht, dass er einfach so verschwindet. Eine Möglichkeit, an die ich dabei dachte, war, ihn einfach zu verlassen. Das tat ich aber nicht. Vielmehr entdeckte ich, dass ich noch ein Baby von ihm im Bauch habe. Es war sein Baby, und ich habe mich gar nicht darüber gefreut, wieder schwanger zu sein. Trotzdem habe ich das Baby schon irgendwie gewollt ...

Warum ich meinen Ehemann nicht verlassen habe, obwohl er der Grund für das alles war, also warum ich mich nicht scheiden ließ, kann ich nicht genau sagen. Vielleicht, damit es für die Außenstehenden so aussieht, dass man ein Kind hat und verheiratet ist und dass das Kind einen Vater hat.

Ja, es ist schon möglich, dass ich froh gewesen wäre, noch ein Baby zu bekommen, aber eben nicht ‹sein› Baby. Das ist wahrscheinlich der Grund gewesen, warum ich das getan habe. Weil ich von ihm kein Kind mehr wollte. So dachte ich auch bei dem dritten Baby.

Ich hatte eigentlich gar nicht mit dem Gedanken gespielt, sein Baby nicht überleben zu lassen. Ich machte mir darüber keine Gedanken, obwohl ich meine Schwangerschaft ja vor allen Leuten, auch vor meinem Mann, geheim gehalten habe.

Auf den Gedanken, meine Schwangerschaft zu verheimlichen, bin ich gekommen, als ich sie bemerkt habe, etwa im fünften Monat. Ich wollte es gar nicht bewusst geheim halten, bloß ...

Es hat mich ja keiner danach gefragt, was mit mir los war. Zum Arzt ging ich nicht, weil der die Schwangerschaft nicht feststellen sollte. Ich habe keinen Arzt aufgesucht, weil ich nicht wahrhaben wollte und nicht verstehen konnte, dass ich schwanger war. Ich nahm nicht viel zu, konnte alles mit legerer Kleidung verstecken. Ein Korsett habe ich aber nicht getragen. Auch meine Mutter hat nicht bemerkt, dass ich etwas fülliger geworden war. Auch am Tag nach der Geburt ist niemandem aufgefallen, dass ich auf einmal wieder dünner war. Es war ja alles auch nur minimal.

Dann, also kurz vor der Geburt, sind mir die Gedanken gekommen, dass ich direkt danach dafür sorgen müsste, dass dieses Baby nicht am Leben bleibt. Mit kurz vorher meine ich etwa drei bis vier Tage oder so eine Woche vorher. Wann der Termin war, habe ich ja vorher nicht gewusst, aber ich habe es irgendwie gespürt.

Das letzte Mal, als ich den Dachboden betrat, war an dem Tag, an dem wir ausgezogen sind. Ich wollte von dort Sachen holen, um sie mitzunehmen. Die Körper der Kinder sah ich dort nicht liegen, weil ich es gar nicht so richtig wahrnahm, einfach nicht daran dachte. Ich wollte auch gar nicht daran denken. Ich habe sie nicht gesehen, weil sie mit Gerümpel und Sachen bedeckt waren. Schließlich waren ja viele Sachen auf dem Boden deponiert, so dass man die Körper nicht sehen konnte.

Warum ich die Körper der Kinder nach unserem Auszug nicht vom Boden verschwinden ließ, kann ich nicht sagen. Ich habe nicht darüber nachgedacht, dass sie vielleicht entdeckt werden könnten. Auch weiß ich nicht, ob ich später überhaupt noch über die Kinder auf dem Dachboden nachgedacht habe. Vielleicht wollte ich es auch gar nicht.

Ich habe überhaupt nicht daran gedacht, die Kinder zu beseitigen. Ich habe absolut nie mit dem Gedanken gespielt, obwohl ich heute weiß, dass ich im Grunde genommen damit mein Urteil unterschrieben habe. Vielleicht wollte ich ja einfach dafür bestraft werden.»

Während Stefanie das alles erzählte, weinte sie sehr und man konnte erkennen, wie aufgewühlt sie innerlich war.

Eine Schwangerschaft wird verdrängt, negiert, verheimlicht

Vieles im Fall von Stefanie scheint unglaublich. Vor allem die Geburten. Stefanie brachte oben im Schlafzimmer zweimal ein Kind zur Welt, und der Ehemann, der unten im Wohnzimmer vor dem Fernseher saß, bekam nichts davon mit. Und ist es nicht auch unvorstellbar, dass sie zwei Schwangerschaften ausgetragen hat und niemand etwas davon bemerkte? Nicht einmal ihr eigener Ehemann? Die Arbeitskollegen, die Nachbarschaft, die Schwester, die Mutter. Niemand hat es bemerkt.

Und trotzdem gibt es dieses Phänomen seit Jahrhunderten. Es hat auch einen wissenschaftlichen Namen: «Negierte» oder «verdrängte» Schwangerschaft.

Wenn man den lateinischen Ursprung des Wortes «negiert» übersetzt, also «negare», so bedeutet das «verneinen» oder «ablehnen».

Wie aber kann eine Frau ihre Schwangerschaft verneinen? Wie kann die Umgebung eine Schwangerschaft nicht wahrnehmen? Die Schwangerschaft setzt doch die sichtbarsten Veränderungen im und am Körper der Frau in Gang.

Doch bei den Fällen, die wir hier besprechen, treten eben diese körperlichen und physiologischen Veränderungen nicht so deutlich sichtbar auf. Manchmal können sie auch mit Verspätung in Erscheinung treten. Trotzdem haben die Kinder dieser Frauen eine normale Größe und ein normales Gewicht.

Es scheint für uns fast unmöglich zu sein, dass sich ein Kind mit normalem Gewicht und normaler Größe bis zur Zeit der Geburt in dem kleinen Becken einer Frau einfach so verstecken kann und wie die Schwangerschaftsanzeichen ausbleiben können. Aber Zeichen, wie etwa das Aufhören der monatlichen Blutungen, die Pigmentierung – also die dunkle Verfärbung der Brustwarzen –, die Gewichtszunahme, der Brechreiz oder die Steigerung des Appetits, können so diskret sein, dass sie nicht wahrgenommen werden. Die Sexualpartner solcher Frauen berichten in manchen Fällen, dass sie bis wenige Tage vor der Geburt sexuellen Verkehr mit ihrer Frau hatten, ohne etwas zu bemerken. Diese Männer fielen aus allen Wolken, wenn die Geburt einsetzte.

Offensichtlich ist unsere Psyche in der Lage, unseren Körper und seine Funktionen in fast unbegrenzter Weise zu beherrschen. Es gibt viel Literatur über dieses Thema.

Ähnliche Fälle wie der Stefanies sind bekannt. Die beiden Autoren Wille und Beier beschreiben einen Fall aus Schleswig-Holstein:

Es handelte sich um eine 18-jährige Schülerin, die trotz Verhütungsmittel schwanger geworden war. Bis zwei Tage vor der Geburt ging sie zur Schule. Sie besuchte eine gymnasiale Oberstufe. Dort beteiligte sie sich wie alle anderen Schülerinnen am Sportunterricht. Sie lebte gemeinsam mit ihren Eltern und Geschwistern in einer Wohnung. Doch niemand von ihnen bemerkte, dass sie schwanger war.

Am Abend verspürte sie eine «Magenverstimmung» und ging deshalb etwas zeitiger ins Bett. In der Nacht spürte sie dann ein «Rumoren im Bauch». Plötzlich bemerkte sie zwischen den Beinen eine Flüssigkeit. Sie fasste verwundert mit ihren Händen zwischen die Oberschenkel und entdeckte, dass dort Blut war. Sie tastete weiter und bemerkte einen Hodensack und einen Po zwischen ihren Beinen. In diesem Moment begriff sie erstmals, dass sie dabei war, ein Kind zu gebären. Sie brachte das Kind – eine Steißgeburt! – allein zur Welt. Die Familienmitglieder bemerkten von all dem nichts. 30 Minuten nach der Geburt wickelte sie das Kind in ein Laken und brachte es vor die Tür einer Sozialstation des Deutschen Rotes Kreuzes. Dort klingelte sie und wartete, bis im Treppenhaus das Licht anging. Mit der Sicherheit, dass ihr Kind jetzt entdeckt werden würde, rannte sie nach Hause zurück, wobei zwischen ihren Oberschenkeln noch die Nabelschnur hing. Drei Tage später ging sie wieder zur Schule. Niemand hatte etwas bemerkt. Das Kind wurde allerdings nicht sofort entdeckt und verstarb an Unterkühlung.

Diese Schülerin zeigte während des gesamten Schwangerschaftsverlaufes nie irgendwelche Schwangerschaftsanzeichen. Keine Übelkeit, kein Erbrechen, keine Zunahme des Bauchumfangs, keine Kindsbewegungen. Und ihre Monatsblutung hatte sie bis zum Schluss der Schwangerschaft. Noch in der 27. bis 30. Schwangerschaftswoche fuhr sie mit ihren Mitschülern ans Mittelmeer. Dort badete sie gemeinsam mit den anderen gänzlich unbekleidet. Niemand hat etwas davon bemerkt. Auch sie nicht.

Es gab noch eine weitere Ähnlichkeit zwischen ihr und Stefanie. Zwei Jahre später wurde sie erneut schwanger. Bis zum siebten Monat nahm sie die Schwangerschaft nicht wahr. Erst ab dem siebten Monat begann sie zu begreifen, dass sie wieder schwanger war. Sie verheimlichte es ab diesem Moment erfolgreich bis wenige Minuten vor der Hausgeburt. Kurz vor der Entbindung rief sie ihre Mutter und sagte: «Du, ich glaube, ich bekomme ein Kind.» Dieses Kind überlebte und wächst jetzt bei der Großmutter auf.

Weiterhin diskutieren die genannten Autoren den Fall einer minderbegabten 30-jährigen, etwas korpulenten Frau. Sie war verheiratet und wurde mit ihrem ersten Kind schwanger. Sie wurde von allen, die sie kannten, als eine gutmütige, offene und von den Eltern abhängige Frau beschrieben, von der man nicht annahm, dass sie lügen oder sich verstellen könnte. Sowohl sie als auch ihr Ehemann wollten unbedingt Kinder, weshalb sie in ihrer Wohnung ein Kinderzimmer eingerichtet hatten. Sie hatten regelmäßigen sexuellen Kontakt und waren dabei sehr bestrebt, ein Kind zu bekommen. Als sie dann schwanger wurde, bemerkte das jedoch niemand. Nicht einmal sie selbst. Keine somatischen Veränderungen, und die Monatsblutungen gingen weiter. Das konnte der Ehemann auch bestätigen. In der Woche, in der die Geburt stattfand, hatten sie den üblichen sexuellen Verkehr, ohne zu bemerken, dass sie bereits hochschwanger war. Zwölf Tage vor der Entbindung wurde sie wegen geschwollener Beine in einer Klinik stationär aufgenommen. Dort wurde sie physiotherapeutisch behandelt. Eine Schwangerschaft wurde auch im Krankenhaus nicht festgestellt. Am Abend der Entbindung hörte der Ehemann, der vor dem Fernseher saß, dass seine Frau zwischen Schlafzimmer und Bad hin und her ging. Wenige Minuten später eilte er auf einen Ruf seiner Frau zu ihr ins Bad. Dort fand er seine Frau: bleich, verwirrt und ratlos. Sie zeigte völlig entgeistert auf die Toilettenschüssel. Dort lag ein neu geborenes Kind, das sich nicht mehr bewegte.

Die Tatsache, dass sie übergewichtig war, spielte hierbei keine Rolle. Es wird auch von einem anderen Fall berichtet, in dem die Mutter eher überschlank war. Sie wog nur 55 Kilogramm. In früheren Jahren litt sie an Anorexie. Bei Frauen, die an Anorexie leiden oder litten, ist die Monatsblutung sehr unregelmäßig. So war es auch bei dieser Frau. Sie war seit zehn Jahren verheiratet und hätte gern ein Kind gehabt. Doch es klappte leider nie. So gab sie die Hoffnung auf, schwanger zu werden. Eines Tages aber war sie doch schwanger geworden, bemerkte jedoch nichts davon. Drei Tage vor der Entbindung bekam sie Rücken- und Bauchschmerzen. Der Notarzt wurde herbeigerufen. Er kam, begleitet von einem Medizinstudenten im praktischen Jahr. Der Notarzt tastete auch den Bauch ab, weil die Patientin über ein «Knubbelchen» klagte. Der Notarzt stellte die Diagnose «Völlegefühl.» Der Medizinstudent tastete ebenfalls den Bauch der Frau ab und äußerte den Verdacht, dass etwas nicht ganz in Ordnung sei. Der Notarzt verordnete ein Schmerzmittel, um die beklagten Schmerzen zu lindern. Die Schmerzen aber hörten nicht auf, so dass der gleiche Notarzt noch einmal kommen musste. Er hörte den Bauch ab und stellte auch diesmal nichts fest, obwohl die Patientin über Schmerzen zwischen den Beinen klagte. Die Schmerzen dauerten weiter an. Der Vertreter des Hausarztes, der auch gynäkologisch vorgebildet war, kam wenig später zu ihr und gab der Patientin eine krampflösende Injektion. Doch die Patientin klagte weiter, dass sie zwischen den Beinen «eine große Geschwulst» spüre. Wenig später nahmen die Schmerzen zu, so dass der Hausarzt kam. Ein totes Kind wurde geboren. Niemand aus der Umgebung der Frau hatte die Schwangerschaft bemerkt. Der Ehemann klagte die Ärzte an. Doch die ihrerseits wunderten sich, dass eine Frau nichts von ihrer fortgeschrittenen Schwangerschaft bemerkt hatte.

Wie bei einer bundesweiten Untersuchung der beiden Autoren Wille und Beier ermittelt werden konnte, hatten etwa 10 % der Frauen mit negierter Schwangerschaft kurz vor der Entbindung wegen verschiedenster Beschwerden Ärzte aufgesucht. Ein Arzt diagnostizierte bei einer Patientin eine Entzündung der Harnblase und schickte die Patientin nach Hause, wo sie wenige Stunden später ein totes Kind gebar.

Eine 17-Jährige sprang fünf Tage vor der Entbindung im Turnunterricht gemeinsam mit ihren Mitschülerinnen auf dem Trampolin, ohne aufzufallen. Sie selbst wusste nicht einmal, dass sie hochschwanger war.

Das heißt also, dass der menschliche Körper aufgrund verschiedener Mechanismen – sicherlich in erster Linie psychische – eine Schwangerschaft tatsächlich verbergen kann.

Doch es gibt auch das Gegenteil der negierten Schwangerschaft. Auch das ist eine Art Wunder. Hierbei handelt es sich um die «eingebildete Schwangerschaft» oder «Scheinschwangerschaft». Dies ist ein Zustand, der bei Frauen mit starkem Kinderwunsch auftritt. Durch Mobilisierung verschiedener unbewusster psychischer Mechanismen kann bei der Betroffenen fast die gesamte Symptomatik der Schwangerschaft hervorgerufen werden. Sogar Ärzte können getäuscht werden. So stellen sie beispielsweise die Vergrößerung der Gebärmutter oder Kindsbewegungen fest und hören Herztöne. Und erst durch den Schwangerschaftstest oder durch Ultraschalluntersuchung stellt sich heraus, dass von Schwangerschaft keine Rede sein kann.

Faszinierend ist auch in dem Zusammenhang das so genannte «Couvade-Syndrom». Das ist ein psychisch verursachtes körperliches Syndrom. Eine Scheinschwangerschaft, jedoch bei Männern. Es ist ein Syndrom, das wir bei manchen Ehemännern schwangerer Frauen vorfinden. Diese Männer entwickeln vollständig die Symptome einer Schwangerschaft. Also großen Bauchumfang, Bauchschmerzen, Übelkeit, Heißhunger und all solche Symptome, die auch Schwangere haben.

Möglich wird dieser Zustand durch psychologische Mechanismen, die bei bestimmten Persönlichkeiten, wie etwa bei ängstlichen, überfürsorglichen, übersolidarischen Menschen, auftreten können. Männer mit einer solchen Persönlichkeit versetzen sich offensichtlich so stark in die Lage ihrer schwangeren Frau, dass sie sich praktisch damit identifizieren. Und durch unbewusste Mechanismen werden nun physiologische Vorgänge in Gang gesetzt, die das Bild «des schwangeren Mannes» hervorrufen. Manche von ihnen entwickeln sogar Schmerzen, die Wehen imitieren. Wenn die Ehefrau geboren hat, verschwinden dann auch die Schwangerschaftssymptome des Ehemannes.

Das zeigt die Macht der Psyche über den Körper. Wenn Scheinschwangerschaften und sogar männliche Schwangerschaften von der Natur vorgetäuscht werden können, warum sollten dann reale Schwangerschaften nicht versteckt ablaufen können.

Es gibt Kriterien, die eine verdrängte Schwangerschaft definieren:

Erstens: die subjektive Gewissheit der Schwangeren, nicht schwanger zu sein.

Zweitens: das Fehlen von Schwangerschaftszeichen. Oder die subjektive Umdeutung von vorhandenen Schwangerschaftszeichen.

Drittens: eine Unbefangenheit in sozialen Situationen, die zur Aufdeckung führen könnten, so zum Beispiel die Beteiligung am Sportunterricht, Nacktbaden und Ähnliches.

Viertens: ein unverändertes Sexualverhalten.

Und fünftens: die Verkennung einsetzender Wehen und das Überraschtwerden durch die Geburt.

Die Fälle, die ich zuvor erwähnte, sind dafür beispielhaft.

Bei einer «verheimlichten Schwangerschaft» hingegen nimmt die Schwangere irgendwann während des Schwangerschaftsverlaufs ihren veränderten Zustand wahr. Sie ahnt zumindest etwas davon. Im Falle der «Ahnung» unternimmt sie jedoch keine aktiven Maßnahmen zur Klärung ihres Zustandes. Sie wehrt sich dagegen. Das heißt also, dass die Ahnung zum «Nicht-haben-Wollen» wird. Und so werden verschiedene geeignete Strategien entwickelt, wie bei Stefanie. Mit der Verheimlichung aber wird ganz bewusst ein Ziel verfolgt: Andere Menschen dürfen aus irgendwelchen Gründen nichts davon erfahren. Und darauf folgen dann natürlich juristische Konsequenzen, wenn die verheimlichte Schwangerschaft zur Kindestötung führt. Wenn es bei einer «verheimlichten Schwangerschaft» zur Kindestötung kommt, werden diese Frauen nicht als Mörderinnen verurteilt. Hierfür gab es eine sehr interessante juristische Entwicklung. Lassen Sie mich kurz etwas darüber sagen. Für diese Fälle gab es nämlich bis zum Jahr 1999 einen besonderen Paragraphen im Strafgesetzbuch, den so genannten Paragraphen 217.

Der Paragraph 217 nahm eine Position zwischen den «Tötungsparagraphen» – Paragraph 211 des Strafgesetzbuches, also dem Paragraphen für Mord, sowie dem Paragraphen 212, dem Paragraphen für Totschlag – und dem «Abtreibungsparagraphen», Paragraph 218, ein. Nach Paragraph 217 wird eine Mutter, die ihr *nicht eheliches Kind* während oder gleich nach der Geburt tötet, mit einer Freiheitsstrafe nicht unter drei Jahren, in minderschweren Fällen nicht unter sechs Monaten bestraft.

Dazu gibt es eine sehr interessante Vorgeschichte. Diese «Milde» ist auf das bayerische Strafgesetzbuch von 1813, das später auch in das preußische Strafgesetzbuch einging, zurückzuführen. Diese wurden später von der Reichstagsgesetzgebung und dann vom Bundesgesetz übernommen. Diese «Milde» wurde vor allem mit dem so genannten «Ehrennotstand der nicht ehelich Gebärenden» begründet, also Ratlosigkeit, Angst, wirtschaftliche Not, gesellschaftliche Schande und Ähnliches. Es war eine Reaktion auf die harte Bestrafung durch die Gesellschaft, die diese Frauen in früheren Zeiten noch zu erwarten hatten. Der Kindesmord war das häufigste von Frauen begangene Kapitaldelikt. Es wurde mit besonders grausamen Todesstrafen belegt. Die soziale Notsituation, die psychische Verzweiflung, die existenzielle Krise, in der sich die unehelich Gebärenden damals befanden, wurden von den Gesetzen bis dahin nicht berücksichtigt. Es kam dann die Zeit der Aufklärung, die Humanisierung und Verständnis für die Notlage dieser Frauen mit sich brachte. In dieser Zeit erschienen zum Beispiel Goethes «Faust» mit der Tragödie des Gretchens, Friedrich Schillers Gedicht über eine «Kindesmörderin», und Heinrich Leopold Wagner verfasste das Drama «Die Kindesmörderin». Der Schweizer Pädagoge Pestalozzi wies auf die groben Schmähungen seitens der Gesellschaft, der Angehörigen und des Staates sowie auf die Ausweglosigkeit und die Verzweiflung hin, denen die ledigen Mütter ausgesetzt waren. Und so führte das bayerische Strafgesetzbuch im Jahre 1813 diese damals sehr progressive, moderne Auffassung erstmals in Deutschland ein. Damit wurde die Todesstrafe für Kindesmörderinnen abgeschafft.

Heute haben sich die Zeiten geändert. Einstellungen und soziale Realität sind anders geworden. Menschen in Notsituationen gab und gibt es aber immer. Deshalb fragt man sich, ob die Unterscheidung der Mütter, die sich in Notsituationen befinden, in «ehelich Gebärende» und in «nicht ehelich» oder «unehelich Gebärende» noch gerecht ist. Meine Meinung hierzu ist klar und definitiv. Es ist nicht gerecht. Es ist anachronistisch.

Erst vor kurzer Zeit wurde dieses Gesetz geändert. Im Jahr 1999 wurde nämlich der Paragraph 217 abgeschafft und die Tötung des unehelichen Kindes unter dem Paragraphen für «Totschlag» untergebracht.

Heute ist, Gott sei Dank, die Kindestötung, die das Kriterium des alten Paragraphen 217 erfüllt, selten geworden. Noch vor 100 Jahren wurden im damaligen Deutschen Reich über 200 solcher Fälle pro Jahr abgeurteilt. Im Jahr 1990 waren es noch sieben Fälle. In der Bundesrepublik gibt es eine kontinuierliche Reduzierung der Kindestötungsfälle. Dafür gab es zwei interessante Wendepunkte.

Der erste Wendepunkt war zu Beginn der 60er Jahre. Damals kam es zu einer kontinuierlichen Reduzierung, weil zu dieser Zeit die «Pille» zugelassen wurde. Ein weiterer Rückgang dieser Fälle findet sich dann Ende der 70er Jahre. Damals wurde der Paragraph 218, also der «Abtreibungsparagraph», liberalisiert.

Sieben verurteilte Fälle im Jahr sind nicht viel. Man weiß aber nicht ganz genau, wie häufig die «verdrängten Schwangerschaften» vorkommen. Manche Autoren vermuten, dass unter 400 Schwangerschaften eine «verdrängte Schwangerschaft» auftritt. Diese Zahl scheint anderen Autoren jedoch viel zu hoch. Sie schätzen einen solchen Fall auf 2000 Schwangerschaften. Doch auch das ist sehr viel, wenn man davon ausgeht, dass es pro Jahr in Deutschland etwa 800 000 Geburten gibt. Das heißt also, dass es auch bei vorsichtiger Schätzung über 400 Fälle «verdrängter Schwangerschaft» pro Jahr gibt. In der Mehrzahl solcher Fälle kommt es jedoch zu keinem strafbaren Verhalten.

Viele Autoren versuchen, eine Typologie der «verdrängten» oder «verheimlichten» Schwangerschaft zu erstellen. Doch man muss davon ausgehen, dass Frauen jedes Bildungsniveaus, jeder Intelligenz und jedes sozialen Status davon betroffen sein können. In der Mehrzahl allerdings betrifft es Frauen mit niedrigerer Intelligenz, die leichter in eine Überforderungssituation geraten, und Frauen, die unreife Persönlichkeitsmerkmale aufweisen.

So habe ich auch bei Stefanie eine unreife Persönlichkeit festgestellt.

Interessanterweise trifft man dieses Phänomen auch bei Frauen an, die bereits Erfahrungen mit Schwangerschaft gemacht haben und bereits Kinder haben. Wie eben auch Stefanie. Mit klassischen Störungen oder Erkrankungen – also Schizophrenien, Depressionen und Ähnlichem – ist die «verdrängte» oder die «verheimlichte» Schwangerschaft aber nicht in Verbindung zu bringen.

In solchen Fällen ist die Frage der Schuldfähigkeit schwer zu beurteilen. Wenn es sich um eine «verdrängte» Schwangerschaft handelt, die die betroffene Mutter selbst überrascht – wie in den extremen Fällen, wo diese Frauen das geborene Kind als einen Fremdkörper oder eine Geschwulst betrachten und sich nicht darum kümmern –, und das Kind in einer Toilettenschüssel stirbt oder auf den Boden fällt, dann ist in der Regel von Schuldunfähigkeit auszugehen.

Bei der «verheimlichten» Schwangerschaft aber, bei der die Tötung des Kindes irgendwie «vorgeplant» ist, auch wenn diese Planung erst wenige Stunden vor der Geburt entsteht, dann ist bei allem Verständnis der Notsituation von einer Erhaltung der Einsichts- und Steuerungsfähigkeit der Betroffenen auszugehen, also von voller Schuldfähigkeit. Es ist natürlich zu wünschen und zu erwarten, dass die Justiz diese Not berücksichtigt, was sie ja auch mit dem Paragraphen 217 getan hat. Und auf jeden Fall ist es wünschenswert, dass diese Milde auch auf ehelich Gebärende ausgeweitet wird.

So hatten wir im Fall von Stefanie ein Paradoxon. Sie hat bei der Tötung des ersten Kindes aus der gleichen Motivation gehandelt wie bei der zweiten Tötung. Der Paragraph 217 fand Anwendung, doch nur für die Tötung des ersten Kindes. Denn damals war sie noch nicht mit dem Vater des Kindes verheiratet gewesen. Für die Tötung des zweiten Kindes aber wurde sie wegen Totschlags in minderschwerem Fall verurteilt. Zu der Zeit war sie bereits verheiratet.

Stefanie wurde zu dreieinhalb Jahren Haft auf Bewährung verurteilt.

Ich möchte hier noch eines erwähnen. Als ich Stefanie begutachten wollte, riefen wir bei ihr zu Hause an, um mit ihr einen Termin zu vereinbaren. Ans Telefon kam eine Frau, die sich als Mutter des neuen Lebenspartners vorstellte. Sie sagte uns: «Sie können leider nicht mit Stefanie sprechen. Sie befindet sich gerade im Kreißsaal, wo sie ihr Kind entbindet.»

Stefanie lebt heute sehr harmonisch mit ihrem neuen Partner und ihren beiden Kindern zusammen – Dennis, dem Sohn aus ihrer ersten Beziehung, und Nicky, dem gemeinsamen Sohn mit ihrem neuen Partner.

Teil D:

Tötung aus Rache und Eifersucht. Das Medea-Syndrom

Eine ungleiche Beziehung

Marco und Doris

Die Geschichte, über die ich jetzt berichten möchte, unterscheidet sich gänzlich von den bisherigen, und die Gefühle gegenüber dem Täter werden sicherlich ganz andere sein als bei den zuvor geschilderten Fällen.

Doris war an diesem Nachmittag sehr unruhig. Diese Unruhe war aufgetreten, nachdem sie ihren Sohn Sören zu Marco, seinem Vater, gebracht hatte. Sie konnte sich nicht erklären, warum es ihr so ging. Es war, als ob irgendetwas in der Luft lag, als ob sich weit draußen ein Sturm zusammenbraute. Dieses Gefühl wurde immer stärker, und ihr war zumute, als ob dieser Sturm Kontur und Gestalt annahm und zum Tornado wurde. Zu einem Tornado, der mit rasender Geschwindigkeit alles zwischen der vor Angst zusammengeschrumpften stillen Erde und dem aufgeblasenen drohenden schwarzen Himmel wegfegt. Und sie fühlte sich, als ob sie am Ort des Geschehens stünde, mitten auf der Landstraße. Rechts und links nichts weiter als verlassene dunkle Wiesen. Und der Tornado näherte sich mit rasender Geschwindigkeit.

Doris zitterte. Sie ging in der kleinen Wohnung hin und her und rauchte eine Zigarette nach der anderen. Diese Unruhe machte sie zusätzlich unglücklich, weil jeden Moment Johann kommen sollte. Sie wollte nicht, dass er sie so sah. Johann war ihr Freund und erst seit wenigen Wochen mit ihr zusammen. Johann war der zweite Mann in ihrem Leben. Er war drei Jahre älter als Doris, die gerade in der vorigen Woche ihren 23. Geburtstag gefeiert hatte.

Der erste Mann in ihrem Leben war Marco gewesen. Sie war 15, als ihre Beziehung begonnen hatte. Marco war zu jener Zeit 27 Jahre alt. Er beeindruckte sie sehr. Marco war hoch gewachsen, schlank und schien unheimlich viel Erfahrung zu haben. Sein Körper war über und über bedeckt mit Tätowierungen, bis hin zu den Ohren. Sein Benehmen war eine Mischung aus Entschlossenheit und Sanftheit. Seine Art – eine Mischung aus Melancholie und Anhänglichkeit – erweckte bei ihr Gefühle der Solidarität und der Hilfsbereitschaft. Und gerade Solidarität und Hilfsbereitschaft waren Doris sehr wichtig. Wahrscheinlich wollte sie deshalb immer Krankenschwester werden. Nach Abschluss der Schule wollte sie eine solche Ausbildung beginnen.

Kurz nachdem sie Marco bei einem Freund kennen gelernt hatte, begannen sie eine erotische Beziehung miteinander. Als sie kurze Zeit später erfuhr, dass er erst vor ein paar Wochen aus dem Gefängnis entlassen worden war, wo er wegen Körperverletzung inhaftiert gewesen war, war sie zuerst sehr unangenehm berührt. Doch bald hatte sie dieses Unbehagen überwunden. Vor allem, nachdem Marco ihr mit Tränen in den Augen versichert hatte, dass dieses Kapitel abgeschlossen sei. Dass so etwas in seinem Leben nie wieder vorkommen würde. Es sei damals bloß ein Unfall gewesen. Es sei nicht gewollt gewesen. Es sei eine dunkle Stunde seines Lebens. Dieser Tag blieb Doris sehr genau in Erinnerung. Wie er um eine Chance bat. Wie er für sie Hymnen sang. Mit welchen Worten er sie umschrieb. Sie sei der Engel, sie sei das Licht für ihn. Sie sei die Frau seiner Träume – die vollkommene Frau. Sie könne befehlen, er sei bereit, alles für sie zu tun.

Doris, mit ihren gerade 15 Jahren, war von so viel Emotionalität und so viel Idealisierung beeindruckt. Sie nahm es hin, dass Marco wegen Körperverletzung im Gefängnis gesessen hatte. Und sie begann mit ihm eine feste Beziehung. Eine verhängnisvolle Beziehung.

Was Doris damals nicht wusste, war, dass Marco nicht nur einmal, sondern fünfmal im Gefängnis gewesen war. Fast zehn Jahre hatte er schon bis zu ihrem Kennenlernen im Gefängnis verbracht. Direkt nachdem er strafmündig geworden war, also mit dem 14. Lebensjahr, war er zum ersten Mal in Haft gekommen. Es waren aggressive Delikte, die ihn ins Gefängnis gebracht hatten. Fast immer war dabei Körperverletzung im Spiel gewesen. Doris erfuhr all dies jedoch erst viel später. Erst, als es zu spät war.

Ein Jahr nach Beginn ihrer Beziehung entschlossen sich Marco und Doris zusammenzuziehen. Doris war zu der Zeit noch minderjährig, gerade erst 16 Jahre alt geworden. Marco konnte Doris' Mutter aber überzeugen, ihre Zustimmung zu geben.

Doris lernt das Wort «Borderline» kennen

Doris' Unruhe nahm zu. Sie lief im Zimmer auf und ab, rauchte nervös. Es war ein Teufelskreis: Die Erinnerungen entsprangen aus einer ihr noch unerklärlichen Spannung heraus. Und dadurch wurde sie noch unruhiger. Ihre Augen wurden feucht, was bei ihr nicht ungewöhnlich war. In den letzten sieben Jahren hatte Doris viel geweint. Denn die Erinnerungen an ihre Beziehung zu Marco überfielen sie sehr oft.

Heute aber wusste Doris nicht genau, woher diese große innere Unruhe und das Gefühl der Bedrohung kamen, die in der Luft hingen. Sie hatte nur eine bedrückende Ahnung, dass etwas passieren würde. Ohne zu wissen, was genau das sein könnte. Doris ahnte, dass es mit Sören und Marco zu tun hatte. Nachdem sie Vater und Sohn allein gelassen hatte, war sie in diesen Zustand geraten. «Könnte Sören etwas zustoßen?», fragte sie sich immer wieder. Sie dachte auch darüber nach, ob Marco seinem Sohn etwas antun könnte. «Ach, Blödsinn», sagte Doris wütend zu sich selbst. So als ob sie damit ihre Sorgen verjagen und sich selbst beruhigen wollte. «Sören kann niemand etwas antun.» Sie versuchte sich zu beruhigen, indem sie an den geliebten sechsjährigen Sohn dachte. «Sören ist ein so ruhiges und liebenswertes Kind, das niemandem Probleme macht. Es ist erstaunlich, wie er das Auf und Ab in der Beziehung zwischen Marco und mir so gut überstanden hat. Er ist kein aufsässiges Kind, ist nicht trotzig und macht keine Probleme. Trotz aller Turbulenzen hängt Sören an uns beiden. Und wir hängen an ihm.

Das muss ich Marco lassen», dachte Doris weiter. «Egal, was er für ein Mensch ist und wie unglücklich er mich gemacht hat, Sören liebt er offensichtlich sehr. Er kümmert sich um ihn und versucht, ihn nicht zu verletzen. Solange Sören bei Marco ist, gibt es keine Gefahr. Es ist großer Blödsinn, dass ich mir solche Sorgen mache», versuchte sich Doris immer wieder einzureden.

Sie zündete sich eine neue Zigarette an, legte sich auf das Sofa, rauchte hastig und geriet immer tiefer und tiefer in den Strudel der Erinnerungen.

Die Beziehung zu Marco war ganz einfach turbulent. Hoch und Tief, Tief und Hoch wechselten sich immer wieder ab. Sieben Jahre Beziehung. Sieben Jahre Hin und Her. An einem Tag war sie für ihn die Göttin. Die ideale Frau. Der Engel. Die, die ihn überglücklich machte. Kurz darauf war sie die Schlampe. Die Hure. Die Untreue. Die, die ihm nur Unglück brachte. Einmal war Marco gut gelaunt, wollte mit ihr alles gemeinsam unternehmen, war fürsorglich, unternehmungslustig, zu Scherzen aufgelegt. Und dann plötzlich – völlig unvermittelt – geriet er in eine Resignation, ja in eine Depression. Er sprach dann kaum. Alles war für ihn «Mist» und «Scheiße». Er war gereizt, blieb fast den ganzen Tag im Bett und tat nichts. Alles empfand er als negativ. Nicht nur das, was er getan hatte, war negativ, sondern auch das, was andere Menschen taten. Der Zeiger der Schuld zeigte dabei selten auf ihn. Häufig jedoch auf die anderen. Am häufigsten auf Doris. In solchen Situationen drohte Marco fast unvermittelt mit Suizid, wobei Doris den Eindruck hatte, dass er manches Mal diese Suiziddrohungen überhaupt nicht ernst meinte. Sie hatte vielmehr den Eindruck, dass er diese Drohungen als Mittel zum Zweck benutzte. Manches Mal sogar als Erpressung. Doch andere Male hatte sie den Eindruck, dass diese Drohungen ernst zu nehmen waren. Allerdings waren diese Drohungen impulsiv, entstanden aus dem Nichts und lösten sich meist im Nichts wieder auf. Trotzdem hatte Marco mindestens drei Suizidversuche unternommen. Alle waren aber glimpflich ausgegangen und erforderten nicht einmal ärztliche Betreuung. Solche Zustände der Resignation, des Rückzugs, der Depressivität und der Reizbarkeit endeten ebenfalls plötzlich und unvermittelt. Innerhalb weniger Minuten änderte sich der Zustand, und Marco begann wieder, der gut gelaunte Partner zu sein. Aber einige Tage später verfiel er in einen ähnlichen Zustand. Er klagte dann über große Langeweile und konnte nichts Richtiges anfangen. «Langeweile» und «Leere» waren zwei Worte, die Marco häufig benutzte. Es sei so eine Leere in seinem Inneren, und es sei alles langweilig in seinem Leben. Doris gab sich viel Mühe, um ihm das Leben interessant zu machen. Der Erfolg ihrer Bemühungen aber war sehr unterschiedlich. Manchmal klappte es, manchmal nicht.

Was Doris nicht verstand, war die Art, wie Marco die Welt erlebte und die Beziehungen zu anderen Menschen betrachtete. Es war eine Schwarz-Weiß-Mentalität. Marco spaltete die Welt in «Gut» und «Böse», in «Schwarz» und «Weiß». Brücken dazwischen gab es nicht. Seine Art, die Welt so zu trennen, übertrug er auch auf die konkreten Beziehungen. Durch seine Äußerungen und Handlungen «spaltete» er auch die Menschen seiner Umgebung. So zum Beispiel waren seine Eltern gut und ihre Eltern schlecht. Marco brachte es fertig, die Leute gegeneinander aufzustacheln. Er hatte noch eine weitere Eigenschaft, die Doris am Anfang ihrer Beziehung als positiv empfunden hatte, später aber als Martyrium ansah: seine enorme Anhänglichkeit. So als ob die Beziehung zu ihr die einzige menschliche Beziehung sei, die er hatte. Marco engte Doris enorm ein. Und er war sehr eifersüchtig. Sie konnte mit keinem anderen Mann auf der Straße sprechen. Durfte keine Einladungen von Arbeitskollegen annehmen. Und sie konnte fast nichts selbstständig tun. Marco hatte immer Angst, dass sie eine andere Beziehung anfangen könnte. Dass sie ihn verlassen könnte.

Die Angst vor dem Verlassenwerden dominierte in Marcos Leben und machte das Leben beider zur Qual. Wie oft hatte Doris versucht, aus dieser einengenden und erdrückenden Beziehung auszubrechen? In den sieben Jahren, in denen sie zusammen waren, lebten sie fast drei Jahre getrennt. Sie konnte diese Instabilität, diese Einengung, die ständig wechselnde Stimmung, die Selbstmorddrohungen nicht mehr ertragen. Deshalb zog sie mehrere Male bei Marco aus. Doch er schaffte es immer wieder, sie zurückzuholen. Mit allen Tricks. Mit allen Erpressungsversuchen. Mit aller Vehemenz. Bis sie vor drei Monaten die endgültige Entscheidung getroffen hatte, Marco ein für alle Mal zu verlassen. Die Beziehung zu Johann kam ihr dabei sehr willkommen. Zum ersten Mal hatte sie einen anderen Mann kennen gelernt. Vor allem aber sollte diese neue Beziehung zu allen Seiten signalisieren: «Jetzt ist endgültig Schluss. Jetzt beginne ich ein neues Leben.»

Doris konnte sich erinnern, dass, nachdem Sören geboren war, eine vorübergehende Stabilität in der Beziehung eingetreten war. Eine vorübergehende Abflachung der Turbulenzen. Marco war damals ganz begeistert, dass er Vater geworden war. Er kümmerte sich auch tatsächlich um Sören. Ja, seine unbeholfene Art und Weise, mit dem Kind umzugehen, war fast rührend. Obwohl Doris damals ein wenig Angst davor hatte, die Mutterrolle zu übernehmen – sie war nicht einmal 18 Jahre alt, als Sören geboren wurde –, hatte sie sich enorm darauf gefreut. Gleichzeitig hoffte sie, dass die Schwierigkeiten in ihrer Beziehung zu Marco damit aufhören würden. «Merkwürdigerweise», dachte Doris, «war Marco trotz seiner Launen immer gut zu Sören.» Sören hatte irgendwie eine besondere Bedeutung für ihn, und Marco versuchte sogar, das Kind von seinen Zornes- und Wutausbrüchen zu verschonen.

Doch Doris verschonte er nicht. Die Beziehung wurde immer aufreibender. Einmal hatte Doris die Entscheidung getroffen, von Dortmund wegzuziehen und sich in einer kleinen Stadt in Niedersachsen niederzulassen, wo das kleine Krankenhaus dieser Stadt gerade Krankenschwestern suchte. Diesen Schritt tat sie dann auch. Nach dramatischen Auseinandersetzungen zog sie mit Sören aus Marcos Wohnung aus und begann ein neues Leben in der kleinen Stadt. Doch Marco folgte ihr. Er nahm sich eine Wohnung in derselben Stadt und versuchte alles, damit Doris wieder zu ihm käme. Er versuchte es mit Liebesschwüren, Selbsttötungsankündigungen und Drohungen, alle drei – sich selbst, Doris und Sören – zu töten. Nach einigen Monaten gelang es ihm aufgrund seiner Beharrlichkeit, Doris zurückzugewinnen. Diese Situation wiederholte sich mindestens viermal. Viel störender noch als seine Zornesausbrüche wurden für Doris im Laufe der Jahre die Eifersuchtsszenen Marcos. Diese hatten bereits einen krankhaften Charakter angenommen. Er vermutete überall irgendwelche Leute, die seine Beziehung zu Doris zerstören wollten. Überall wähnte er Rivalen. Überall spürte er ein Komplott gegen sich. «Fast paranoid», fast wahnhaft, wie einmal eine Psychologin Doris gegenüber das nannte.

Doris störte an Marco auch, dass er keiner geregelten Arbeit nachging. Er hatte ihr einmal erzählt, dass er den Beruf eines «Blechformers» erlernt hatte, es aber keine Arbeit in diesem Beruf gebe. Verschiedene Jobs, die er angenommen hatte, machten ihm keinen Spaß, und bereits nach einigen Wochen ging er nicht mehr hin. Er wusste nicht, was er mit seinem beruflichen Leben machen wollte, obwohl er inzwischen längst über 30 Jahre alt war. Er war einfach orientierungslos. So wie in seinem Sexualleben auch. Auch da wusste er nämlich nicht, was er wollte. Nicht, dass Marco irgendwelche homosexuellen Tendenzen hatte. Doch manchmal machte er Äußerungen, die seine sexuelle Unzufriedenheit verrieten. Das konnte Doris nicht verstehen. Oftmals war er sexuell sehr aktiv und manches Mal sehr stürmisch. Trotzdem war es, als wenn er auch sexuell orientierungslos gewesen wäre, wie ich es manchen seiner Äußerungen über sexuelle Phantasien mit anderen Männern entnehmen konnte. Dass er ab und zu Hasch rauchte und viel Alkohol trank, war das kleinere Übel für sie.

Doris entschloss sich, mit der Psychologin des Krankenhauses, in dem sie arbeitete, darüber zu sprechen und ihr alles zu erzählen.

Die Psychologin stellte fest, dass Marco eine Borderline-Persönlichkeit hat. Er wies alle Kriterien auf, die man für diese Diagnose benötigt. So möchte ich hier die emotionale Instabilität, den raschen Stimmungswechsel zwischen Resignation und Zorn, die Spaltung der Welt und der Beziehungen in Gut und Böse, Schwarz und Weiß erwähnen. Darüber hinaus gehören dazu die berufliche Orientierungslosigkeit und Instabilität, eventuell auch die sexuelle Orientierungslosigkeit, das fast krankhafte Hängen an einer Beziehung, die übertriebene Angst vor dem Verlassenwerden sowie der Wechsel zwischen Überidealisierung und Abwertung. So etwa in der Art, dass Doris einmal Göttin und einmal Hure war. Wesentlich sind auch die impulsiven Handlungen, darunter auch Suizidversuche, und die paranoiden Gedanken – also fast wahnhafte Befürchtungen – und der Substanzmissbrauch.

Marco erfüllt praktisch alle Kriterien, die eine so genannte Borderline-Persönlichkeit charakterisieren. Er hat also eine «emotional-instabile Persönlichkeitsstörung» – wie die Borderline-Persönlichkeit von der Weltgesundheitsorganisation bezeichnet wird.

Die Psychologin stellte die richtige Diagnose. Doch sie stellte sie, bevor Doris noch mehr über Marco erzählt hatte. Übrigens geben paranoide, quasi wahnhafte Gedanken dieser Persönlichkeitsstörung ihren Namen. Das englische Wort «Borderline» bedeutet ja «Grenzlinie». Die Störung wurde so bezeichnet, weil Menschen mit einer Borderline-Persönlichkeit früher im Grenzbereich zwischen Persönlichkeitsstörung und schizophrener Psychose vermutet wurden. Heute wissen wir, dass dem nicht so ist. Es wird aber eine ferne Verwandtschaft zu den bipolaren Störungen – also den manisch-depressiven Erkrankungen – angenommen.

Doris lernt das Wort «Dissozialität» kennen

Als die Kollegin Doris aus Interesse einige Tage später fragte, wie es mit Marco weiterging, ergriff Doris die Gelegenheit, ihre Seele ein wenig zu erleichtern. Es war die Zeit, in der sie dabei war, endgültig von Marco wegzugehen. Unter anderem erzählte sie der Psychologin, dass sie durch Gespräche mit Marcos Eltern, früheren Schulkameraden und anderen, die ihn im Laufe der Jahre näher kennen gelernt hatten, viel über seine Vergangenheit erfahren hatte. Zum Beispiel, dass Marco fünfmal im Gefängnis gewesen war und insgesamt fast zehn Jahre dort verbracht hatte. Die meisten Straftaten waren Körperverletzungen gewesen. Er konnte seine Impulse nicht kontrollieren und schlug die Leute einfach krankenhausreif. Zwiste gab es genug, da Marco leicht zu beleidigen war. Auch völlig harmlose Dinge konnten ihn kränken. Und er war nachtragend. Doris fiel auf, mit welcher Aggressivität er manches Mal seine Interessen durchzusetzen versuchte. Nicht nur bei ihr, sondern bei jeder Gelegenheit. Im Straßenverkehr beschimpfte er andere Verkehrsteilnehmer. Er fuhr aggressiv und gegen alle Regeln, um andere zu überholen. Aber auch bei anderen Gelegenheiten war er aggressiv. So konnte er beispielsweise nicht in einer Schlange anstehen und versuchte immer, die anderen auszutricksen, um nach vorn zu gelangen.

Am schlimmsten aber fand Doris die Tatsache, dass Marco so wenig Mitgefühl und Mitleid für andere Menschen empfand. Er war nicht nur egoistisch, vielmehr konnte ihn das Leid anderer einfach nicht erschüttern. Auch dann nicht, wenn er selbst den anderen Leid zugefügt hatte. Eine frühere Freundin Marcos hatte Doris einmal Folgendes erzählt:

Vor vielen Jahren, Marco war erst 16 Jahre alt, hatten sie eine Beziehung gehabt, die jedoch nicht lange andauerte. Eines Abends sahen sie sich gemeinsam einen Dracula-Film im Fernsehen an. Seine Freundin war über den Film sehr erschrocken. Marco nicht. Er sagte: «Das kann ich auch.» Die Freundin fasste seine Bemerkung als Scherz auf und sagte spielerisch: «Na, dann beweise es.» «Das tue ich», sagte Marco darauf. «Ich werde jetzt, um Mitternacht, in die Leichenhalle gehen und für dich den Mittelfinger einer Leiche holen.» Indem er das sagte, sprang er auf, zog sich an, nahm aus der Küche ein sehr scharfes Messer und ging in die nahe gelegene Leichenhalle. Sie wusste, dass Marco sich häufig nachts als eine Art Mutprobe mit seinen Kumpels in jener Leichenhalle aufhielt. Sie stellten die Leichentische um oder holten die Leichen aus den Särgen. Sie wusste auch, dass Marco einen Geheimzugang zu jener Leichenhalle benutzte.

Tatsächlich versuchte er auch in dieser Nacht, in die Leichenhalle einzubrechen. In der Leichenhalle aber hatte man ein paar Tage zuvor den Geheimzugang der Jugendlichen entdeckt und ihn mit einem Schrank versperrt.

Seine Freundin wurde unruhig, als er ewig nicht zurückkam. Sie nahm all ihren Mut zusammen, zog sich an und ging mit einer Taschenlampe und einem Küchenmesser bewaffnet in Richtung Leichenhalle. Dort wollte sie Marco suchen. Die Leichenhalle lag im Dunkeln. Leise rief sie nach ihm, bekam keine Antwort und lief deshalb schnell zurück nach Hause. Als sie gerade die Straße überqueren wollte, hörte sie ein Geräusch hinter einem Gebüsch und blieb zu Tode erschrocken stehen. Sie stand wie gelähmt am Straßenrand. Wie versteinert blickte sie in Richtung Gebüsch. Tatsächlich bewegte sich dort etwas. Endlich schrie sie um Hilfe. «Keine Angst», sagte da eine Stimme aus dem Gebüsch. Es war Marco. «Was machst du denn hier? Du hast mich zu Tode erschreckt», sagte sie zu Marco. «Na ja», sagte er, «ich kam nicht in die Leichenhalle, um den versprochenen Finger zu holen. Deshalb habe ich hier im Gebüsch auf jemanden gewartet, der vorbeikommt. Ich wollte ihm einen Finger abschneiden und ihn dir bringen. Wie ich dir versprochen hatte. Es kam aber bis auf dich niemand vorbei.»

Er meinte ernst, was er sagte, wie er mir später selbst bestätigte.

Anderthalb Jahre davor schon hatte die Polizei gegen Marco ermittelt. Der Vorwurf, den man ihm machte, lautete auf versuchten Mord. Angeblich hatte er einem Alkoholiker mit einer Pistole in den Kopf geschossen, völlig grundlos. Der Mann war ihm völlig unbekannt. Marco war damals wegen mangelnder Beweise freigesprochen worden. «Nein, ein Mörder war er sicher nicht», dachte Doris.

Später erfuhr sie, dass Marco in der Schule ein sehr unruhiges Kind gewesen war. Er hatte Probleme, mit den Lehrern klarzukommen. Er verprügelte Mitschüler und gehörte einer Clique an, deren Mitglieder tagelang die Schule schwänzten. Gerade einmal zwölf, rauchten sie und tranken Alkohol. Mit 13 Jahren hatte Marco sexuelle Beziehungen zu verschiedenen Mädchen begonnen, die aber immer nur von kurzer Dauer gewesen waren. Eine Lehre hatte er nicht abgeschlossen. Er hatte darauf «keinen Bock», wie er selbst meinte. Erst im Jugendgefängnis absolvierte er gezwungenermaßen eine Ausbildung zum Blechformer. Gearbeitet hat er in diesem Beruf nie. Die Jobs, die er zwischendurch annahm, waren immer von kurzer Dauer. Marco hatte jedoch noch weitere Schwierigkeiten mit dem Gesetz. So waren z.B. Eigentumsdelikte, Einbrüche und Diebstähle nicht selten vorgekommen, bevor Doris ihn kennen gelernt hatte.

Das sind Merkmale einer «dissozialen Persönlichkeitsstörung». Marco erfüllt alle Kriterien der «Dissozialität», der eingeschränkten Fähigkeit, nach sozialen Normen zu leben. Das wichtigste Kriterium dafür ist vor allem das Fehlen jeglicher Empathie. Also der Fähigkeit, sich in die Gefühle anderer Menschen hineinzuversetzen und Mitgefühl zu entwickeln. Dazu kommt die aggressive Durchsetzung eigener Interessen und auch die berufliche Instabilität. Seine Vorgeschichte in der Schule, etwa das Schuleschwänzen, Probleme mit Lehrern und Mitschülern, frühes Rauchen und Alkoholismus, sehr frühe und instabile sexuelle Beziehungen, sind weitere Indizien dafür.

Marco erfüllt *sowohl* die Kriterien einer Borderline-Persönlichkeit als *auch* die einer dissozialen Persönlichkeit. Es kommt sehr oft vor, dass eine oder mehrere Persönlichkeitsstörungen kombiniert bei einem Menschen auftreten. Dann sprechen wir von der so genannten «kombinierten Persönlichkeitsstörung» oder auch von Komorbidität.

Jetzt wusste Doris, warum sie so böse Vorahnungen, eine solche Unruhe verspürt hatte: Marco sagte es ihr direkt ins Gesicht. Er hatte Sören – den geliebten Sohn – getötet. Und er hatte hinzugefügt: «Du hast mein Leben ruiniert, jetzt habe ich dein Leben ruiniert. Wenn Sören nicht bei mir bleiben kann, dann bleibt er bei niemandem.»

Ich verbrachte viele Stunden mit Marco, in denen er mir von seiner Tat berichtete. Er erzählte mir in vielen Einzelheiten, wie es dazu gekommen war:

«Ich wollte Doris töten. Ich wollte Doris immer töten. Seitdem sie mich das erste Mal verlassen hat, ist es bei mir zu einer fixen Idee geworden. Die Idee, sie zu töten. Auch jetzt noch, nachdem ich Sören getötet habe, möchte ich sie töten. Ich habe extra einen Revolver und Munition gekauft. Ich habe auch schon geübt, wie man auf einen Menschen schießt. Wenn sie nicht bei mir bleiben will, wenn sie unsere Familie zerstören will und wenn sie mir Sören wegnehmen will, dann muss sie sterben. Ich war fest dazu entschlossen, es zu tun. Ich bin auch jetzt noch fest dazu entschlossen. Ich hoffe aber, dass das nicht nötig sein wird. Meine Hoffnung ist, dass sie sich selbst umbringen wird. Sören wollte ich nie töten. Ich hatte keinen Plan, ihm das anzutun. Ich liebte Sören doch über alles. Und Sören liebte mich auch. Es war schön, mit ihm zusammen zu sein. Trotzdem habe ich es getan. Ich tat es nur, um Doris zu ruinieren. Um ihr wehzutun. Sie hat durch ihr Weggehen ja auch mein Leben ruiniert. Sie hat mir das Kostbarste genommen, was ich jemals hatte – meinen Sohn und die Familie. Dafür musste sie bezahlen. Der Gedanke, dass sie zusammen mit ihrem neuen Lebensgefährten und Sören glücklich sein könnte, war mir unerträglich. Wenn ich Sören nicht haben konnte, dann sollte auch kein anderer ihn haben. Sören durfte niemand anderen mit «Papa» ansprechen.

Eigentlich wollte ich an diesem Tag Doris töten. Ich habe es sogar versucht. Sie kam mit Sören in meine Wohnung, weil wir ja vereinbart hatten, dass sie ihn mir an diesem Tag bringen sollte. Es war Sonntag, und ich sollte mit Sören den Nachmittag verbringen können. Als sie in meine Wohnung kam, versuchte ich sie zu überreden, einen Kaffee mit mir zu trinken. Sie wollte aber nicht. Ich ging in die Küche, nahm ein starkes Band aus einem Sack, den ich dort bereitgestellt hatte, und ging in den Flur. Dort redeten Doris und Sören noch miteinander. Als ich in den Flur kam, kniete Doris gerade vor Sören, um ihm beim Ausziehen seines Anoraks zu helfen. Das war für mich ein günstiger Moment. Ich nahm das Band fest in beide Hände und näherte mich Doris von hinten. Doch in dem Moment, wo ich meine Hände hob, um sie zu erdrosseln, stand sie plötzlich auf und sagte: ‹Ich werde jetzt gehen.› Weder sie noch Sören dachten sich was dabei, als sie das Band in meiner Hand sahen.

Dann war Doris weg. In dem Moment kam mir blitzartig der Gedanke: ‹Dann tötest du eben Sören.› Es ist schon seltsam, dass mich dieser Gedanke nicht erschreckte. Ich fand den Gedanken auch nicht abwegig, obwohl ich Sören sehr liebte. Die Vorstellung, dass ich ihr damit das Leben ruinieren und unendliches Leid zufügen könnte und dass mein geliebter Sohn niemand anderem gehören würde, war sehr stark. Aus irgendeinem Grund wollte ich es aber nicht in meiner Wohnung tun. So nahm ich das Band mit und ging mit Sören nach draußen. Ich sagte ihm, dass wir die Oma besuchen würden. Eigentlich hatte ich die Idee, ihn auf dem Friedhof zu töten. Warum gerade auf dem Friedhof – dafür habe ich keine Erklärung. Der Friedhof war der Ort, wo wir als Kinder am häufigsten spielten, er befand sich ganz in der Nähe unserer Wohnung. Sören und ich liefen durch die Straßen, wo wir miteinander herumalberten und Scherze machten. Wir kamen auch am Friedhof vorbei, ohne dass ich Sören aber etwas angetan hätte. Nicht, weil ich es nicht gewollt hätte, sondern weil der Gedanke an die Tötung in dem Moment gerade nicht da war, als wir am Friedhof vorbeikamen. Wahrscheinlich hatte ich den Gedanken in diesem Moment verdrängt, weil wir so viele Scherze machten. Wir besuchten also die Oma und blieben zwei Stunden bei ihr. Anschließend nahm ich Sören mit in meine Lieblingskneipe am Ufer des Flusses.

Dort in der Gaststätte traf ich einen Freund, mit dem ich ein, zwei Gläser Bier trank. Währenddessen spielte der Junge mit dem Automaten, trank Cola und aß Süßigkeiten. Wir ‹darteten› auch ein bisschen, so ein Spiel, bei dem man mit Pfeilen auf eine Scheibe wirft. Danach erzählte ich meinem Freund von meinen Problemen mit Doris und dass ich sie umbringen wolle. Auch von meinem Gedanken, Sören zu töten, berichtete ich ihm. Ich fragte ihn, wie ich das am besten anstellen könnte. Ob ich zuerst Sören töten sollte und dann Doris, oder ob ich vielleicht lieber umgekehrt vorgehen sollte. Mein Freund lachte. Er dachte ja, dass ich scherze. Ich scherzte aber nicht.

Inzwischen war mein Entschluss, Sören zu töten, fest und unerschütterlich geworden. Das sagte ich auch. Ich würde doch zuerst Sören töten. Dann fragte ich ihn wieder, wie ich es am besten tun sollte. Mein Bekannter antwortete: ‹Jetzt hör aber auf. Solche Scherze macht man nicht. Du bist doch nicht betrunken.› Ich war tatsächlich nicht betrunken.

In diesem Moment kam Sören zu uns. Ich küsste ihn, hob ihn hoch und setzte ihn auf den Hocker neben dem Tresen. Dann bezahlte ich die Rechnung und sagte zu meinem Sohn: ‹Komm, wir gehen.› Er fragte mich, wohin wir gehen würden. Darauf antwortete ich nur: ‹Komm, wir gehen.› Mein Bekannter sah, dass wir im Begriff waren zu gehen. Er hob seine Hand als eine Abschiedsgeste und sagte lächelnd zu uns: ‹Macht's gut. Tschüss, Sören.› Mein Bekannter begriff nicht, wohin wir gingen. Wir gingen zum Flussufer. Dort wollte ich Sören in den Fluss werfen.»

Als ich Marco fragte, wie seine Gefühlslage gewesen sei, als er den Entschluss gefasst hatte, Sören zu töten, antwortete er: «Es war ein merkwürdiges Gefühl. Ich war einfach ruhig. Eigentlich habe ich überhaupt nichts gefühlt. Ich hatte keine Skrupel und keinen Zweifel. Ich hatte auch kein Mitleid mit Sören. Es war so, als hätte das alles mit ihm gar nichts zu tun. Und ich war überzeugt, dass es richtig ist, was ich tue. Dass Doris es verdient hat.»

«Es ging aber doch um Sören. Oder nicht?», fragte ich Marco.

«Nein», gab er mir zur Antwort, es sei eben nicht um Sören gegangen, sondern um Doris. Sie sollte leiden. «Wahrscheinlich hatte ich deshalb kein Mitleid mit ihm», sagte Marco. «Ich kann nur immer wieder sagen, dass ich ruhig war. Merkwürdig ruhig. Und ich war ziemlich schweigsam. Wir sprachen nicht viel miteinander auf dem Weg zum Fluss. Als wir kurz vor dem Ufer standen, fiel mir plötzlich das Band ein, das ich noch in meiner Tasche hatte.

Dann habe ich das Band herausgeholt und mich von dem Jungen verabschiedet. Ich sagte ihm, er solle mir nicht böse sein. Auch sagte ich ihm, dass ich ihn lieb habe. Das Kind hat hierzu gar nicht viel gesagt, außer ‹Warum?›. Als der Junge ‹Warum?› gefragt hat, habe ich wohl nicht geantwortet. Vielleicht habe ich auch gesagt: ‹Das verstehst du nicht.› Aber ich weiß es nicht mehr genau. Anschließend habe ich ihn herumgedreht und ihm das Band von hinten um den Hals gelegt. Als ich dann zugezogen habe, hat sich der Junge mit seinem Körper zu mir gedreht. Danach ist er zu Boden gegangen. Und ich bin mit hinunter zu Boden gegangen. Merkwürdig, dass ich das tat. Sören war ja ein sechsjähriges Kind, also nicht besonders schwer. Sören sagte kein Wort und schrie nicht. Er hat sich auch nicht gewehrt.

Irgendwann habe ich mit dem Band aufgehört und ihn mit den Händen weitergewürgt. Warum ich mit dem Band aufgehört habe, weiß ich nicht. Ich habe sicher dabei nicht gedacht, dass es mit den Händen besser klappt, denn er hat sich ja schon gar nicht mehr bewegt. Ich weiß es wirklich nicht, warum ich es dann mit den Händen gemacht habe. Ich habe geguckt, ob er tot war. Ja, er war tot.

Anschließend nahm ich ihn auf den Arm und bin mit ihm ins Dunkle gegangen. Dabei ist der Kopf des Jungen immer so nach hinten abgeknickt, also nach hinten abgefallen. Deshalb hab ich seinen Kopf hochgehoben und ihn dann auf die Wange geküsst. Obwohl er schon tot war, habe ich zu Sören gesagt, dass es mir Leid tut und dass ich ihn liebe. Ich habe ihm noch erklärt, dass ich es tun musste. Dann habe ich ihn auf den Mund geküsst, danach hatte ich den Speichel des Jungen am eigenen Mund. Vorher habe ich das ja nicht gesehen, ich hatte schließlich nicht hingesehen. Dann habe ich ihn eine Böschung hinunterrollen lassen. Sören fiel ins Wasser. Ich bin gegangen.»

Ich fragte Marco, wie er sich fühlte, nachdem er die Tat begangen hatte. Darauf antwortete er mir: «Gut, sehr gut. Es ging mir danach gut. Die Ruhe, die ich vorher hatte, ist wie zu einem Hochgefühl geworden.» Genauer erklären konnte Marco jedoch nicht, warum es ihm so gut ging. Er sagte nur: «Dieses Gefühl war einfach da. Eine Erklärung habe ich dafür nicht. Ich fühle mich an Sörens Tod unschuldig. Doris ist daran schuld.»

Anschließend ging Marco zurück in die Gaststätte und sagte zu seinem Bekannten: «Ich habe es getan. Ich habe meinen Sohn getötet.» Sein Bekannter lachte und meinte nur: «Du spinnst ja.» Marco bestellte zwei Gläser Schnaps und trank gemeinsam mit seinem Bekannten. Anschließend bat er ihn, seine Mutter anzurufen, um sie zu bitten, in die Gaststätte zu kommen. Seine Mutter kam gemeinsam mit dem Vater. Marco sagte nur: «Ich habe Sören getötet.» Seine Mutter stellte keine Frage, sie begann nur zu weinen.

In diesem Moment begann Marcos Bekannter zu begreifen, was geschehen war.

Doris war inzwischen mit ihrem Bruder auf die Suche nach Sören gegangen. Er sollte ja spätestens um 20 Uhr zurück sein. Inzwischen war es fast halb zehn. Sie war völlig außer sich. Sie erfuhr von der Oma, dass er sich mit seinem Vater in der Kneipe befinden könnte.

Marco erzählte mir dann:

«Doris stürmte völlig außer Atem in die Gaststätte und fragte gleich, wo der Junge ist. Ich antwortete ihr: ‹Tot. Ich hab ihn umgebracht.› Dann hat ihr Bruder mich weggeschubst und gefragt, wo ich den Jungen versteckt hätte. Sie haben es mir nicht geglaubt.

Ich habe wieder geantwortet: ‹Tot.› Doris begann zu heulen. Ihr Bruder sagte zu mir: ‹Wenn das stimmt, kriegste ’ne Kugel in den Kopf zur Verhandlung.› Daraufhin sind sie beide gegangen.»

Marco stellte sich selbst bei der Polizei.

Es ist grauenvoll, dass ein Mensch sein angeblich geliebtes Kind aus Rache und Eifersucht töten kann. Doch dieses Phänomen ist nicht unbekannt. Wir kennen es bereits seit der Antike. Es hat mit dem Mythos von Medea zu tun. Deshalb nennen wir solche Handlungen das «Medea-Syndrom». Es wird aus der Sage der asiatischen Prinzessin Medea abgeleitet, die folgendermaßen lautet:

Medea verliebte sich in den griechischen Prinzen Iason, der aus Mittelgriechenland – aus Thessalien – mit vielen Gefolgsleuten auf seinem Schiff «Argo» nach Kolchis in die südkaukasischen Regionen kam, um das Goldene Vlies in seinen Besitz zu bringen. Das Goldene Vlies aber war für die Bewohner von Kolchis heilig. Sie schützten es deshalb auch wie ein Heiligtum. Medea aber, die Tochter des Königs von Kolchis, lernte Iason kennen und verliebte sich in ihn. Aus Liebe verriet sie Iason, wo sich das Heiligtum befand, und half ihm, das Goldene Vlies zu entwenden. Sie verließ gemeinsam mit Iason und dessen Gefolgschaft ihre Heimat und ging mit ihm nach Griechenland. Medea und Iason bekamen zwei Kinder, die sie beide sehr liebten. Einige Jahre später verliebte sich Iason jedoch in eine griechische Prinzessin und verließ Medea. Aus Rache und Eifersucht schmiedete sie den teuflischen Plan, die eigenen Kinder zu töten, um Iason Schmerz zuzufügen. Sie verabschiedete sich liebevoll von ihren Kindern, so, wie auch Marco sich von Sören verabschiedet hatte. Die Sage, die später von Euripides in einer der berühmtesten griechischen Tragödien meisterhaft verarbeitet wurde, wollte den Unterschied zwischen Barbarei und Zivilisation zeigen. Medea, die Barbarin, handelte aus niedrigen Gefühlen – aus Eifersucht und Rache – und tötete dafür die eigenen Kinder. Die Griechen aber betrachteten diese Tat als «barbarische», entsetzliche Tat.

Als «Medea-Syndrom» bezeichnen wir die Tötung der eigenen Kinder aus Rache und Eifersucht. Doch das bedeutet keineswegs, dass diese Handlung tatsächlich ein «Syndrom», also krankhaft ist.

So haben wir auch Marcos Handlung beurteilt. Wir empfahlen dem Gericht, ihn als voll schuldfähig zu betrachten. Das Gericht kam zu dem gleichen Ergebnis und verurteilte Marco zu lebenslanger Haftstrafe.

Es ist leicht zu erklären, warum Marco als voll schuldfähig verurteilt wurde, trotz seiner offensichtlich schweren Persönlichkeitsstörung. Denken Sie an unser zweistöckiges Gebäude der Schuldfähigkeit zurück. Wir hatten gesagt, dass die Beurteilung der Schuldfähigkeit wie ein zweistöckiges Gebäude aufgebaut ist. Das erste Stockwerk war die Feststellung einer psychischen Erkrankung. Das zweite Stockwerk setzt sich zusammen aus den Zuständen, die zu der jeweiligen Straftat geführt haben. Wichtig ist hierbei, dass eine Verbindung zwischen den beiden Etagen besteht. Zwischen der biologisch-psychischen und der normativen Ebene. Und dass eindeutig nachzuweisen ist, dass die psychische Störung zur Tat geführt oder wesentlich dazu beigetragen hat. Bei Marco fanden wir die erste Etage vor, nämlich die schwere «Persönlichkeitsstörung». Diese bestand aus zwei Bereichen, nämlich den Merkmalen der Borderline- und der dissozialen Persönlichkeit. Und nun muss die Entscheidung getroffen werden, ob Marco aufgrund der festgestellten Persönlichkeitsstörungen nicht anders hätte handeln können, als er gehandelt hat. Diese Frage muss in zwei Abschnitte untergliedert werden:

Zunächst einmal müssen wir uns Folgendes fragen: War seine Einsichtsfähigkeit in das Unrecht seiner Tat gestört? Konnte er aufgrund seiner Störung einsehen, dass die Tötung eines Menschen Unrecht ist? Dass die Tötung des eigenen Kindes Unrecht ist?

Die Antwort darauf lautet eindeutig «ja».

Selten ist die Einsicht eines Menschen in das Unrecht eines Tötungsdeliktes aufgehoben oder beeinträchtigt. Eine Beeinträchtigung der Einsichtsfähigkeit ist ein Zustand, den wir fast ausschließlich bei Psychosen sehen. Bei Erkrankungen also, bei denen Halluzinationen, Wahn, illusionäre Verkennungen oder andere schwerste psychische Defizite vorhanden sind. Halluzinationen, Wahn und psychotische Ich-Erlebnis-Störungen, wie ich später noch ausführen möchte, haben in solchen Fällen eine so mächtige Herrschaft über Denken, Tun und Lassen eines Menschen, dass sogar seine Einsicht in das Unrecht einer Tötung aufgehoben werden kann.

Alle anderen psychischen Störungen, vor allem die Persönlichkeitsstörungen, verursachen keine Aufhebung oder Beeinträchtigung der Einsichtsfähigkeit. So war es auch bei Marco der Fall. Er wusste, dass er mit Sörens Tötung etwas Unrechtes und Furchtbares tat. Darüber hinaus gibt es auch ethisch-moralische Werte, die die juristischen Normen komplettieren. Die Tötung eines Menschen ist nämlich der Bruch eines Tabus. Und die Tötung des eigenen Kindes ist der Bruch eines noch bedeutsameren Tabus. Sie ist gegen jedes kulturelle, ethische und moralische Prinzip. Sie ist gegen jede durch die Natur gegebene Fürsorge der Eltern für ihre Kinder. Diese ethisch-moralischen Werte verstärken nun das juristische Verbot und erhöhen deutlich die Schwelle einer solchen Verletzung. Doch selbst wenn wir nur auf dem wissenschaftlichen Weg bleiben, wozu wir als psychiatrische Gutachter verpflichtet sind, gibt es keinen Anhalt dafür, dass Marco das Unrecht seiner Tat nicht einsehen konnte.

Die zweite Teilfrage lautet, ob Marcos Steuerungsfähigkeit durch seine Persönlichkeitsstörung beeinträchtigt war. Das heißt, ob er seiner Einsicht gemäß handeln konnte. Die Einsicht war: «Töten ist Unrecht.» Konnte er auch in der Praxis danach handeln? Diese Frage ist eindeutig zu bejahen. Bei dieser bestimmten Tat, zu diesem bestimmten Zeitpunkt hätte er anders handeln können. Die Tötung geschah beispielsweise nicht durch eine Körperverletzung, die aus einem plötzlichen Impuls oder plötzlichen Affekten heraus entstand. In diesem Fall wäre zu diskutieren, ob Marco sich aufgrund seiner Persönlichkeitsstörung nicht beherrschen konnte. Nein, was Marco tat, war nicht Ausdruck eines eruptiven Ausbruchs von Affekten. Nicht eine plötzliche Explosion von Impulsen. Was er tat, hatte ein relativ lang andauerndes Tatvorfeld von mindestens mehreren Stunden. Er hatte darüber nachgedacht. Er hatte den Mord geplant. Er nahm einen Strick mit, um Sören zu töten. Er hatte ein Ziel. Er handelte zielgerichtet. Er wollte Doris wehtun. «Wenn ich Sören nicht haben kann, dann auch du nicht.» Er saß in der Kneipe und diskutierte mit seinem Bekannten, wie er es am besten anstellen sollte. Er tötete Sören, und er verkündete Doris: «Jetzt kannst du ihn auch nicht mehr haben. Du hast mein Leben ruiniert, jetzt habe ich dein Leben ruiniert.» Die Tötung Sörens war zwar psychologisch ableitbar aus den Rache- und Eifersuchtsgefühlen, die Marco gegen Doris hegte. Aber es gibt keinen Zweifel daran, dass Marco in dieser furchtbaren Nacht anders hätte handeln können. Es ist also keine Verbindung zwischen erster – biologisch-psychischer – und zweiter – normativer – Ebene festzustellen. Also war Marco voll schuldfähig. Er wurde zu lebenslanger Freiheitsstrafe verurteilt.

Töten, um zu probieren

Sie haben sicherlich bemerkt, dass Marco offen fast bis zur Selbstzerstörung war. Er leugnete nichts und erzählte sämtliche Details bereitwillig und freiwillig während der Begutachtung. Er hat nichts, was ihn belasten könnte, geschönt oder verharmlost. Doch Mitleid war während all seiner Ausführungen nicht zu erkennen. Ich war besonders verblüfft, als er während der Verhandlung – kurz vor Ende – den Vorsitzenden Richter bat, mit mir unter vier Augen sprechen zu dürfen. Der Richter gab Marcos Wunsch nach. Wir wurden in ein spezielles Zimmer im Gerichtsgebäude gebracht. Dort sagte Marco zu mir: «Ich muss Ihnen etwas anvertrauen.»

«Das ist uns nicht erlaubt», gab ich zur Antwort. «Ich sitze hier nicht als Ihr Arzt, sondern als Sachverständiger. Ich bin verpflichtet, alles, was Sie mir sagen, dem Gericht mitzuteilen. Darüber habe ich Sie ja bereits zu Beginn unserer Gespräche aufgeklärt. Also passen Sie auf, was Sie sagen. Wenn Sie mir etwas Belastendes erzählen, muss ich das dem Gericht mitteilen.»

«Ja, das weiß ich», antwortete Marco. «Ich möchte aber allen zeigen, dass Doris immer das Ziel meiner Tat war und ist. Ich wollte Doris töten. Ich will es noch immer. Ich habe meinen Sohn umgebracht, um ihr wehzutun. Dann sollte auch sie sterben. Das hatte ich sogar schon einmal ausprobiert.»

«Sind Sie sich sicher», sagte ich zu Marco, «dass Sie mir tatsächlich auch davon erzählen wollen?»

«Ja, das werde ich tun.»

«Ich muss das, was Sie mir erzählen, dem Gericht mitteilen», sagte ich.

«Trotzdem möchte ich darüber sprechen», gab er mir zur Antwort.

Und so begann er mir über einen Vorfall, der zwei bis drei Jahre vorher stattgefunden hatte, Folgendes zu berichten:

«. . . Ich nahm die Pistole aus dem Schrank und setzte mich damit auf die Couch. Dort habe ich erst einmal eine geraucht und an der Pistole ein bisschen herumgespielt. Trommel auf, Trommel zu, mal den Abzugshahn nach hinten, dann wieder nach vorne. Und auf einmal kam mir der Gedanke, damit jetzt mal einen umzubringen. Ich hatte noch nie mit einer Pistole geschossen. Ich wollte sehen, ob es klappt, um später bei Doris keinen Fehler zu machen. Ich habe mich an das Fenster gestellt, wo gegenüber eine Straße ist, durch die immer viele Leute mit ihren Hunden laufen. Dort steht etwas weiter hinten auch ein Trafohäuschen, so dass ich mir dachte, wenn ich mich dahinter stelle, vielleicht kommt ja einer vorbei, den ich erschießen kann. Doch niemand kam.

Auf einmal kam mir der Kaiser in den Sinn. Es kam niemand vorbei, so dass der mir irgendwie eingefallen ist. Ich dachte an ihn. Ich dachte: ‹Der Kaiser ist gut. Der ist Alkoholiker und hat niemanden, der ihn vermissen oder suchen wird.› Zuerst habe ich überlegt und gedacht ‹na ja›. Dann setzte ich meine Mütze auf, zog meine Jacke an, steckte die Pistole ein und bin zu ihm hinübergegangen.

Dort habe ich an die Tür geklopft, weil bei ihm der Strom abgeklemmt ist und nichts mehr funktioniert. Der Kaiser hat gerufen: ‹Wer ist denn da?›, worauf ich geantwortet habe: ‹Ich bin's, Marco. Mach mal auf.› Dann hat der Kaiser gefragt, was ich denn noch so spät wolle, worauf ich geantwortet habe: ‹Eine Flasche Bier trinken.› Da hat er die Tür aufgemacht. Er war ganz schön angetrunken. Er hat mich noch einmal gefragt, was ich denn so spät noch wolle, worauf ich wieder gesagt habe: ‹Bloß mal eine Flasche Bier trinken.› Danach habe ich mich in einen Sessel gesetzt, der schräg an einem Tisch stand, und habe gefragt: ‹Haste denn nun eine Flasche Bier?› Er stand auf und wollte mir eine Flasche Bier holen. Gleichzeitig bin ich auch aufgestanden. Ich habe meine Jacke geöffnet, die Pistole herausgeholt und gezielt auf seinen Kopf geschossen. Dabei stand der Kaiser mit dem Rücken zu mir im Flur bzw. er war im Begriff, die Flasche Bier für mich zu holen. Ich stand in einem Abstand von ungefähr einem Meter hinter ihm, also ganz nahe. Einmal habe ich geschossen. Daraufhin ist er umgefallen. ‹Entschuldigung›, habe ich gesagt. Und dann habe ich noch gesagt: ‹Es ist nicht persönlich gemeint.› Dann bin ich schnell hinausgerannt und nach Hause gegangen. Niemand hat mich gesehen.

Ich dachte, dass er tot ist. Nach dem Schuss hat der so komische Geräusche von sich gegeben wie ‹ahhh› und ist dann im Flur umgefallen. Es war ja alles duster, so bin ich gleich hinausgerannt.

Warum ich das getan habe? Ich habe das Geschehen bestimmt und war Herr der Lage. So, wie ich es auch mit Doris haben wollte. Ich wollte auch probieren, wie es funktioniert, weil ich ja

Doris noch töten wollte. Ich habe Doris auch erzählt, was ich mit Kaiser gemacht habe. Ich wollte, dass sie weiß, wozu ich fähig bin. Dass ich keine Scherze mache. Ich tat es zwar mit Kaiser, doch dabei hatte ich Doris vor Augen.»

Als er mir das alles erzählt hatte und es dem Gericht bekannt geworden war, wurde Marco ein zweiter Prozess gemacht. Diesmal wegen versuchten Mordes. Eigentlich war das kein neuer Prozess. Denn dieser versuchte Mord war der, über den Doris damals der Psychologin berichtet hatte. Damals war Marco im Prozess freigesprochen worden. Nun war klar, dass Marco doch der Täter gewesen war. Er hatte mir die Tat gestanden, um klar zu machen, dass er es mit Doris ernst meinte.

Später, einige Zeit nach diesem Prozess, bekam ich von Marco folgenden Brief. Dieser Brief wurde offiziell in der öffentlichen Gerichtsverhandlung eingereicht.

«Werter Herr Professor!

Ich habe von meinem Rechtsanwalt jetzt die Revisionsbegründung erhalten und bin so böse und wütend, weil ich die Welt nicht mehr verstehe. Sie werden wohl erfahren haben, dass ich eine lebenslange Freiheitsstrafe mit besonderer Schwere der Schuld vom Gericht erhalten habe, das verstehe ich nicht.
... Niemand fragt warum dies geschah. Ich hab es doch nur getan, damit unser Sohn seinen Vater nicht verliert. Ich wollte Ihm doch nichts böses antun verstehn Sie mich Herr Professor.

Alle sprechen davon, dass ich Doris umbringe und alle reden von Rache meinerseits, das ist völlig falsch. Der Grund für Doris' Tötung liegt viel tiefer verborgen nur das erklären Sie mal jemandem. Man hat sich doch überhaupt gar keine Mühe gegeben mich nur annähernd zu verstehn. Die wahren Gründe für die Tötung ist die, dass wir eine Familie waren und auch noch sind nur mit der Einschränkung unser Kind ist tot. Sie ist verpflichtet sich zu töten und sich bei unseren Sohn seinem Grab beisetzen zu lassen damit er dort nicht so allein liegt. Obwohl ein Leben nach dem Tot nicht mehr üblich ist wie vorher so ist sie doch die Mutter. Ich kann mich nicht umbringen weil ich nicht in seinem Grab beigesetzt werde denn wir waren ja nicht verheiratet. Das macht mich wahnsinnig dieser Gedanke.

Wissen Sie Herr Professor ich bin in der Situation wo ich nicht mehr weiß was ich und wie ich Handeln soll.

Wenn Doris Ihren neuen Freund einmal Heiraten tut und mit Ihm eine Familie hat und ich Sie dann umbringe damit Sie bei Sören im Grab liegt wer gibt mir denn die Garantie dafür dass Sie auch in Sören seinem Grab beigesetzt wird. Wenn der Freund es nun nicht will was dann. Töte ich beide so kommen Sie vieleicht zusammen in ein Grab und Sören liegt für alle ewigkeit dort allein. Das macht mich krank. Es ist für mich eine Herausforderung und ich werde das beste für meinen Sohn tun egal was andre denken Sie werden es nie verstehn. Er soll seine Mutter bei sich haben das es nicht so ist tut mir sehr weh. Und macht mich auch sehr traurig. Sie werden sich vieleicht fragen warum ich Ihnen denn dies schreibe aber hier wenn ich mit jemanden darüber reden würde würde es aussehen als wäre ich nicht mehr ganz dicht im Kopf – im Gegenteil ich bin sehr klug und will nur das beste für meinen Sohn. Denn heute 1 Jahr nach dem was passiert war sage ich immer noch, dass ich Sören nicht umbringen wollte.»

Trotz seiner furchtbaren Tat tut Marco mir irgendwie Leid. Er ist ein Gefangener seiner Pathologie. Er tut mir vor allem deshalb Leid, weil ich gerade in seinem Fall eine Schwäche unseres Rechtssystems bestätigt sehe. Die «Maßnahmen der Besserung» sind nach deutschem Recht mit der Frage der Schuldunfähigkeit bzw. der verminderten Schuldfähigkeit verknüpft. Ist der psychisch Gestörte vermindert schuldfähig oder schuldunfähig, kommt er in den Maßregelvollzug und erhält dort eine langjährige psychiatrische Behandlung. Natürlich endet eine solche Therapie mit unterschiedlichem Erfolg.

Wird aber ein persönlichkeits- oder anderweitig gestörter Täter als voll schuldfähig bezeichnet, weil er eben zum Tatzeitpunkt anders handeln konnte, als er gehandelt hat, dann kommt er ins Gefängnis. Doch auch dieser Straftäter braucht eine Therapie. Auch Marco benötigt dringend eine solche Therapie. Die Therapiekapazitäten in den Gefängnissen sind jedoch entweder minimal oder überhaupt nicht vorhanden. Ich betone immer wieder, dass manche Straftäter eine Einrichtung nötig hätten, die ein Zwischending von Maßregelvollzug und Gefängnis darstellt. Die nach dem Gesetz vorgesehenen Sozialtherapiestationen wären eventuell ein Ansatz für ein solches Konzept.

Teil E:

Tötung aus mangelnder Liebe. Tötung durch Vernachlässigung

Auf einem Dachboden in einem heißen Sommer

Eltern, die töten, sind unterschiedlich. Sie handeln aus unterschiedlichen Motiven und haben unterschiedliche Hintergründe, wie die nächste Geschichte zeigt.

Es war ein heißer Augusttag. Die Temperaturen kletterten in diesen Tag bis um die 30 °C. Es war schon spät am Abend, als Ilona ihre drei Kinder aufforderte, endlich ins Bett zu gehen. Der Vater des elfjährigen Mario war ihr erster Freund gewesen. Der hatte sie aber, als sie schwanger war, wegen einer anderen Frau verlassen. Noch während der Schwangerschaft mit Mario lernte sie ihren jetzigen Mann, Ingo, kennen, der in einem landwirtschaftlichen Betrieb in der Nähe ihres Dorfes arbeitete. Kurz nach Marios Geburt hatten sie geheiratet. Zwei Jahre später wurde Beate geboren. Ein Jahr nach Beate kam Bianca zur Welt. Drei kleine Kinder so dicht nacheinander waren für Ilona keine leichte Aufgabe. Doch sie hatte ihre Oma, die ihr dabei half. Zu ihren Eltern hatte sie keine gute Beziehung. Dafür war die Oma zu einer Art Ersatzmutter geworden. Vor allem nach Marios Geburt war die Oma sehr solidarisch mit Ilona gewesen. Der Junge wurde von beiden gemeinsam erzogen. Die beiden Mädchen aber hatte Ilona weitgehend allein großgezogen. Drei Kinder wären für die alte Frau dann doch zu viel geworden.

«Nun reicht es», dachte Ilona häufig. «Nun möchte ich kein Kind mehr. Drei sind genug. Die machen einfach zu viel Arbeit.» Ilona wusste aber auch, dass der wichtigste Grund dafür, warum sie kein weiteres Kind mehr wollte, ihre Beziehung zu Ingo war. Die hatte sich im Laufe der Jahre stetig verschlechtert. Immer weniger hatte der eine Interesse am anderen. Streitereien waren an der Tagesordnung. Ingo war ein Hundenarr, und sie hatten zwei große Hunde im Haus. Darum kümmerte sich Ingo. Man hatte fast den Eindruck, als kümmere er sich viel mehr um die beiden Hunde als um seine eigenen Kinder. Ein ständiger Anlass zu Streitereien zwischen Ilona und Ingo war jedoch der Vorwurf seinerseits, dass sie sich nicht genügend um die Hunde kümmerte. Ilona wusste, dass sie ihren Mann inzwischen hasste.

Seit geraumer Zeit spielte Ilona mit dem Gedanken, Ingo zu verlassen. Sie selbst hatte zwar keinen Beruf und kein Einkommen, aber sie würde einfach zu ihrer Oma gehen. Dann – ungewollt und ungeplant – wurde Ilona erneut schwanger. Sie war unglücklich darüber, an Abtreibung dachte sie jedoch nicht. «In unserem Dorf war so etwas nicht üblich», sagte sie mir später. Fabian wurde geboren. Eine richtige Freude war es für Ilona nicht, als Fabian das Licht der Welt erblickte. Fabian war das vierte, das ungewollte Kind. Und Fabian war Ingos Sohn. Sohn eines Vaters, mit dem sie nichts mehr zu tun haben wollte. Aber auch Ingo war nicht sehr begeistert. Drei Kinder waren schon viel. «Zu viel», dachte er. Sie richteten auf dem Dachboden ein kleines Zimmer als Fabians Kinderzimmer her. Die Wände waren zwar nicht isoliert, und die Fenster bestanden nur aus kleinen Luken, doch es gab nirgendwo in diesem Haus einen anderen Platz für Fabian. So, wie auch im Herzen der beiden.

Fabian war inzwischen über drei Jahre alt geworden und offensichtlich «zurückgeblieben». Er konnte bisher nur drei Worte sagen: «Mama», «Papa» und «Auto». Richtig laufen konnte er auch nicht. Er war klein und mager. Fabian verbrachte die meiste Zeit des Tages und die gesamte Nacht in seinem Zimmerchen auf dem Dachboden. In seinem Gitterbettchen. Irgendwann hatten auch die anderen Kinder der Familie kein großes Interesse mehr an Fabian. Sie kümmerten sich kaum noch um ihn. Es war fast so, als ob Fabian gar nicht existierte. Für niemanden.

Fabian schlief lange am Morgen. Das entschuldigte in Ilonas Augen ihre Entscheidung, seine Mahlzeiten auf zwei pro Tag zu beschränken. Frühstück gab es nicht. «Er schlief sowieso zur Frühstückszeit», erzählte sie mir. Sie gab ihm nur mittags und abends; das Abendessen oft erst nach zehn. «Das war nicht ungewöhnlich. Ich musste mich ja zuerst um die anderen kümmern», sagte sie mir.

An diesem heißen Augusttag kam Ilona erst gegen halb elf nach oben in Fabians Zimmer. Sie brachte ihm Bananenbrei, Pudding und kalten Tee. Fabian spielte in seinem vergitterten Bettchen. Obwohl er über drei Jahre alt war, schlief er noch immer in seinem Gitterbett. Er war ja zurückgeblieben. Fabian freute sich sehr, als er seine Mutter sah. Ilona fütterte ihn fast mechanisch. Sie dachte nur an den morgigen Tag. Sie hatte sich nämlich überlegt, am nächsten Tag in die Stadt zu fahren und sich eine Wohnung zu suchen. Dann würde sie ihren Mann verlassen. Sie konnte die Streitereien nicht mehr ertragen. Feste Pläne hatte sie dabei nicht, und was sie genau machen wollte, wusste sie auch noch nicht. Jetzt aber, hier oben in Fabians Zimmer, traf sie endgültig die Entscheidung zu gehen. Nach einer halben Stunde, noch bevor Fabian eingeschlafen war, verließ sie das Zimmer.

Am nächsten Morgen erklärte sie ihrem Mann, dass sie in der Stadt Schulsachen für die Kinder kaufen wolle. Ingo sah sie misstrauisch an. Er ahnte, dass sie dabei war, ihn zu verlassen. Das war ja Thema jeder ihrer Auseinandersetzungen. Sein Angebot, sie in die Stadt zu fahren und wieder abzuholen, war etwas ungewöhnlich. Ilona lehnte es auch sofort ab. Die drei größeren Kinder schickte sie zu ihrer Oma, wo sie den ganzen Tag über bleiben sollten. Gegen neun ging sie dann die Treppe hinauf, die zu Fabians Zimmerchen führte. Sie horchte, ob er wach war. Sie hörte keine Geräusche und traf die Entscheidung zu gehen. Ohne nachzusehen, was er tat. Ohne ihm eine Flasche Tee oder Wasser an sein Bettchen gestellt zu haben. Obwohl ihr bewusst war, wie heiß es auf dem Dachboden werden konnte. Das Zimmer war schließlich nicht isoliert. Sie wusste auch, dass das Fenster geschlossen und die Luft stickig war. Wenn sie wieder aus der Stadt zurückkäme, würde sie sich um alles kümmern.

Sie fuhr in die Stadt. Es wurde Mittag. Und es wurde heiß – sehr heiß. Die Temperaturen waren im Freien bereits auf 30 °C gestiegen. Sie dachte kurz an Fabian, doch gleichzeitig dachte sie: «Sein Vater wird sich schon um ihn kümmern. Der wird doch mittags nach Hause kommen.»

Merkwürdig, dass sie diesen Gedanken hatte. Dabei war es doch die Ausnahme, dass Ingo mittags nach Hause kam. Die Regel war es jedenfalls nicht. Ingo kam auch an diesem Tag mittags nicht heim.

Ilona traf eine alte Bekannte in der Stadt, und sie fingen an zu reden. Sie sprachen über Ilonas Eheprobleme und ihre Entscheidung, sich eine Wohnung zu suchen, um Ingo verlassen zu können. Die Bekannte erklärte sich bereit, Ilona dabei behilflich zu sein. So wurde es Abend. Fabian hatte sie völlig vergessen. Die Bekannte machte Ilona das Angebot, bei ihr zu übernachten. Dieses Angebot nahm sie an. Ihren Mann informierte sie nicht. «Wir hatten ja zu Hause kein Telefon», sagte sie dazu. Auf meine Frage, ob sie bei der Genossenschaft angerufen habe, bei der ihr Mann arbeitete, meinte Ilona nur, dass sie daran nicht gedacht hatte. Auch an Fabian hatte sie nicht gedacht.

Ingo kam gegen 19 Uhr nach Hause. Dort traf er niemanden an, und es beunruhigte ihn, dass seine Frau noch nicht da war. Er ahnte nichts Gutes. Ihm war ja bekannt, dass sie sich ernsthaft mit Trennungsabsichten trug. Er machte sich auf die Suche nach seiner Frau. Mit dem Auto fuhr er in die kleine Nachbarstadt, wo sich seine Frau aufhalten sollte. Er drehte einige Runden im Zentrum, fand sie aber nicht und kehrte nach Hause zurück. Die drei Kinder sollten an diesem Tag bei der Oma übernachten. So war er mit Fabian allein im Haus. Ingo gab zuallererst den beiden Hunden zu fressen und zu trinken. Danach briet er sich Eier und Würste. Dazu trank er ein kaltes Bier. Es war ja schließlich ein heißer Tag. Ein sehr heißer Tag. Anschließend ging er die Treppe hinauf, die zum Dachzimmer führte. Er blieb auf der zweiten Stufe stehen und lauschte. Da er nichts hörte, nahm er an, Fabian schlafe. Also ging er nicht nach oben. Es war ihm dabei bewusst, wie heiß es auf dem Dachboden werden konnte.

Dort oben, wo der kleine Fabian schlief. Ingo machte es sich vor dem Fernseher bequem. Er trank sein Bier und wartete auf seine Frau. Ohne Erfolg.

Am nächsten Morgen erwachte Ingo auf dem Sofa. Er gab den beiden Hunden zu fressen, dann trank er selbst einen Kaffee. Anschließend stellte er sich auf die Treppe, die zu Fabians Zimmer führte. Auch jetzt blieb er wieder auf der zweiten Stufe stehen und horchte auf irgendwelche Geräusche. Da er wieder nichts vernahm, verließ er das Haus.

Ilona blieb den ganzen nächsten Vormittag bei der Bekannten. Sie plauderte mit ihr über Gott und die Welt. Vor allem aber über die Möglichkeit, ihren Mann zu verlassen. Fabian erwähnte sie dabei nicht. Sie kam an diesem Tag erst um fünf Uhr nach Hause. Die drei älteren Kinder waren schon da. Sie waren – gut versorgt – von der Oma zurückgekommen. Auch Ingo war bereits zu Hause. Ilona ging in die Küche, machte das Abendessen und stritt gewaltig mit ihrem Mann. Um 20 Uhr ging sie die Treppe nach oben zu Fabians Zimmerchen. Als sie die Tür öffnete, schlug ihr eine Wolke stickiger, warmer Luft entgegen, die sie zu einem «Oh» veranlasste. Sie ließ den Teller mit dem Bananenbrei und die Flasche mit dem kalten Tee auf einem kleinen Tisch stehen. Nun endlich wollte sie den schlafenden Fabian wecken.

Fabian aber schlief nicht. Fabian war tot.

Der Rechtsmediziner diagnostizierte eine «Dehydrierung», einen Flüssigkeitsmangel. Er stellte außerdem eine chronische gefährliche Unterernährung fest.

Ein kleines, zierliches und schwaches Kind. Ein unterernährtes Kind. Ein vernachlässigtes Kind. In der ungewöhnlichen Hitze dieses ungewöhnlichen Augusts. Eingeschlossen auf einem nicht belüfteten und nicht isolierten Dachboden. Ohne Wasser, ohne Nahrung und ohne frische Luft.

Ohne Liebe.

Ilonas Intelligenz ist zwar unterdurchschnittlich, liegt aber nicht im pathologischen Bereich. Sie hatte einen Intelligenzquotienten von 78. Von einer pathologischen Veränderung der intellektuellen Kapazitäten, von einer Intelligenzminderung, sprechen wir, wenn der IQ niedriger als 70 ist. Der durchschnittliche IQ wird zwischen 85 und 115 geschätzt. Ein IQ zwischen 70 und 85 wird zwar als Hinweis auf eine unterdurchschnittliche Begabung, aber nicht als eine pathologische Intelligenzminderung angesehen. Menschen, die intellektuell gering begabt sind, also einen IQ zwischen 70 und 85 haben, brillieren zwar nicht, doch sie sind voll in der Lage, Recht von Unrecht und Erlaubtes von Unerlaubtem zu unterscheiden. Sie können einen Beruf erlernen, können eine Familie gründen und können «autark», also selbstständig, leben. So war das auch bei Ilona.

Bei Ilonas Ehemann lag der IQ mit 95 im Durchschnittsbereich. Sie hatten auch keine der psychischen Erkrankungen, die wir schon besprochen haben. Auch ihre Persönlichkeit war nicht pathologisch. Wir stellten keinerlei krankheitswertige Persönlichkeitsstörung bei Ilona und Ingo fest. Ilona ist eine sehr einfach strukturierte, unterdurchschnittlich begabte Frau mit gering ausgeprägtem Solidaritäts- und Verantwortungsgefühl. Auch ihre Empathiefähigkeit, also ihre Fähigkeit, sich in die Gefühle anderer Menschen hineinzuversetzen und Mitgefühl zu entwickeln, war nicht sehr ausgeprägt. Wie auch ihre Introspektionsfähigkeit, also ihre Fähigkeit, eigene Schuld und eigene Verantwortlichkeit zu erkennen. Dabei handelt es sich aber um Persönlichkeitseigenschaften, die noch keine krankheitswertige Persönlichkeitsstörung ausmachen. Und vor allem konnten beide Eltern die Konsequenzen ihres Verhaltens vorhersehen. Unsere Untersuchungen zeigten, dass sie voll in der Lage waren zu erkennen, was Unterernährung bedeutet, wie diese entsteht und wie man sie vermeiden kann. Auch wussten sie ganz genau, wie sie Kinder aufziehen mussten, denn sie hatten ja bereits drei Kinder großgezogen. Sie wussten, was Hitze bedeutet. Und sie kannten die daraus entstehenden Folgen. Sie wussten ebenfalls, was es bedeutet, in einem nicht isolierten kleinen Dachzimmer mit geschlossenem Fenster und über 30 °C Außentemperatur eingeschlossen zu sein.

Wir kamen zu dem Ergebnis, dass Ilona und Ingo Fabian so vernachlässigt hatten, weil sie ihn einfach nicht liebten. Das Desinteresse und die fehlende Liebe führten zur Vernachlässigung. Die Vernachlässigung jedoch war auch ein Ausdruck von Ilonas Aggression gegen ihren Mann, die sie an Fabian ausließ.

Wir empfahlen dem Gericht, sie als voll schuldfähig zu betrachten. Das Gericht nahm diese Empfehlung an.

Fabian musste sterben, weil zwischen den beiden Eheleuten ein tiefer Hass bestand.

Fabian wurde zu einer Zeit geboren, wo Ilona sich bereits von ihrem Mann trennen wollte. Doch nun wurde sie durch das Kind noch enger an den gehassten Mann gebunden. Und diese Hassgefühle projizierte sie auf Fabian. Da waren nicht nur die heißen Augusttage, an denen Fabian in seinem überhitzten Dachbodenzimmer ausharren musste. Vielmehr war es eine chronische Aggression und Bestrafung, die das Kind erfuhr. Die dauerhafte Unterernährung, die völlige Vernachlässigung. Das alles waren teilweise Ausdrucksformen ihrer Aggressionen gegen ihren Mann. Nicht jede Frau aber, die ihren Mann hasst, tötet das eigene Kind. Es müssen noch andere Faktoren hinzukommen – die Persönlichkeit, die mangelnde Empathiefähigkeit, das Intelligenzniveau, das moralisch-ethische Gerüst und manche andere. Während meiner Untersuchungen gewann ich allerdings den Eindruck, dass ohne den Hass gegen den Ehemann diese chronische Aggression gegen Fabian nicht entstanden wäre.

Aber auch der Ehemann Ilonas ist nicht weniger schuldig. Wir fanden auch bei ihm keine psychischen Störungen, die zu einer Beeinträchtigung seiner Fähigkeit führten, Recht von Unrecht und Erlaubtes von Unerlaubtem zu unterscheiden. Genau wie bei seiner Frau fanden wir auch bei ihm ein großes Desinteresse gegenüber Fabian. Keine Liebe, keine Beziehung. «Er war der Sohn seiner Mutter.» Ingo schob jede Verantwortung von sich.

Er sagte: «Dafür war meine Frau verantwortlich.» Auch als die Frau an diesem Abend nicht nach Hause kam und er sich um die Hunde kümmerte, war ihm Fabian völlig gleichgültig. Ganz offensichtlich war das Kind den ganzen Tag und die ganze Nacht ohne Wasser und Essen in der Hitze eingeschlossen gewesen. Auch dann empfand er keinerlei Mitleid; seine Übertragungs- und Aggressionsmechanismen ähnelten denen von Ilona sehr.

Wir testierten auch ihm volle Schuldfähigkeit. Ilona wurde zu einer Freiheitsstrafe von zwei Jahren und Ingo zu anderthalb Jahren verurteilt.

Solche traurigen Fälle sind leider nicht so selten, wie man meinen könnte. Ich habe einige solcher Fälle während meiner psychiatrischen Laufbahn gesehen. Fälle, in denen die Vernachlässigung Hand in Hand mit körperlicher Misshandlung ging. Diese Fälle ähneln sich alle. Von einem Fall aber möchte ich doch noch berichten.

Das verheimlichte Kind

Iris versteckt ihr Baby. Harry versteckt sich vor seinem Baby

Ich sah Iris in einem Frauengefängnis. Als ich dort ankam und von einer Justizbeamtin zu dem Raum geführt wurde, wo ich Iris treffen sollte, sagte sie zu mir: «Ich weiß nicht, ob es günstig ist, wenn Sie sie heute sehen. Sie ist nämlich gestern erst aus der Krankenstation zu uns verlegt worden. Dort war sie, weil eine Ausschabung vorgenommen werden musste.» Iris war nämlich schwanger ins Gefängnis gekommen, doch das Kind war im Mutterleib gestorben.

Iris erzählte mir, dass sie seit 13 Jahren mit Harry zusammenlebe. Seit ihrem 18. Lebensjahr. Harry war der einzige Mann in ihrem Leben. Sie hatten aber erst vor zwei Jahren geheiratet. Bis zu ihrer Eheschließung hatten sie bereits fünf gemeinsame Kinder. Sie konnte die Gründe nicht genau nennen, die zu der Entscheidung geführt hatten, erst jetzt zu heiraten – nach dem fünften Kind. Irgendwann sagte sie zu mir: «Mein Mann ist viel unterwegs. Er ist Kraftfahrer, und da hatten wir keine Zeit zu heiraten.» Über sieben Jahre lang hatten sie die Hochzeit immer wieder verschoben, weil sie «keine Zeit dafür hatten». Außerdem kam ein Kind nach dem anderen zur Welt. Iris meinte, dass zwischen ihrem Mann und ihr eine gegenseitige Liebe bestünde. Sie konnte aber nicht viel darüber erzählen. Überhaupt konnte sie nicht besonders viel erzählen. Alle ihre Antworten waren kurz und vage. Und so verlief unser Gespräch nach dem folgenden Muster:

«Wie ist die Beziehung zu Ihren Eltern?», fragte ich Iris.

«Normal . . . Gut . . .»

«Können Sie das präzisieren und beschreiben?»

«Nee, so wie normale Beziehungen.»
«Wie war Ihre Beziehung zu Harry?», fragte ich weiter.
«Gut ... Normal ...», war ihre knappe Antwort.
«Können Sie mehr darüber erzählen?»
«Nee ...»
«Und die Beziehung zwischen Ihnen und Ihren fünf Kindern?», wollte ich wissen.
«Gut ... Normal ...»
«Was heißt das?»
«Tja, ist gut. Ist normal.»
«Gibt es ein Kind, das Sie mehr als die anderen lieben?», fragte ich weiter.
«Nee ... Alle gleich ...»
«Ist die Beziehung zu Harry tatsächlich so gut?», wollte ich noch einmal wissen.
«In den letzten zwei Jahren nicht mehr.»
«Warum nicht?», fragte ich nach.
«Der schimpft so viel mit den Kindern.»
«Was stimmt weiter nicht in Ihrer Beziehung?»
«Er ist nervös und laut geworden in den letzten Jahren», gab Iris zur Antwort.
«Wollte Harry viele Kinder?»
«Nee ... Er schimpfte auch darüber, dass wir so viele haben.»

Trotzdem wurde Iris zum sechsten Mal schwanger.

Sie sagte die ganzen neun Monate kein Wort zu ihrem Mann über die Schwangerschaft.
«Wusste er überhaupt, dass Sie schwanger sind?», fragte ich Iris.
«Nein, ich habe ihm nichts davon gesagt.»
«Hat er es nicht bemerkt?», äußerte ich etwas verwundert.
«Weiß ich nicht. Aber er hat nichts gesagt.»
«Nahm Ihr Bauchumfang denn während der Schwangerschaft nicht zu?»
«Ja schon, aber er hat nicht danach gefragt. Ich habe auch versucht, es zu verstecken.»

«Sind Sie sich sicher, dass Ihr Mann nichts davon bemerkte?», hakte ich nach.

«Weiß ich nicht. Er kam nur an den Wochenenden nach Hause. Dann hat er nichts darüber gesagt.»

«Hatten Sie während dieser Zeit sexuellen Verkehr?»

«Ja.»

«Hat Ihr Mann nichts zu Ihrem großen Bauch gesagt? Sie sind ja sonst eine schlanke Frau.»

«Nee ... Hat er nicht.»

«Warum hielten Sie Ihre Schwangerschaft geheim?»

«Ich hatte Angst ... Ich dachte, er wird wieder schimpfen ... und er wird böse.»

An einem Donnerstag gebar Iris ein gesundes Mädchen. Anderthalb Tage später verließ sie gegen ärztlichen Rat das Krankenhaus mit ihrem Baby auf dem Arm. Es war ja schließlich Samstag, und Samstagmittag kam Harry immer nach Hause. Sie wollte nicht, dass er erfuhr, dass sie gerade im Krankenhaus ist und ein Kind bekommen hatte. Die Ärzte versuchten ihr zu erklären, dass es besser sei, wenn sie noch in der Klinik bliebe, weil das Kind nicht ganz gesund war. Es hatte Schwierigkeiten mit dem Trinken. Iris versprach, am Montag mit dem Kind zum Kinderarzt zu gehen. Dies tat sie jedoch nicht. Sieben Monate lang nicht.

Sie brachte an diesem Samstagvormittag das Baby ins Kinderzimmer, wo drei weitere Kinder schliefen. Dort legte sie es in einen Kinderwagen. Die anderen Kinder sollten nichts von dem Neugeborenen erzählen. Mittags kam Harry nach Hause. Sie gingen gemeinsam einkaufen. Kein Wort fiel über das Neugeborene. Auch in den kommenden sieben Monaten nicht. Das Baby blieb die ganze Zeit über in diesem Zimmer. Nicht ein einziges Mal wurde es nach draußen gebracht, obwohl es doch Frühling und dann Sommer war. Die anderen Kinder wurden aufgefordert, dem Vater nichts über das Baby zu erzählen. Das befolgten sie auch. Sechs Monate nach dessen Geburt kam Iris' Bruder zu Besuch. Er wusste von der Existenz des Kindes und erzählte

Harry davon. Harry reagierte nicht darauf und befragte auch Iris nicht weiter über dieses Kind. Wusste er tatsächlich nichts von dem Kind? Wusste er tatsächlich nicht, dass er zum sechsten Mal Vater geworden war? Er ging nie in das Kinderzimmer. Er versteckte sich vor dem Baby.

Sieben Monate lang gab Iris dem Baby immer weniger Nahrung. Immer weniger Flüssigkeit. Während dieser Monate hatte sie den Kinderwagen mit dem Baby nur zwei- oder dreimal auf den Balkon gestellt. Dabei hatte sie es immer gut versteckt. Niemand sollte das Baby sehen. Nie ist sie mit ihm zum Arzt gegangen. Und das, obwohl sie dazu im Krankenhaus aufgefordert worden war. Obwohl das Kind Schwierigkeiten mit dem Trinken hatte.

Das Baby starb. Es starb an Unterernährung. An «Dehydrierung» – an Flüssigkeitsmangel also. Es war einfach ausgetrocknet.

Iris verneinte, dass sie all das absichtlich getan habe.

«Wie lange wollten Sie das Kind noch vor Ihrem Mann verstecken?», wollte ich von ihr wissen.

«Das weiß ich nicht.»

«Wie lange wollten Sie das Kind vor der Umwelt verstecken?», fragte ich weiter.

«Hm . . . weiß ich nicht.»

«Sie haben doch aber fünf andere Kinder großgezogen. Wussten Sie nicht, dass Sie dem Kind zu wenig Flüssigkeit und Nahrung gaben?»

«Tja. Es hatte keinen großen Hunger», meinte Iris nur.

«Durst hatte es auch nicht?»

«Nein . . . Es hatte auch keinen großen Durst.»

«Wollten Sie das Kind sterben lassen?», fragte ich Iris direkt.

«Nein, das wollte ich nicht.»

«Warum taten Sie dann all das?»

«Das weiß ich nicht.»

«Hatten Sie die Befürchtung, dass Harry Sie verlassen würde?», wollte ich wissen.

«Könnte sein.»

«War das der Grund, dass Sie das Kind vor ihm versteckten?»

«Ja», war ihre knappe Antwort.

«Wie lange wollten Sie das Kind vor ihm verstecken?»

«Weiß ich nicht.»

«Aber es war zu erwarten, dass das Kind mit solch einer Behandlung bald sterben würde.»

«Ja, aber ich wollte es nicht.»

«Aber Sie wussten es?»

«Ja.»

«Das Kind wollten Sie aber auch nicht.»

«Ja . . . das stimmt», meinte Iris nur.

Auch bei Iris fand sich keine intellektuelle Minderbegabung, keine psychische Erkrankung und keine Persönlichkeitsstörung. Ihre Persönlichkeit war zwar akzentuiert, doch nicht krankheitswertig. Sie war selbstunsicher, ängstlich, hatte wenig Energie und wenig Durchsetzungsvermögen. Doch krank war sie nicht. Die Motive waren für das Gericht eindeutig. Sie wollte, dass das Kind stirbt, damit sie Harry nicht verliert.

Iris wurde als voll schuldfähig anerkannt und zu sechs Jahren Haft verurteilt.

Und Harry? Wozu wurde er verurteilt?

Er wurde nicht einmal angeklagt.

Er hat sich gut versteckt.

Vor dem Baby.

Aber auch hinter dem Rücken seiner Frau.

Teil F:

Tötung durch Misshandlung. Tötung aus Überforderung

Der berühmte Treppensturz. Labilität und ein Schuss Feigheit

Unreife, so genannte infantile Persönlichkeiten sind als Eltern oft überfordert. Sie sind den Anstrengungen und den Belastungen, die Babys und Kleinkinder verursachen, häufig nicht gewachsen. Sie geraten schnell in eine Überforderungssituation und können sich dann nicht mehr beherrschen. Je stärker der Grad an Überforderung in Stresssituationen und je stärker die impulsiven Anteile der Persönlichkeit sind, desto größer ist die Gefahr, dass es zu Misshandlungen kommt. Die meisten Kindesmisshandlungen geschehen nicht planmäßig, sondern impulsiv. Sie entstehen häufig in einer Überforderungs- und Belastungssituation.

Als Beispiel möchte ich über den Fall der kleinen Nadine berichten. Die Staatsanwaltschaft beschuldigte die Mutter und deren Lebensgefährten, den Tod Nadines verursacht zu haben. In der Anklageschrift steht Folgendes geschrieben:

«Daniel Müller und Rosi Meier werden angeklagt, eine andere Person körperlich misshandelt und an der Gesundheit beschädigt zu haben und dadurch den Tod des Verletzten verursacht zu haben.

...

Der Angeschuldigte Müller schlug und wirkte so massiv auf den Bauch und die beiden Kopfseiten des Kleinkindes Nadine Meier ein, dass das Kind schwere Verletzungen des Dünndarms und des Darmgekröses sowie zwei massive Schädelbrüche und eine Hirnverletzung davontrug, an dessen Folgen das Kind verstarb.

Die Angeschuldigte Meier duldete die schweren Misshandlungen ihres Lebensgefährten Daniel Müller und unternahm nichts, um ihrer Tochter nach den ihr obliegenden Fürsorge- und Obhutspflichten ärztliche Hilfe zukommen zu lassen, obwohl sie aufgrund des pathologischen Zustandes des Kindes, wie Erbrechen und Nahrungsverweigerung, wahrgenommen hatte und wusste, dass dieses sofortige ärztliche Hilfe benötigte.

Der Tod des Kindes trat durch Quetschung der Hirnbrücke ein ...

Die Angeschuldigte Meier gab in ihrer polizeilichen Vernehmung an, dass ihre Tochter in den Vormittagsstunden, während sie sich in der Waschküche aufgehalten habe und ihr Lebensgefährte außer Haus gewesen sei, um Geld am Geldautomaten zu holen, und die anderen Kinder im Freien gespielt hätten, vom Wohnzimmer acht Stufen die Treppe hinaufgeklettert und diese herabgestürzt sei. Sie habe es poltern gehört und ihre Tochter weinend in Rückenlage vor der Treppe vorgefunden. Sie habe außer einer Schürfwunde an der rechten Augenbraue keine weiteren Verletzungen an ihrer Tochter bemerkt. Erst viel später habe sie dann ‹blaue Flecken› festgestellt. In den Stunden danach habe sie aber keine Auffälligkeiten im Ess- bzw. Trinkverhalten bei Nadine wahrgenommen.

Auch der Stuhlgang habe keine Veränderungen oder Auffälligkeiten aufgewiesen. Erst in den Nachmittagsstunden habe ihre Tochter nach dem Mittagsschlaf mehrmals erbrochen und am Abend keine feste Nahrung zu sich genommen. Dabei habe sie keine körperlichen Veränderungen ihrer Tochter erkennen können. Erst am nächsten Morgen habe sie beim Windeln ihrer Tochter festgestellt, dass der Bauch hart gewesen sei. Ihr Lebensgefährte habe dann den Notarzt verständigt, der Nadine untersucht und das Kind ins Kreiskrankenhaus eingeliefert habe. Auf Vorhalt gibt die Angeschuldigte als Ursache für die schweren Kopf- und Bauchverletzungen des Kindes den Treppensturz ihrer Tochter an. Als Erklärung für den Verlust eines Schneidezahns ihrer Tochter führte sie aus, dass sie ihre Tochter ungefähr zwei Monate zuvor mit blutendem Mund im Wohnzimmer angetroffen habe. Der Zahn habe unmittelbar in Tischnähe gelegen. Die Vernarbungen im Mundvorhof würden von einem Sturz aus dem Sportwagen herrühren, infolge dessen die Tochter an der Lippe bzw. im Mundbereich geblutet habe. Des Weiteren habe sie sehr oft am Körper von Nadine ‹blaue Flecken› festgestellt, deren Ursprung sie sich nicht näher erklären könne. Auch für die festgestellten Unterblutungen am Rumpf und an den Extremitäten ihrer Tochter, offensichtlich von Bissen herrührend, habe sie keine Erklärungen. Blutflecken seien ihr in ihrem Kinderzimmer nie aufgefallen.

Der Angeschuldigte Müller gibt als Ursache für die schweren Verletzungen der Geschädigten Nadine Meier den Treppensturz an. Hinsichtlich des Verlustes eines Schneidezahnes bei dem Kind macht der Angeschuldigte Müller gleich lautende Angaben wie die Angeschuldigte Meier. Die Vernarbungen im Mundvorhof könnten von einem Sturz des Kindes aus dem Kinderbett ca. drei Wochen vor dem Treppensturz stammen, wobei Nadine aus dem Mund geblutet und sich ‹blaue Flecken› zugezogen habe. Dieser Vorfall sei auch die Ursache für die vorgefundenen Blutanhaftungen im Bereich des Kinderbettes und auf dem Teppichboden. Für die vorgefundenen Bisswunden könne er auch keine Erklärung geben.

Bei der medizinischen Versorgung der Geschädigten auf der Kinderintensivstation des Universitätsklinikums wurden von dem behandelnden Arzt keine typischen Verletzungsmerkmale, die auf einen Treppensturz hinweisen (Ellbogen, Knie und andere Bereiche), festgestellt. Die Verletzungen im Bauchraum sind danach in ihrer Intensität durch einen Treppensturz nicht erklärbar.»

So stand es trocken und in langen Sätzen in der Anklageschrift der Staatsanwaltschaft.

Vom Landgericht wurde das Verfahren gegen Nadines Mutter eröffnet. Zwei Jahre nach dem Tod des Kindes. Während des Verfahrens aber verdichtete sich allmählich der Verdacht, dass Daniel Nadine getötet haben könnte. Die Verhandlung wurde unterbrochen. Es wurde die Erstellung eines psychiatrischen Gutachtens für Daniel angeordnet. In dem entsprechenden Gerichtsbeschluss war Folgendes zu lesen:

«Der Angeklagte Daniel Müller ist nach wie vor dringend verdächtig, einen Menschen getötet zu haben, ohne Mörder zu sein. Der Tatverdacht stützt sich auf die überzeugenden Ausführungen der gerichtsmedizinischen Sachverständigen und die übrigen Beweiserhebungen in der bisherigen ausgesetzten Hauptverhandlung. In dieser Hauptverhandlung hatte der Angeklagte u.a. eingeräumt, dass die bei der zum Tatzeitpunkt ein Jahr und vier Monate alten Tochter seiner Lebensgefährtin festgestellten mehrfachen Bissverletzungen u.a. an beiden Unterschenkeln, über dem linken Fußrücken, am Rumpf und im Bereich um die linke Brustwarze herum von ihm verursacht wurden. Die weitere Einlassung des Angeklagten, wonach Nadine durch einen Sturz auf den Badewannenrand, womöglich auch durch ein weiteres Abgleiten auf den Fußboden, die tödlichen Verletzungen erlitten habe und er durch die genannten Bisse lediglich habe verhindern wollen, dass Nadine völlig bewusstlos werde, erscheint einerseits unglaubhaft und ist andererseits durch die in der ausgesetzten Hauptverhandlung durchgeführte Beweisaufnahme widerlegt. Nach den Ausführungen der gerichtsmedizinischen Sachverständigen sind sowohl ein Treppensturz als auch ein Sturz auf den Badewannenrand mit womöglichem weiteren Abgleiten auf den Fußboden in der vom Angeklagten beschriebenen Art und Weise als Todesursache auszuschließen. Vielmehr seien die bei Nadine festgestellten Verletzungen ein ‹lehrbuchmäßiges› Beispiel für eine schwere Kindesmisshandlung mit tödlichen Folgen. Angesichts der Intensität der Gewalteinwirkung, sowohl auf den Kopf als auch den Bauchbereich des Kleinkindes, ist nach Aktenlage weiterhin von zumindest bedingtem Tötungsvorsatz seitens des Angeklagten auszugehen.»

Als ich Daniel das erste Mal sah, erzählte er mir zunächst mit weinerlicher Stimme das Gleiche wie schon bei der abgebrochenen Hauptverhandlung vor dem Landgericht:

«Ich möchte Ihnen die Wahrheit sagen, Herr Professor. Nur die Wahrheit. Es handelte sich um einen Unfall, Herr Professor. Bitte, bitte glauben Sie mir. Warum glaubt mir das niemand? Ich habe alle drei Kinder meiner Lebensgefährtin sehr geliebt. Ich habe sie nie geschlagen. Habe ihnen nie etwas Böses gesagt. Wie hätte ich denn die kleine Nadine misshandeln können? Geschweige denn töten können? Ich habe Nadine nur gebadet. Mehr nicht. Als ich sie aus der Badewanne hob, rutschte sie mir aus den Händen, fiel auf die Wanne und anschließend auf den Boden. Bis zur Gerichtsverhandlung habe ich darüber niemandem etwas erzählt. Auch meiner Freundin nicht. Ich hatte Angst, dass ich sie verlieren könnte. Ich habe deshalb diese Geschichte mit der Treppe erfunden. Ja, das mit dem Treppensturz stimmt nicht. Der Rechtsmediziner hatte damit Recht. Aber ich hatte solche Angst, dass meine Freundin böse auf mich ist. Dass sie mich deswegen verlässt. Dann habe ich aber vor Gericht die ganze Wahrheit gesagt. Diese ist, dass Nadine mir aus den Händen gerutscht ist und auf die Wannenkante fiel.»

Ich war mit meinen Untersuchungen fast fertig, als ich zu Daniel sagte: «Wir sind nun also am Ende mit unseren Gesprächen. Doch ich glaube, wir haben ein Problem. Ich befürchte, dass das Gericht aufgrund der rechtsmedizinischen Befunde diese Geschichte mit der Badewanne als wenig glaubhaft bezeichnen wird. Das Gericht wird Ihre Aussage vielleicht nicht als wahr annehmen. Und wenn der psychiatrische Gutachter nicht die wahre Geschichte kennt, kann er auch nicht den psychischen Zustand des Täters zum Tatzeitpunkt analysieren. Er kann dann auch wenig helfen.»

Daniel sah mich lange an, wobei sein Gesicht sehr bewegt wirkte. Und er sagte: «Nicht glauben? Warum denn nicht?»

«Wegen des rechtsmedizinischen Gutachtens. Wegen der Art der vielen Verletzungen, die bei Nadine festgestellt wurden», gab ich ihm zur Antwort. Da brach er plötzlich in Tränen aus und sagte: «Nein, das alles stimmt so gar nicht. Ich habe gelogen. Einmal hatte ich Angst, dass ich meine Freundin verlieren könnte, deswegen habe ich zwei Jahre lang geschwiegen. Zwei Jahre lang blieb ich bei der Treppensturzversion. Dann, als gegen mich und meine Lebensgefährtin Anklage erhoben wurde, hatte ich Angst ins Gefängnis zu kommen. Deswegen habe ich mich entschlossen, dem Gericht die Version mit der

Badewanne zu erzählen. Aber jetzt möchte ich die Wahrheit sagen.»

Zunächst aber, bevor ich Ihnen über seine neue Version des Tatgeschehens berichte, lassen Sie mich zwei Worte zu Daniel und seiner Persönlichkeit sagen. Dann können Sie besser verstehen, wie es zu dieser Tat kam. Daniel hatte eine unauffällige Vorgeschichte. Er kam aus intakten familiären Verhältnissen, hatte die Schule abgeschlossen und anschließend eine handwerkliche Ausbildung erfolgreich absolviert. Er war praktisch nie arbeitslos. Mit 22 Jahren heiratete er eine gleichaltrige Frau. Aus dieser Ehe ging ein gemeinsames Kind hervor. Die Ehe dauerte jedoch nur vier Jahre an. Daniel meinte, dass er und seine Frau für diese Ehe zu unreif gewesen seien. «Wir haben zu zeitig geheiratet und keine Erfahrungen mit in die Ehe gebracht.» Zwei Jahre nach der Scheidung lernte er über eine telefonische Partnervermittlung seine jetzige Freundin Rosi Meier kennen. Sie wohnte damals in einem anderen Bundesland, und sie trafen sich insgesamt zwei- bis dreimal. Wegen der großen Entfernung hatten sie sich entschlossen, dass Rosi mit ihren drei Kindern zu ihm ziehen solle. Das war mutig von beiden. Vor allem von Seiten Daniels. «Ich kannte sie ja kaum.» Später erfuhr er, dass Rosi das erste Mal im Alter von 14 Jahren Mutter geworden war. Sie hatte keinen Beruf erlernt, lebte von Sozialhilfe und hatte offensichtlich bis zu diesem Zeitpunkt häufig wechselnde Partnerschaften.

Bald zeigte sich, dass die kleine Wohnung zu eng für fünf Personen war. Durch die vier Neuankömmlinge fühlte Daniel sich nicht selten überfordert. Vor allem deshalb, weil Daniel ein emotional labiler, ängstlicher junger Mann war. Er hatte große Schwierigkeiten, seine Impulse und Gefühle zu kontrollieren. Bei unseren Gesprächen fiel mir auch seine mangelnde Offenheit auf. Er berichtete über etwas, nahm dann jedoch seine vorige Aussage mit theatralischen Gesten und blumigen Worten wieder zurück, wenn ich ihm zeigte, dass er mich damit nicht überzeugte. Auch die psychologischen Tests, die wir mit ihm durchführten, konnten wir nicht verwenden, weil er offensichtlich nicht offen genug geantwortet hatte. Er hatte eine ausgeprägte Tendenz, zu externalisieren. Das heißt, die Schuld oder die Ursache für seine Taten auf andere Menschen oder Faktoren außerhalb seiner Person zu schieben. Er geriet sehr leicht in Panik. Sehr leicht reagierte er impulsiv mit Zorn und Unbeherrschtheit. Daniel erzählte mir zum Tatgeschehen letztlich die folgende Version:

«Nachdem meine Freundin mit den drei Kindern zu mir gezogen war, entstand eine neue Situation. Plötzlich waren sie alle hier. Wir waren nun eine relativ große Familie geworden. Aber bis dahin habe ich allein im Haus gewohnt. Ich war sehr unerfahren mit der Bewältigung von solchen Situationen. An diesem Tag war ich mit Nadine allein zu Hause, weil ich krankgeschrieben war. Die zwei anderen Kinder waren im Kindergarten, und meine Freundin war ebenfalls nicht zu Hause. Eigentlich war ich an dem Tag ruhebedürftig, weil ich krank war. Ich wollte deshalb auch gern baden. Nadine war unruhig und hat in der Wohnstube auf dem Stuhl geweint und rumgezappelt. Ich wollte aber baden. Ich kam aus dem Bad wieder hoch, weil Nadine so laut schrie. Ich nahm sie deshalb mit ins Badezimmer. Sie hat gestrampelt und geweint, auch schon auf dem Weg ins Bad. Ich war doch noch eine fremde Bezugsperson. Ich war ja nicht ihre Mutti. Den Papa kannte sie ja bestimmt nicht. Ich wollte sie baden, habe sie ausgezogen und mit in die Wanne genommen. Nadine hat sich aber immer noch nicht beruhigt, aus welchen Gründen auch immer. Ich weiß nicht warum. Vielleicht hatte sie Angst. Sie hat jedenfalls gestrampelt und geschrien. Ich wollte sie beruhigen, nahm sie hoch und stand mit ihr in der Badewanne. Sie hat weiter geweint, und dann weiß ich bloß noch eines, dass sie auf einmal neben der Badewanne lag, auf dem Fußboden, und schwere Verletzungen hatte. Als ich feststellte, dass sie auf dem Fußboden lag, fühlte ich Entsetzen, Hektik, Panik, Aufregung. Ich war nervös, sehr nervös. Ich fragte mich, wie das Kind da runter gekommen ist und wie es da liegt. Ich habe es dann in ein Badehandtuch eingewickelt und bin mit ihm in die Wohnstube gegangen. Kurz danach, vielleicht ein bis zwei Minütchen später, hat meine damalige Freundin angerufen, und ich habe ihr erzählt, dass es Nadine nicht gut ginge und sie weinen würde. Ich war mit Kindern unerfahren und hilflos und habe sie gefragt, was ich machen soll. Als ich in der Wohnstube war, war ich auch weiter in Hektik. Dann geschah, was ich vorher ja schon beschrieben habe, dass wir sofort den Notarzt gerufen haben.

Danach hatte ich Angst, Entsetzen, Panik. Ich weiß nicht, warum ich meiner Freundin nicht sofort davon erzählt habe, dass ich nicht weiß, was geschehen ist. Ich sagte niemandem etwas, weil ich panische Angst hatte. Die habe ich heute noch. Auch wenn ich irgendwann, hoffentlich bald, wieder zu Hause bin, werde ich Angst haben. Ich glaube kaum, dass es wieder passiert, dass ich ein Kind bade. Ich hatte Angst, dass meine Freundin mich mit ihren Kindern verlässt. Und ich hatte Angst, dass die Wahrheit herauskommt und ich im Gefängnis lande. Ich kann mir das nicht erklären, wie die Nadine dalag. Warum? Das ‹Warum›. Ich weiß es nicht. Ich weiß es nicht, das ist es ja. Wenn ich es wüsste, hätte ich es doch gesagt. Hätte ich doch Nadine bloß nicht gebadet. Eine halbe oder dreiviertel Stunde hätte ich doch warten können. Dann wäre meine Ex-Freundin doch bestimmt nach Hause gekommen. Dann würde die Nadine heute noch leben.»

Indem Daniel das sagte, weinte er.

«Ich habe sie doch nicht totgeschlagen. Ich habe Angst, für lange Zeit ins Gefängnis zu kommen, meine Eltern zu verlieren, meine Tochter, meine Schwester und mein Haus. Ich habe doch das Kind nicht mit Absicht . . . ich habe . . . Ich habe doch nie einem Menschen etwas getan. Ich habe doch nie einen Menschen geschlagen, und ich habe noch nie ein Kind geschlagen. Man kann mich doch nicht für Jahre einsperren. Ich habe doch vorher noch nie etwas gemacht und bin auch noch nie straffällig gewesen. Wenn es ginge, würde ich gerne dort liegen, wo die Nadine liegt. Dann würde ich die Nadine wieder lebendig machen.»

Ich schaute Daniel lange in die Augen und schwieg. Dann, nach einiger Zeit, sagte ich zu ihm: «Sie waren auch diesmal nicht offen zu mir.» Er protestierte. Ich blieb jedoch dabei.

Und schließlich erzählte er mir Folgendes:

«Okay. Ich habe das Kind weggeschmissen. Auf den Boden. Ich habe die Beherrschung verloren.»

Nadine wies viele weitere Verletzungen auf: einen verlorenen Zahn, ältere Verletzungen, viele Bisswunden. Und dann waren da noch die Blutspuren, überall im Kinderzimmer verteilt. Doch das gab er nicht zu. Er sei kinderlieb, beteuerte er immer wieder. Das Gericht aber war davon überzeugt, dass es die Spuren unzähliger Misshandlungen waren. An erster Stelle von Daniel verursacht, wohl aber auch von Seiten der Mutter Nadines.

Affektdelikte: «Das Verbrechen kann uns alle treffen. Manche jedoch mehr als andere.»

Zum Tatzeitpunkt entstand offensichtlich zwischen Daniel und dem Kind eine Situation, die er nicht bewältigen konnte. Die kleine Nadine schrie nach ihrer Mutter. Er versuchte, sie zu beruhigen, erfolglos. Die Situation eskalierte. Nadine war nicht zu beruhigen. Zumindest nicht durch Daniels Verhalten. Dann kam er auf die Idee, das Kind mit in die Badewanne zu nehmen, in der Hoffnung, dass es sich so entspannen würde. Auch das half nicht. Dann ließ er das Kind allein in der Badewanne. Es schrie weiter. Nachdem er sich angezogen hatte, kam er zur Badewanne zurück und versuchte noch einmal sein Glück. Dabei wurde er immer gereizter, immer ungehaltener. Wütend nahm er das Kind hoch, schüttelte es energisch und schrie es an, endlich still zu sein. Daniel geriet in einen affektiven Ausnahmezustand. Er reagierte mit sthenischen Affekten, das heißt mit Aggressivität, Zorn und Wut. Diese Affekte wurden so außergewöhnlich stark, dass er sein Tun und sein Lassen nur noch bedingt kontrollieren konnte. In einer offensichtlichen Überforderungs- und Affektsituation warf er das Kind auf den Boden. Als er bewusst wahrnahm, was er getan hatte, überkamen ihn – immer nach seinen Angaben – Entsetzen und Panik. Er hatte, wie er beteuerte, nicht den Vorsatz und nicht die Absicht, das Kind zu töten. Für ihn war es eine große Erleichterung, als gerade in diesem Moment seine Lebensgefährtin anrief und er sie aufforderte, sofort nach Hause zu kommen. Die Entscheidung, nichts über die wahren Umstände zu sagen, wurde nach seinen Äußerungen von Angst diktiert. Angst, dass die neu angefangene Beziehung dadurch beendet würde. Angst, dass durch eine mögliche Strafe sein soziales Gefüge zerstört werden könnte. Angst, dadurch seine Eltern zu enttäuschen und zu verletzen. Angst vor den Konsequenzen.

Man kann in diesem Fall von einem «Affektdelikt» sprechen. Die wichtigsten Kriterien dafür sind:

Erstens: Vorbedingungen im Sinne der Labilisierung der Persönlichkeit, wie etwa langfristige Überforderung, Probleme, Auseinandersetzungen und Ähnliches.

Zweitens: die Entstehung einer akuten Belastungssituation.

Drittens: ein abrupter Ausbruch von Affekten.

Viertens: der sthenische Charakter der Affekte, also Zorn, Wut, Aggressivität.

Fünftens: ein rechtwinkliger Ablauf des Tatgeschehens, das heißt, plötzlicher Beginn und plötzliche Beendigung der Tat.

Sechstens: die Einschränkung des Bewusst-Wahrnehmens zum Tatzeitpunkt mit

siebentens: einer entsprechenden Einschränkung der Aufnahme, Prägung und Speicherung von Erlebnissen und Ereignissen. Infolgedessen eine Störung der Erinnerungsfähigkeit, was das unmittelbare Geschehen betrifft. Also ein «Aufwachen in der Realität nach der Tat».

Achtens: die Entwicklung von gegensätzlichen Affekten nach Ablauf der Tat, wie etwa Entsetzen, Angst, Panik. Es werden Hilfsmaßnahmen für das Opfer ergriffen, z.B. Notarzt, Polizei, Bekannte anrufen usw.

Und neuntens: Fremdheit der Tat in Hinblick auf die Gesamtpersönlichkeit des Täters. Das heißt, der Täter ist im Prinzip kein gewalttätiger Typ.

Obwohl ein Affektdelikt unter bestimmten Umständen jeden Menschen treffen kann –, was von der Justiz als klassisches Beispiel genutzt wird, um zu sagen, dass «Verbrechen ubiquitär ist», also alle treffen kann –, kann es aber von bestimmten Persönlichkeitsmerkmalen begünstigt werden. Das war auch bei Daniel der Fall. Wir stellten bei ihm zwar keine Persönlichkeitsstörung in «krankheitswertiger Dimension» fest, doch fanden wir bei ihm eine impulsive, ängstliche, selbstunsichere Persönlichkeit. Daniel gerät schnell in Überforderungssituationen, in denen er nur schwer Stress bewältigen kann. Auch verfällt er schnell in einen affektiven Zustand, Zorn oder Panik zum Beispiel, und handelt entsprechend. Noch schlimmer wird es, wenn bei solchen Persönlichkeiten, die dazu neigen, affektiv unbeherrscht zu reagieren, eine lang andauernde Belastungssituation besteht. Etwa eine Beziehungskrise, eine Lebenskrise, eine neu entstandene Situation, die sie aus dem Konzept bringt – wie sie bei Daniel durch die plötzliche Veränderung in seinem Leben auftrat. Vier eigentlich unbekannte Menschen brachen plötzlich in sein Leben ein, in seine kleine Wohnung, in seine kleine Welt. Alles änderte sich. Und das nicht nur zu seinen Gunsten. Seine schon labile Persönlichkeitsstruktur wurde dadurch weiter labilisiert. Diese Labilisierung ist eine der wichtigsten Voraussetzungen für Entgleisungen wie die bei Daniel. Deshalb wurde die Tat auf eine erhebliche Beeinträchtigung seiner Steuerungsfähigkeit zurückgeführt. Dies führte dazu, dass die Strafe mit vier Jahren Haft etwas milder ausfiel.

Doch wie sieht es mit den Bissspuren und den offensichtlich älteren Verletzungen aus?

Das konnte vom Gericht nicht geklärt werden. Das Gericht nahm an, dass mehrere solche Misshandlungen stattgefunden hatten, die unter Umständen in Richtung sexuellen Missbrauchs gehen könnten. Doch das ist Spekulation. Nur Daniel kennt die ganze Wahrheit.

Ali, ein Bündel von Schwäche

«Verbrechen ist ubiquitär, also kann es uns alle treffen», sagen die Juristen. «Richtig», antworten darauf die Psychiater. «Aber manche von uns kann es leichter treffen als andere.» Etwa Menschen wie Daniel. Aber vor allem Menschen wie Ali.

Emotional war Ali äußerst instabil. Jedes noch so kleine Problem brachte ihn aus der Ruhe. Er reagierte darauf mit Weinen, Grölen, Schreien, Schlagen oder Treten. Häufig drohte er mit Suizid. Und anschließend verfiel er wieder in eine tiefe Resignation, Leere und Langeweile. Um das zu bekämpfen, rauchte er Haschisch oder trank Alkohol. Stimmungsschwankungen, ständige Gereiztheit und schwere Beherrschbarkeit seiner Gefühle waren weitere Merkmale seiner Persönlichkeit. Er sah überall ein Komplott gegen sich. Manchmal sprach er von einem Geist, der zu ihm spreche. In den psychiatrischen Untersuchungen konnten jedoch weder ein richtiger Wahn noch richtige Halluzinationen festgestellt werden. Auf der anderen Seite konnte Ali auch sehr liebenswürdig, kommunikativ und gesellig sein. Er spaltete die Welt in Schwarz und Weiß, Gut und Böse und hatte eine ständige Angst vor dem Verlassenwerden. Er versuchte, sich an seine Herkunftsfamilie zu klammern, und seine Brüder kümmerten sich ständig um ihn. Oder er übertrug dies auf die jeweilige Partnerin.

Genauso, wie wir das bei Marco bereits sahen, hatte auch Ali eine emotional instabile Persönlichkeit, kombiniert auch hier mit dissozialen Zügen.

Ali hoffte, einen Halt bei seiner neuen Lebensgefährtin Gerda zu finden. Gerda war eine einfache Frau ohne richtige Ausbildung. Sie war geschieden und hatte drei Kinder. Gerda war sehr lieb und nett. Das schätzte Ali sehr an ihr. Sie kannten sich seit längerer Zeit, und nach Gerdas Scheidung begannen sie eine Beziehung. Seit einigen Monaten lebten sie zusammen in einer Wohnung – Ali, Gerda und deren drei Kinder. Marie war vier Jahre alt, Ronny etwas über ein Jahr und Steffen war sechs Jahre alt. Trotz Alis Stimmungsschwankungen, seines launischen Verhaltens und seiner Unbeherrschtheit funktionierte die Beziehung einigermaßen gut. Ali war sehr lieb zu Gerdas Kindern, obwohl sie ihn manchmal nervten. Wenn sie zu laut waren, floh er in die nächste Kneipe. Doch alles in allem funktionierte ihr Zusammenleben. Auch die Kinder akzeptierten Ali. Wenige Tage vor Weihnachten musste Gerda dringend zu ihrer Mutter, die schwer erkrankt war. Die Mutter wohnte in einer anderen Stadt, ungefähr 100 Kilometer von Gerdas Wohnort entfernt, weshalb Gerda bei ihr übernachten musste. Ali versprach, sich um die Kinder zu kümmern. So fuhr Gerda gegen Mittag zu ihrer Mutter. Dort angekommen, rief sie sofort zu Hause an, um zu erfahren, wie Ali mit den Kindern zurechtkäme. Ali war gut gelaunt, ja fast enthusiastisch. Er berichtete, wie er mit den Kindern zurechtkomme. Recht stolz erzählte er, dass er es sogar geschafft habe, die Windeln von Ronny zu wechseln. Er verbrachte den ganzen Nachmittag mit den Kindern, spielte mit ihnen, bereitete ihnen das Essen zu und gab ihnen zu trinken. An diesem Nachmittag rief er zwei- oder dreimal bei Gerda an, um sie über irgendwelche Kleinigkeiten bezüglich der Kinder zu befragen, wie er das eine oder andere am besten machen könne. Neben seiner Unbeholfenheit, ja manchmal Naivität im Umgang mit den Kindern kam aber immer wieder der Stolz zum Vorschein, dass er alles so gut bewältigte. Sein Umgang mit den Kindern war zwar recht ängstlich, doch es lief alles gut. Nach dem Abendessen brachte er die Kinder zu Bett, wünschte allen dreien eine «gute Nacht» und ging ins Wohnzimmer um fernzusehen.

Nachdem er sich versichert hatte, dass alle drei Kinder tief schliefen, ging er in die benachbarte Kneipe, um ein Bier zu trinken. Aus einem Bier wurden vier. Anschließend besuchte er mit Bekannten, die er in der Kneipe getroffen hatte, eine Disco. Dort trank er ebenfalls Alkohol. Gegen Mitternacht machte er sich allein auf den Heimweg.

Kurz nachdem er die Disco verlassen hatte und durch eine enge Gasse gehen wollte, kamen ihm drei betrunkene Skinheads entgegen. Sie versperrten ihm den Weg und begannen, ihn zu schubsen, zu bespucken und zu beleidigen, weil sie wussten, dass Ali aus einem arabischen Land kam. Nachdem sie ihn zu Boden gestoßen hatten, wurden sie von einem vorbeifahrenden Polizeiauto aufgescheucht und verschwanden. Ali heulte vor Kränkung, Demütigung und Ohnmacht. Völlig verstört, aufgeregt und verzweifelt kam er nach Hause. Dort begann er laut zu weinen. Obwohl es spät war, rief er seinen Bruder an, der in einer anderen Stadt wohnte. Sein Bruder versuchte ihn zu beruhigen, doch Alis Weinen wurde immer stärker. Der Bruder bat ihn, sich zu fassen und später noch einmal anzurufen. Ali legte heulend den Hörer auf.

In diesem Moment erschien Marie im Wohnzimmer, die von Alis Heulen geweckt worden war. Sie begann ebenfalls zu weinen. «Wo ist Mami, wo ist Mami», rief sie Ali entgegen. «Mami kommt morgen», sagte Ali, «geh wieder ins Bett.» Das irritierte Marie offensichtlich sehr, und so begann sie, noch lauter zu weinen. «Ich will die Mami haben! Wo ist die Mami? Ich will die Mami haben!», rief sie immer wieder. Ali versuchte, Marie zu beruhigen, doch das blieb erfolglos. Er nahm sie in die Arme und schüttelte sie. «Halt's Maul, halt's Maul! Ich kann nicht mehr. Ich bin am Ende», rief er. Marie heulte und schrie noch lauter. Von ihrem Geschrei erwachte auch Ronny und begann ebenfalls zu schreien. Ali nahm Marie und warf sie auf das Bett, wobei er immer wieder rief: «Halt dein Maul. Halt dein Maul! Ich kann nicht mehr!»

Ronny begann, in seinem Bettchen zu strampeln. Ali lief zu ihm und rief auch ihm entgegen: «Halt dein Maul! Halt dein Maul! Ich kann nicht mehr!» Ronny erschrak und hörte für kurze Zeit auf zu schreien. Doch Marie wurde noch lauter und stampfte wütend auf den Boden, wobei sie rief: «Ich will die Mami, ich will die Mami!» Ali, völlig außer sich, lief zu ihr, hielt ihr den Mund zu und sagte immer wieder: «Halt dein Maul! Halt dein Maul! Ich kann nicht mehr!» Marie konnte sich aus dem Griff Alis befreien und begann erneut zu schreien. Ali legte ihr beide Hände um den Hals und schrie immer wieder: «Halt dein Maul und sei still! Ihr macht mich verrückt!» Und dabei schüttelte und schüttelte er Marie, drückte seine Hände immer fester um ihren Hals. Bis sie nicht mehr schrie. Sie lag plötzlich regungslos da. Sie lebte nicht mehr.

Der kleine Ronny schrie nun erneut, nachdem er gesehen hatte, was mit Marie geschehen war. Er schrie jetzt noch lauter. Wie außer sich lief Ali zu ihm. Ohne wahrzunehmen, dass Marie nicht mehr lebte. Und nun würgte er auch Ronny. Wie er zuvor Marie gewürgt hatte. Ali schrie auch Ronny an, er solle das Maul halten. Nach wenigen Minuten herrschte Stille in der Wohnung. Totenstille. Der Spuk war vorbei, Ali erwachte in der Realität. Und seine Realität war nun eine andere als die, die noch vor drei Minuten geherrscht hatte. Er befand sich in einem Kinderzimmer mit zwei Kinderleichen. Ali geriet in Panik. Er merkte auch, dass die Wiederbelebungsmaßnahmen keinen Sinn mehr hatten. So lief er in das andere Kinderzimmer, in dem Steffen lag. Der war durch das Geschrei wach geworden. Er hatte aber Angst bekommen und hatte sich in seinem Zimmer verkrochen. «Was ist los, Papa?», fragte er Ali völlig eingeschüchtert. «Nichts, absolut nichts», sagte Ali. «Es ist alles in Ordnung. Wir müssen sofort losfahren.» «Warum?», fragte Steffen. «Warum sollen wir wegfahren?» «Wir fahren zur Mama», gab Ali zur Antwort.

Ali zog Steffen hastig an, nahm eine Tasche, warf etwas Wäsche und einige Hemden hinein und ging zum Bahnhof. Dort kaufte er eine Fahrkarte für sich und Steffen nach Marburg. Warum Marburg? Das ist ihm einfach so eingefallen. Er war niemals zuvor in Marburg gewesen. Doch beim nächsten Bahnhof nahm er Steffen an die Hand und stieg mit ihm aus. Dort kaufte er eine Fahrkarte in eine andere Stadt. Für welche Stadt genau, wusste er später nicht mehr. Auf einem weiteren Bahnhof wechselten er und Steffen erneut den Zug, und auf irgendeinem Bahnhof, mitten auf der Strecke, ließ Ali Steffen allein auf dem Bahnsteig zurück. Er selbst fuhr im Zickzack mit dem Zug durch Deutschland.

Als Gerda nach Hause kam, fand sie die Leichen der beiden Kinder in ihren Betten liegend. Sie waren bis zu den Haaren mit der Wolldecke zugedeckt. Steffen und Ali waren nicht zu finden. Eine Fahndung wurde eingeleitet. Steffen wurde noch am gleichen Tag zu seiner Mutter zurückgebracht. Einige Tage später wurde Ali verhaftet.

Offensichtlich war Alis Handlung ein Affektdelikt.

Warum er aber Steffen auf seine Flucht mitnahm, konnte nie ganz aufgeklärt werden, weil Ali darüber nichts sagen konnte oder wollte. Nachdem er bei der Polizei zugegeben hatte, dass die Tat ungefähr so abgelaufen war, wie ich sie Ihnen erzählte, entschloss er sich später, eine völlige Erinnerungslosigkeit anzugeben. Weder beim Haftrichter noch beim Gutachter oder später bei der Gerichtsverhandlung brach er diesen Vorsatz. Er antwortete nur immer: «Ich kann mich nicht erinnern. Ich bin geistig krank.»

Eine Erklärung, warum er Steffen mitnahm, ließe sich schon geben. Nach dem «Aufwachen in der Realität» reagieren Menschen, die gerade ein Affektdelikt begangen haben, mit Panik, Ratlosigkeit, Entsetzen, Verzweiflung oder eben auch mit «unsinnigen» Handlungen. Diese scheinen zumindest für den Betrachter sinnlos. Es gibt ein großes Repertoire solcher «unsinnigen» Handlungen, die von Selbsttötungsversuchen über zielloses Weglaufen bis hin zum Anrufen völlig fremder Leute reichen, denen die Affekttäter ihre Tat mitzuteilen versuchen. Auch Alis Weglaufen zusammen mit Steffen könnte eine solche Reaktion sein.

Aufgrund der Beeinträchtigung der Steuerungsfähigkeit wurde Ali vom Gericht als vermindert schuldfähig bezeichnet und zu einer 15-jährigen Haftstrafe verurteilt.

Man sagt zwar, dass Verbrechen ubiquitär ist – also jeden von uns treffen kann –, trotzdem verspüren wir ein großes Unbehagen und fragen uns: «Wo kommen wir denn hin, wenn jedes Schreien eines Kindes ausreichend sein kann, es zu töten?»

Doch das ist damit auch gar nicht gemeint. Aber wie von Krafft-Ebing vor über 100 Jahren sagte: «Die Justiz hat nicht nur die Tat, sondern auch den Täter zu beurteilen.» Schwache, instabile Persönlichkeiten – wie Daniel oder Ali – sind ungleich mehr gefährdet, Verbrechen zu begehen, als stabile Persönlichkeiten. Persönlichkeiten also, die viel souveräner mit Stress umgehen können. Natürlich geht es nicht darum, Taten wie die von Daniel oder Ali zu entschuldigen. Es ist jedoch wichtig, zu verstehen, wie es zu solchen Taten kommt. Diese Taten zeigen, wie wichtig es ist, labilen Persönlichkeiten zu helfen, sich zu stabilisieren. Natürlich macht eine solche Tat den Psychiater genauso betroffen wie andere Menschen. Doch der Psychiater ist für alle Beteiligten da. Für Schuldige und Unschuldige. Auch für die Daniels, für die Marcos und für die Alis dieser Welt.

Teil G:

Tötung aus Verwirrung bei Intelligenzminderung

Panik und Verwirrung bei Liane

Liane war für ihre Umgebung die «Schwachsinnige». Sie stammte aus einer so genannten Broken-Home-Situation, also einer zerrütteten, unvollständigen Familie. Sie wuchs ohne Vater auf und lernte ihn auch nie kennen. Liane und ihre Schwester haben je einen anderen Vater. Als Liane 13 Jahre alt wurde, kam ein Stiefvater in die Familie. Dieser war Alkoholiker, brutal, jähzornig. Einmal versuchte er, Liane zu vergewaltigen. Die Mutter konnte es in der letzten Sekunde abwenden. Liane lernte erst sehr spät Sprechen und Laufen, sie war bis zum 14. Lebensjahr Bettnässerin. Die normale Schule konnte sie nicht besuchen. So wurde sie in eine Sonderschule für Lernbehinderte eingeschult. Auch die konnte sie nicht abschließen, so dass sie keinen Schulabschluss, nicht einmal den der Sonderschule, hatte. Liane versuchte, als Putzfrau in Schulen und Betrieben zu arbeiten.

Aufgrund ihrer starken Intelligenzminderung war Liane leichte Beute für manche Männer. In der Regel handelte es sich bei diesen Männern um dissoziale Persönlichkeiten. Mit 23 Jahren heiratete sie einen solchen dissozialen Alkoholiker. Aus dieser Ehe gingen zwei Kinder hervor, Birgit und Sylvio. Im alkoholisierten Zustand tyrannisierte der Ehemann Frau und Kinder und misshandelte sie. Schließlich wurde ein Zusammenleben unmöglich, und die Ehe wurde geschieden. Kurze Zeit darauf wurde Liane von einer «Eine-Nacht-Bekanntschaft» schwanger. Ihr Sohn Rolf wurde geboren.

Alle mischten sich in Lianes Angelegenheiten ein. Alle, ihre Schwester, ihre Mutter und ihre Nachbarn. Reibereien, Probleme und Streitigkeiten begleiteten diese Einmischung von außen. Ihr unglückliches Leben setzte sich fort, als Liane ihren letzten Partner kennen lernte. Er war ein gewalttätiger, vorbestrafter Alkoholiker, der Kinder und Frau brutal misshandelte. Es gab auch starke Hinweise darauf, dass dieser Mann die kleine Birgit sexuell missbrauchte. Immer wieder flüchtete Liane mit ihren Kindern in ein Frauenhaus. Dann unternahm sie einen letzten Versuch, mit dem Mann zusammen zu leben, doch war das eher eine Reaktion auf seine Drohungen als freier Wille.

Liane traute ihm alles zu. Auch an diesem Abend, an dem er sie schlug und mit einer Pistole bedrohte. Er werde auch die Kinder umbringen, kündigte er an. Die Drohungen stieß er ganz ohne Grund aus. Der alkoholisierte «Lebensgefährte» erhob die Pistole, schrie: «Ich bringe euch alle um», und verschwand. Zurück blieb die verängstigte, verwirrte Liane mit ihren drei ebenfalls verängstigten und weinenden Kindern. In ihrem armen Kopf gab es nur noch einen Gedanken: «Er bringt uns alle um. Er bringt uns alle um. Ich traue ihm alles zu.» Und dann kamen wieder diese Gedanken, die sie fast immer in solchen bedrohlichen Situationen befielen: «Ich bring uns besser selbst um. Er wird es sowieso tun. Am besten bringe ich uns alle um.» Eine Erklärung für solche Gedanken hatte sie nicht. Sie konnte sie nicht «logisch» erklären. Doch sie hatte sie. An diesem Tag sogar besonders stark. Sie war sehr verwirrt und hatte panische Angst.

Dann plötzlich begann der Sessel zu brennen, auf dem Liane gesessen hatte. Wie es dazu gekommen war, konnte nicht geklärt werden. War die Zigarette, die Liane rauchte, schuld? Hatte Liane den Brand absichtlich gelegt? Diese Fragen blieben unbeantwortet.

Als das Feuer sich auszubreiten begann und den ganzen Sessel erfasste, schrie Sylvio: «Rufen wir die Feuerwehr, Mama.»

«Nein, nein, er bringt uns alle um. Er bringt uns alle um», waren die einzigen Worte, die Liane noch sagen konnte.

Sie schob alle drei Kinder in das einzige Kinderzimmer der Wohnung, schloss die Tür und legte sich mit ihnen gemeinsam auf das Bett. Liane lag über ihren drei Kindern und schrie völlig verängstigt und verwirrt: «Es ist besser so. Er wird uns sowieso alle umbringen.» Sie war eine korpulente Frau. Schützend und erdrückend lag sie über ihren drei Kindern.

Das Zimmer füllte sich mit Rauch, das einzige Fenster war schon früher verriegelt worden, um die Kinder vor einem Sturz zu schützen. Liane umarmte alle drei Kinder gleichzeitig. Dabei drückte sie die Kinder aufs Bett. Man konnte vor Rauch schon nichts mehr sehen.

Plötzlich bekam Liane Angst und wollte ausbrechen. Doch der Rauch und die Flammen versperrten ihr jeden Weg. Es war kein Ausweg mehr in Sicht. Ängstlich umarmte sie die drei schreienden Kinder noch fester. Drückte sie noch fester auf das Bett.

Die Feuerwehr fand vier Körper in inniger Umarmung vor. Birgit, Sylvio und Rolf waren tot. Sie lagen unter Lianes Körper. Sie selbst war bewusstlos, doch sie lebte.

Liane wurde gerettet. Diese Frau mit einem IQ von 46 musste die Tatsache verkraften, dass sie ihre eigenen Kinder getötet hatte. Das gelang ihr nicht. Somit war eine Begutachtung nur teilweise möglich. Aufgrund ihres geistigen Zustandes und der psychischen Verwirrtheit – also des affektiven Ausnahmezustandes –, in dem sie sich zum Zeitpunkt der Tat befand, empfahlen wir dem Gericht, sie als voll schuldunfähig zu betrachten.

Streng genommen wurden bei Lianes Handlung die Kriterien des erweiterten Suizids nicht genau erfüllt. So war schwer zu erkennen, ob Liane zuerst sich selbst von ihrem Leid erlösen wollte und sie anschließend aus Sorge, den eigenen Kindern zu schaden, diese mitnehmen wollte. Ihre eigene Verwirrung aber, verursacht durch die einfache Art und Weise, in der sie die Welt sah, und die Brutalität ihres «Lebensgefährten», versetzte sie in einen psychischen Ausnahmezustand, in eine psychische Verwirrung. Auch das Feuer, wenn es nicht absichtlich entzündet worden war, kann zu einer Panikreaktion und damit zu einer Zunahme der schon vorhandenen Verwirrung geführt haben. Die arme Liane konnte wenig dazu beitragen, diese Frage zu klären.

Denn sie war «schwachsinnig», wie das Gesetz es nennt. Und verwirrt. Vor und nach der Tat. Und sie ist es auch heute noch.

Das Gericht erkannte bei Liane eine volle Schuldunfähigkeit an und stellte das Verfahren sein.

Teil H:

Tötung unter dem Einfluss von Wahn und Halluzinationen

«Die Stimme sagte: ‹Töte das Kind›, und da habe ich das Kind getötet.» Die Macht der Halluzinationen und des Wahns

Wahn und Halluzinationen haben eine enorme Macht über das Tun und Lassen eines Menschen. Wir begegnen Beispielen, wo Menschen aus dem Fenster sprangen, weil «die Stimme» es befohlen hatte, und Menschen, die andere Menschen getötet haben, weil sie sich von ihnen bedroht wähnten. Darunter gibt es auch Menschen, die ihr eigenes Kind töteten. Doch glücklicherweise kommt so etwas selten vor. Ab und zu aber kann auch das geschehen. Zum Beispiel bei den so genannten Wochenbettpsychosen. Psychosen also, die nach der Entbindung und im Wochenbett auftreten.

Wahn und Halluzinationen üben deshalb viel Macht auf den Betroffenen aus, weil dieser absolut von der Realität und der Wahrheit seiner Erlebnisse überzeugt ist. Hinzu kommt, dass der Wahn nicht korrigierbar ist. Das heißt also, Gegenargumente können den Betroffenen nicht überzeugen. Der Wahnkranke ist nicht zugänglich für Gegenbeweise. Der Wahn hat, wie man sagt, eine «a-priori-Evidenz». Das bedeutet, dass die Wahninhalte ganz klar sind und weder bestätigt noch widerlegt werden müssen. Halluzinationen haben einen Wahrnehmungscharakter. Das heißt also, sie sind für den Kranken real. Es ist nicht so, als ob man Stimmen hört. Man hört die Stimmen tatsächlich. Die halluzinatorische Stimme wird als eine reale Stimme wahrgenommen, die in der Regel dem Menschen keine Freiheit lässt.

Der Wahn und die Halluzinationen und alle anderen psychotischen Erlebnisse beeinträchtigen den freien Willen des Menschen erheblich. Somit sind sie für sein Tun und Lassen determinierend, bestimmend. In der Regel jedenfalls. Manchmal kann der Betreffende noch dagegen ankämpfen und auch siegen. Vor allem bei chronischen Zuständen, wenn der Wahn und die

Halluzinationen Jahre andauern. Man gewöhnt sich dann irgendwie daran. Schwieriger ist es bei akuten Zuständen.

So ist die tragische Geschichte von Lydia zu verstehen. Lydia war das Opfer ihrer Psychose. Das Opfer ihres Wahns.

Lydia, Absolventin einer Fachhochschule, war 27 Jahre alt, als sie einen zwei Jahre älteren Chemiker heiratete. Die Ehe war glücklich, und beide verdienten gut. Dieses Glück dauerte ungetrübt vier Jahre an. Nach den vier Jahren aber änderte sich etwas in ihrer Beziehung. Und zwar in der Zeit nach Lydias erster Schwangerschaft.

Sie kam zunehmend zu der Überzeugung, dass ihr Mann das Kind nicht wolle. Deshalb begann er sein Verhalten ihr gegenüber zu ändern. Diese Änderung war jedoch nicht real, nicht objektiv. Nur Lydia nahm sie wahr. Es war eine sehr private Realität. Lydia entwickelte allmählich einen Wahn. Sie hatte mehr und mehr das Gefühl, dass etwas Bedrohliches in der Luft lag. Als ob etwas hinter jedem Gebüsch auf sie lauerte. Allmählich war sie überzeugt, dass etwas um sie herum nicht mit rechten Dingen zuginge. Sie verdächtigte ihren Mann, dass er sie hypnotisiere. Mit irgendwelchen Drogen in den Schlaf versetze. Offensichtlich wollte er etwas von ihr. Was aber genau das war, wusste sie noch nicht. Sie war jedoch davon überzeugt, dass er ein Komplott gegen sie schmiedete. Dass er mit anderen Menschen in Verbindung stand, um ihr etwas anzutun. Dass er das Kind – ihre Tochter Luise – ablehne. Lydia war der Überzeugung, dass mit dem Telefon etwas nicht stimmte. Als sei es immer dann besetzt, wenn sie telefonieren wollte. Als ob irgendjemand in der Leitung sei und sie dadurch kontrollierte oder abhörte. Diese Befürchtungen dauerten einige Monate an. Der Ehemann widersprach empört den Verdächtigungen Lydias. Er schlug ihr stattdessen vor, einen Psychiater aufzusuchen. Für Lydia aber war klar, dass dies auch ein Teil des Komplotts war. «Sie» wollten sie in einem Landeskrankenhaus verschwinden lassen. «Sie» waren alle diejenigen, die mit ihrem Mann gemeinsame Sache machten. Zuerst wusste Lydia nicht, wer alles genau zu «denen» gehörte. Später begann sie, auch ihre Mutter und ihren Schwager zu verdächtigen. Einige Monate später flachten diese Verdächtigungen ab, ohne allerdings vollständig zu verschwinden.

Lydia wurde anderthalb Jahre nach Luises Geburt noch einmal schwanger und gebar wieder ein gesundes Kind – ihre Tochter Sybille. Einige Monate nach Sybilles Geburt begannen erneut die gleichen Befürchtungen und die gleichen Vorstellungen in Lydias Kopf heranzureifen. Bestimmte Worte des Ehemannes bekamen eine ganz besondere Bedeutung für sie. Sie wusste ganz genau, dass er etwas im Schilde führte. Ja, schließlich wusste sie es ganz genau: Er missbrauchte sie als Callgirl. Wie das möglich war? Ganz einfach, er hypnotisierte sie. Er mischte permanent etwas in den Wein oder den Kaffee, wovon sie einschlief, und anschließend schickte er sie auf den «Strich». Wie das geht? Das wusste sie nicht. Da müsste man schon ihn fragen. Doch sie war sich sicher, dass er das so machte. Später war sie sich auch ganz sicher, dass ganz bestimmte Sätze, Worte und Gesten ihres Schwagers eine ähnliche Bedeutung hatten. Offensichtlich betrieben ihr Mann und ihr Schwager einen Callgirlring. Und dazu wurde sie missbraucht. Gab es dafür Anzeichen? «Ja natürlich: Wie die anderen Menschen mich ansahen, wie sie grinsten, wenn sie mich sahen, wie sie mich beobachteten. Da war mir klar, dass die wussten, dass ich auf den ‹Strich› geschickt werde.

Das Schlimmste aber war, als mein Mann begann, die beiden Kinder ebenfalls auf den ‹Strich› zu schicken», erzählte mir Lydia später. Seitdem war sie ein Bündel von Angst. Überall vermutete sie ein Komplott. Überall sah sie Leute, die über sie sprachen. Diese Leute wussten, was sie dachte und tat. Und alle wussten auch, dass sie und ihre Kinder von ihrem Mann auf den «Strich» geschickt wurden. Sie fand es besonders grausam, dass auch ihre Mutter dahinter steckte. Die Bemühungen ihres Mannes, sie in eine psychiatrische Klinik einweisen zu lassen, scheiterten an ihrem vehementen Widerstand. Sie befürchtete, dass auch das ein Teil des Komplotts war.

Die Befürchtungen und die Angst nahmen zu. Seit Wochen ging sie nicht mehr zur Arbeit, um die beiden Kinder besser schützen zu können. Sie wollte die beiden vor den Machenschaften ihres Ehemannes, ihres Schwagers und ihrer Mutter schützen. Aber wie konnte sie das, wenn sowohl sie als auch die Kinder in Hypnose versetzt wurden? Schutz war praktisch unmöglich.

Mit solchen Gedanken war Lydia an diesem Freitag aufgewacht.

Die Angst hatte sie geweckt. Panische Angst, dass überall gegen sie und ihre Kinder ein Komplott geschmiedet werde. Ein zusätzlicher Beweis dafür war heute die besondere Art und Weise, wie ihr Mann sich von ihr verabschiedete. Er grinste dabei. Da war ihr klar, dass er damit andeuten wollte: «Du wirst sehen, was wir mit dir und deinen Kindern anstellen werden.» Lydia sah angstvoll hinter jede Tür und in jede Ecke und suchte dort nach Leuten, die sich eventuell versteckt hatten. Vor allem, nachdem sie Stimmen hörte, die über sie sprachen. Eine Partei von Stimmen, die sie nicht identifizieren konnte, sagte: «Sie ist eine Hure. Sie geht auf den ‹Strich›.» Und eine andere Partei antwortete: «Sie ist keine Hure, sie ist ein Opfer. So wie ihre Kinder. Sie werden auf den ‹Strich› geschickt. Von ihrem Mann, von ihrer Mutter und von ihrem Schwager.»

Es waren Männer- und Frauenstimmen, die über sie sprachen. Diese Stimmen kamen von außen, waren aber körperlos. Trotz der Angst spürte Lydia eine merkwürdige Müdigkeit. «Klar», dachte sie, «es ist eine gemachte Müdigkeit. Es ist eine Müdigkeit, die durch das Gift entsteht, das mein Mann in den Wein mischt. Wie könnte man sonst anders erklären, dass ich bereits nach zwei Schluck Wein weg bin. Dann kann er mich und meine Kinder auf den ‹Strich› schicken.»

Plötzlich spürte Lydia, dass jemand hinter ihr stand. Sie drehte sich um, und da stand ihr Mann. Völlig unbeweglich und grinsend stand er vor ihr. Sie wollte ihn attackieren und lief zu ihm hin. Doch sie konnte ihn nicht berühren. Sie lief durch ihn hindurch, wie durch Luft. Plötzlich war er weg. Dann stand er wieder vor einer anderen Tür. Sie lief erneut auf ihn zu, konnte ihn auch diesmal nicht berühren – wieder so, als ob er aus Luft wäre. Und plötzlich war er überall. Er stand in einer Ecke, vor den Türen, vor dem Schrank. «Es ist schlimm», dachte Lydia, «wenn er auch so etwas tun kann. Ihm gelingt offensichtlich alles. Und nun werden durch Geräte auch noch meine Gedanken abgehört. Ich kann meine Gedanken überhaupt nicht mehr schützen. Alle wissen, was ich denke. Und darüber hinaus sind meine Gedanken so laut, dass die anderen sie mithören können. Auch wenn ich nicht spreche.»

Als Lydia ein Feuerzeug ihres Mannes auf dem Küchentisch sah – es lag schräg! –, wusste sie sofort Bescheid: «Heute Abend müssen wir alle drei auf den ‹Strich›. Das ist die Botschaft des Feuerzeuges.» Es gab für Lydia keinen Zweifel: «Es gibt keinen Schutz mehr für mich. Wir sind alle drei verloren – ich, Luise und Sybille.»

Voller Angst nahm sie ihre beiden Kinder an die Hand. Die beiden fanden das Benehmen der Mutter merkwürdig und hatten Angst vor ihr. Halb liebevoll, halb ängstlich sagte sie zu ihnen: «Gehen wir etwas spazieren.»

Der Spaziergang half nicht. Die Angst wurde unerträglich. «Ja klar», dachte Lydia, «die grinsen alle, wenn sie uns sehen. Die denken alle, dass wir *‹die drei›* sind. Die drei, die auf den ‹Strich› geschickt werden. Nicht nur ich, sondern auch ein vierjähriges und ein zweijähriges Mädchen.» Lydia wusste: Alle beobachteten und sprachen über sie. Alle gaben Zeichen, die nur für sie bestimmt waren. Panikartig kehrte sie nach Hause zurück und zerrte die beiden gereizten Kinder, die das alles nicht verstanden, ins Haus zurück. Sybille begann zu weinen. Auf der Treppe stand plötzlich ein Nachbar, der Lydia ansah, als ob er alles über sie wüsste. Nein, nicht «als ob» er alles wüsste. Er *wusste* alles. Hastig öffnete sie die Wohnungstür, schloss sich angstvoll ein, setzte sich auf einen Stuhl und atmete heftig.

Lydia versuchte, ihre Angst zu beherrschen. Doch das war vollends unmöglich. Als wieder eine Stimme zu sprechen begann: «Ihr seid verloren. Ihr seid verloren.» Sie geriet in Panik. Die beiden Kinder waren inzwischen ebenfalls völlig verängstigt. Sie verstanden nicht, warum die Mutter sich so merkwürdig verhielt. Welche Gründe sie wohl dafür hatte? Um die Kinder zu beruhigen, ließ Lydia Wasser in die Badewanne und versuchte, sie zu baden. Sie wusste, dass das Baden den Kindern großen Spaß machte. Sie selbst war diesmal jedoch nicht bei der Sache. «Es gibt keinen Ausweg, es gibt keinen Ausweg», dachte Lydia immer wieder. «Wir sind verloren.» Die Stimmen, mehrere Stimmen, sagten wie im Chor: «Ihr seid verloren! Ihr seid verloren!» Plötzlich presste Lydia kräftig die Zähne aufeinander, schaute mit weit geöffneten Augen ins Leere und sagte: «Doch wir werden schneller als die anderen sein.»

Sie nahm Sybille, ihr jüngstes Kind, wickelte es in ein Badetuch und rannte mit ihm ins Kinderzimmer. Dort schlang sie das Badetuch um Sybilles Hals und zog es mit aller Kraft zusammen. Mit fest geschlossenen Augen murmelte sie: «Wir werden es nicht zulassen. Wir werden es nicht zulassen.» Sie zog, bis Sybille sich nicht mehr bewegte.

Dann rannte sie zurück ins Badezimmer und tat das Gleiche mit Luise. Bis das Kind regungslos in der Badewanne lag.

Sie nahm Luise aus der Wanne, legte sie auf das Kinderbett, lief in ihr Schlafzimmer und nahm alle Tabletten, die sie hatte. Schmerztabletten, Tabletten gegen Allergien und andere. Es müssen um die 60 Tabletten gewesen sein. Die meisten davon nahm sie mit Whisky ein, denn es war ihr bewusst, dass sie damit schneller Wirkung zeigen würden. Auch dabei dachte sie die ganze Zeit: «Ich muss sicher sein, dass es klappt.» Sie stieg in die Badewanne und warf einen eingeschalteten Föhn hinein. Sie verlor das Bewusstsein.

Wenige Stunden später fand der Ehemann seine Familie. Die beiden Kinder waren tot. Lydia war bewusstlos.

Nach der Behandlung auf der Intensivstation wurde Lydia in eine psychiatrische Klinik eingewiesen. Dort wurde eine antipsychotische Therapie eingeleitet, und wenige Wochen später verschwanden die psychotischen Symptome. Es verschwanden die wahnhaften Überzeugungen, die zu der Tragödie geführt hatten.

Nachdem die Psychose, nachdem die Überzeugung der Richtigkeit ihrer Tat nicht mehr da war, war es für sie schwer zu verkraften, was sie getan hatte. Ihr Mann verließ sie. Sie verfiel in tiefe Resignation. Wenige Monate später wurde sie erneut psychotisch. Sie wurde in unsere Klinik gebracht. Auch jetzt hatte sie genau die gleichen psychotischen Symptome wie zum Tatzeitpunkt. Darüber hinaus sahen wir eine Patientin, die konzentrationsgestört war. Ihre Aufmerksamkeit war beeinträchtigt, das Denken zerfahren. Oftmals machte sie große Pausen, verlor den «roten Faden» und begann erneut am Anfang ihrer Erzählung. Das Wahnsystem war wieder voll ausgeprägt. Sie war erneut der Überzeugung, dass ihr Mann sie und die Kinder auf den «Strich» geschickt hatte. Lydia sagte uns: «Ich sah keinen anderen Ausweg. Ich konnte nicht anders handeln.» Jetzt, in ihrer neuen Psychose, hatte Lydia keine Schuldgefühle mehr. Jetzt wusste sie wieder, dass es damals der einzige Ausweg war. «Schade nur, dass es bei mir nicht geklappt hat», sagte Lydia immer wieder.

Wir behandelten Lydia medikamentös mit Antipsychotika. Einige Wochen später klangen auch diesmal die psychotischen Symptome ab. Andere Symptome, wie die Konzentrations-, Aufmerksamkeits- und Denkstörungen, milderten sich – allerdings erst viel später – ab, verschwanden aber nie ganz. Wir konzentrierten uns vor allem auf die Bewältigung der Tat und ihrer Folgen. Solange Lydia in der Psychose lebte, war ihr klar, dass sie keinen anderen Ausweg gehabt hatte. Sie hatte so handeln müssen, wie sie gehandelt hatte. Wenn aber die Überzeugungskraft der psychotischen Symptome fehlte, reagierte sie depressiv und mit Schuldgefühlen. Das machte uns Sorgen. Wir fürchteten, dass Lydia gefährdet war, durch einen Suizid ihr Leben zu beenden. Wir konzentrierten uns darauf, sie für die bevorstehende Gerichtsverhandlung zu stärken. Nach der Entlassung aus unserer Klinik zog sie zu ihrer Schwester. Mir ist bekannt, dass sie in ständiger Behandlung bei einem Psychiater ist, doch leider verlor ich ihre Spur völlig, nachdem ich an eine andere Universität gewechselt hatte.

Bei Lydia wurde die Diagnose Schizophrenie gestellt. Sie hatte Wahn und Halluzinationen in einer Form, die man als «schizophrene Symptome ersten Ranges» bezeichnet. Die Diagnose «Schizophrenie» wird sicher gestellt, wenn diese schizophrenen Symptome ersten Ranges vorhanden sind und eine organische Schädigung, eine organische Erkrankung oder eine Intoxikation ausgeschlossen werden konnten. Man nennt die akustischen Halluzinationen in Form von Rede und Gegenrede und bestimmte Formen des Wahns die schizophrenen Symptome ersten Ranges. Ein Gegenstand bekommt dabei eine ganz andere Bedeutung zusätzlich zu seiner normalen. Bei Lydia war es das schräg liegende Feuerzeug. Ein weiteres Symptom ersten Ranges ist das so genannte Gedankenlautwerden. Lydia hatte das Gefühl, dass ihre Gedanken laut seien, auch wenn sie sie nicht aussprach, so dass alle Anwesenden im Raum sie mithören konnten. Und dann war bei ihr eine Fülle von Ich-Erlebnis-Störungen vorhanden. Vor allem der Gedankenentzug, die Gedankenausbreitung und die Gedankeneingebung sind damit gemeint. Lydia hatte das Gefühl, dass ihre Gedanken abgehört würden. Und dass sie ihre Gedanken nicht schützen könne, so dass alle anderen wüssten, was sie denkt. Darüber hinaus hatte sie so genannte Beeinflussungserlebnisse mit dem Charakter des Gemachten. So glaubte sie, immer wieder hypnotisiert zu werden. Und dann war da noch die merkwürdige Müdigkeit, die von anderen «gemacht» wurde. Die Grenzen des «Ichs» wurden durchlässig. Lydia konnte ihr «Ich», ihre Gedanken, ihren Körper und ihre Aktivitäten nicht mehr schützen. Sie war ausgeliefert. Und gerade das sind die «Ich-Erlebnis-Störungen». Wir fanden bei Lydia keine körperliche Erkrankung und keine Intoxikation, die diese Symptome hätten verursachen können. Lydia hatte auch «Wahnstimmung». Dass irgendetwas Bedrohliches in der Luft liegt – ohne es genau präzisieren zu können; die angstvolle Erwartung und das Gefühl, dass hinter jedem Gebüsch etwas lauern würde – unpräzise, diffus, aber enorm angstvoll und bedrohlich –, gehören zur Wahnstimmung. Die Wahnstimmung stellt eine der Vorbedingungen des Wahnes dar oder ist teilweise auch Bestandteil des Wahns. Die Wahnstimmung hat eine ungeheure Dynamik und kann zu Verzweiflungshandlungen führen. Etwa zu Suizid oder Fremdgefährdung. Die angstvolle Wahnstimmung hat sicherlich dazu beigetragen, dass Lydia keinen anderen Ausweg mehr sah.

Darüber hinaus gab es bei Lydia noch weitere Symptome, die der Schizophrenie zugeordnet werden können, etwa ihre Konzentrationsstörungen, Aufmerksamkeitsstörungen, Denkstörungen und der soziale Rückzug. Während Wahn, Halluzinationen und Ich-Erlebnis-Störungen als «produktiv» oder «positiv» bezeichnet werden, werden Symptome, wie die Konzentrations- und Denkstörungen oder die Störungen der Affektivität als «aproduktive» oder «negative» Symptome bezeichnet. «Produktiv» nennen wir die erstgenannten Symptome deshalb, weil sie im normalen psychischen Leben nicht vorhanden sind. Sie werden sozusagen durch die Psychose produziert. Die «aproduktiven» oder «negativen» Symptome werden deswegen so genannt, weil sie Defizite von normalen psychologischen Funktionen darstellen. Die Symptome werden nicht neu produziert, es geht im Gegenteil etwas verloren. So wie bei Defiziten der Konzentration, des Denkens oder der Affektivität.

Lydia hatte also eine Schizophrenie. Deshalb wurde sie vom Gericht als schuldunfähig eingeschätzt. Wahn, Halluzinationen und psychotische Ich-Erlebnis-Störungen waren bestimmend für Lydias Handlungen, für die Tötung ihrer Kinder.

Eine Mitarbeiterin sagte einmal zu mir: «Eigentlich weiß ich nicht genau, was ich Lydia wünschen würde. Befreiung aus ihrer Psychose oder doch, dass sie immer in der Psychose lebt.»

Wenn nämlich die Psychose vorbeiging, erkannte Lydia, was sie getan hatte, und bekam Depressionen und Schuldgefühle. Sie war dann suizidgefährdet. In der Psychose aber geriet sie erneut in die wahnhafte Überzeugung, dass es damals keinen anderen Ausweg gegeben hätte. Dass sie richtig gehandelt hatte. Damit kann sie die große Last kompensieren. Damit kann sie weiterleben.

Ja, es ist wahr, was die Mitarbeiterin sagte. Und es ist die Kunst des Psychiaters, mit ihr gemeinsam Bewältigungsmechanismen für die Tat zu erarbeiten. Aber das muss außerhalb der Psychose stattfinden. Eine Psychose ist eine schwere Erkrankung. Sie besitzt im Fall von Lydia tatsächlich eine entlastende Funktion. Doch sie ist und bleibt eine schwere Erkrankung mit vielen anderen Konsequenzen. Und deswegen muss sie dringend behandelt werden. Zusätzlich muss ein psychotherapeutischer Weg für die Bewältigung der Tat gefunden werden.

Doch eines möchte ich hier noch einmal betonen, solche Gewalthandlungen sind bei schizophrenen Erkrankungen nicht häufig. Insgesamt sind Gewalttaten bei Schizophrenen und anderen psychisch kranken Patienten nicht häufiger als bei der restlichen Bevölkerung. Allerdings können Wahn und Halluzinationen einen Risikofaktor für Gewalttaten darstellen.

Jasmin im Wochenbett

Das Glück, das zum Unglück wird

Jasmin war die Frau eines Gastarbeiters. Sie sprach kaum Deutsch. Nur ein «Ja», ein «Nein» oder «danke» konnte sie sicher herausbringen. Sie konnte in einer deutschen Großstadt überleben, weil sie dort gemeinsam mit vielen anderen Gastarbeitern aus ihrem Heimatland lebte. Einkaufen ging sie mit einem Nachbarskind, das zweisprachig aufwuchs. Auch ihr Mann konnte sich nur mit Schwierigkeiten verständigen. Geborgen im Umfeld ihrer Landsleute kamen sie aber gut zurecht. Jasmin war erst vor einem Jahr nach Deutschland gekommen. Ihr Mann lebte bereits länger hier und verbrachte den Urlaub immer in seinem Heimatland. Dort hatte er durch Vermittlung seiner Verwandten Jasmin kennen gelernt und geheiratet. Sie kamen gemeinsam zurück nach Deutschland.

Beide waren sehr glücklich, als Jasmin einige Monate später schwanger wurde. Die Schwangerschaft verlief gut. Die Freude auf das Kind war groß. Auch die gesamte Großfamilie freute sich mit ihnen. Die kleine Wohnung des Ehepaars war immer voll von Besuchern, die über das bevorstehende freudige Ereignis sprachen und darauf warteten. Dann kam der große Tag. Der Ehemann und die Angehörigen Jasmins, die besser Deutsch sprachen als sie, begleiteten sie ins Krankenhaus. Ein prächtiger Junge wurde geboren. Die Entbindung verlief komplikationslos, genau wie die ersten drei Tage danach. Jasmin strahlte, lächelte und zeigte voller Stolz den Freunden und Verwandten ihren Sohn. Am vierten Tag, dem Tag vor ihrer Entlassung aus der Klinik, änderte sich aber Jasmins Verhalten. Sie schaute plötzlich misstrauisch und verstört umher. Sie wollte ihr Kind nicht einmal mehr stillen. Ihr Ehemann und die Angehörigen waren überrascht. Ältere Frauen der Familie meinten, das könne bei Wöchnerinnen vorkommen. Da gebe es manchmal solche Tage. «Das ist nichts Besonderes und geht ein paar Tage später wieder weg», meinte eine Tante Jasmins. Am nächsten Tag sollte sie aus dem Krankenhaus entlassen werden. Der Gynäkologe aber war durch die Veränderung in Jasmins Verhalten beunruhigt. Er gab den beiden zu verstehen, dass sie unbedingt am nächsten Tag zu ihrem Arzt gehen müssten. Dann gab er Jasmin eine kleine Packung eines Schlafmittels aus dem Bestand der Arztmuster mit. Wenn Jasmin nicht schlafen könne, solle sie ein bis zwei Tabletten des Medikamentes einnehmen. Sie solle aber unbedingt am nächsten Tag zu ihrem Hausarzt gehen, meinte er zum Abschied.

Die erste Nacht zu Hause war für Jasmin eine merkwürdige Nacht. Sie schlief kaum, weinte, blickte ängstlich umher, lauschte, als wenn eine oder mehrere Stimmen zu ihr sprächen. Sie sah das Baby mit Misstrauen an. Ja, manchmal mit Aggressivität. Ihr Mann war beunruhigt. Auch er schlief schlecht in dieser Nacht. Am nächsten Tag gingen sie zu Jasmins Frauenarzt. Der Ehemann erzählte von Jasmins merkwürdigem Verhalten. Der Arzt notierte auf seiner Patientenkarte «Verdacht auf Wochenbettpsychose, Überweisung zum Nervenarzt». Er schrieb eine Überweisung und gab sie den Eheleuten. Um sicher zu sein, dass sie alles verstanden hätten, nahm er die beiden mit auf den Balkon. Dort zeigte er auf die gegenüberliegende Straßenseite und sagte, dass dort ein Nervenarzt sei. Er schrieb den Namen des Arztes auf ein Stück Papier und drückte es dem Ehemann in die Hand. Die beiden Eheleute gingen auch direkt dorthin und bekamen einen Termin für den nächsten Tag. Jasmins Mann hatte versucht, der Sprechstundenhilfe zu erklären, dass Jasmin möglichst sofort oder zumindest noch am gleichen Tag untersucht werden müsse. «Meiner Frau geht es nicht gut», versuchte er sich mit seinen wenigen Deutschkenntnissen verständlich zu machen. Es gelang ihm aber nicht. «Morgen, morgen», antwortete die Arzthelferin stereotyp. Widerwillig verließ der Ehemann mit Jasmin und dem Baby die Praxis und ging mit ihnen nach Hause. An der Haustür angekommen, nahm er Jasmin das Baby ab, um ihr zu helfen. Sie wohnten im vierten Stockwerk, und es gab in ihrem Haus keinen Fahrstuhl.

Der Rest des Tages und die folgende Nacht verliefen noch schlimmer als die Nacht zuvor. Jasmin wurde immer unruhiger, ängstlicher, misstrauischer und gereizter. Ständig lauschte sie, als ob jemand zu ihr spreche. Dabei war ihre Feindseligkeit gegenüber dem Baby nicht mehr zu übersehen. Ihr Mann war beunruhigt. Er war unglücklich und ratlos. Jasmin wurde immer angespannter und feindseliger dem Baby gegenüber. Dabei machte sie einen furchtbar ängstlichen Eindruck. Die ganze Bekanntschaft kam in die kleine Wohnung. Die Frauen versuchten, Jasmin zu beruhigen. Die Männer waren ratlos. Nachdem Jasmin eine von den Schlaftabletten genommen hatte, die ihr der Frauenarzt mitgegeben hatte, schlief sie ein paar Stunden. Eine Tante blieb zur Sicherheit bei Jasmin und ihrer Familie.

Am nächsten Tag brachte der Ehemann Jasmin zu dem Nervenarzt, in den alle große Erwartungen setzten. Es wurde ein Elektroencephalogramm abgeleitet, der Blutdruck gemessen und Blut abgenommen. Anschließend folgte das Gespräch mit dem Arzt. Es war ein kurzes Gespräch, da Jasmin kein und ihr Ehemann nur wenig Deutsch sprachen und verstanden. Einen Dolmetscher hatten sie nicht dabei. Der Ehemann sprach von Angst, Furcht, Unruhe und Schlaflosigkeit. Dem Nervenarzt genügte das alles, um Jasmin ein schwaches Psychopharmakon in einer sehr niedrigen Dosierung zu verschreiben. Dieses Medikament kann in hohen Dosen – über 400 oder 500 mg – antipsychotisch wirken, also gegen Wahn, Halluzinationen und die daraus resultierende Unruhe. Es ist ein so genanntes «schwaches» Antipsychotikum. Eine niedrige Dosierung jedoch, unter 150 mg, wirkt nur beruhigend – gegen die Angst und die Schlafstörungen. Der Nervenarzt verschrieb Jasmin eine Dosis von nur 50 mg. In seiner Kartei war nichts über die Veränderungen Jasmins vermerkt. Nichts über die merkwürdigen Verhaltensweisen. Nichts über ihre plötzliche Feindseligkeit gegenüber dem Kind, nichts über ihr Misstrauen. Nichts über die Verhaltensmuster, die eventuell auf ein Stimmenhören hinweisen konnten, war dort vermerkt. Der Ehemann konnte darüber offensichtlich kaum etwas berichten. Der Arzt aber hatte auch nicht in diese Richtung gefragt.

Es war spät am Nachmittag, als die beiden Eheleute aus der Apotheke kamen, wo sie das Medikament geholt hatten. Zu Hause warteten schon zwei Tanten auf sie. Der Ehemann berichtete, welche Untersuchungen der Arzt an Jasmin vorgenommen hatte und dass er ihr ein Medikament verschrieben hatte. Erleichterung und Hoffnung machten die Runde.

Jasmin nahm das Medikament und hoffte, schlafen zu können. Das Baby wurde von einer der Tanten betreut. Doch trotz des Medikamentes wurde Jasmin nun noch unruhiger und schaute ängstlich in eine Ecke des Zimmers. Die Tante, die sich um das Baby kümmerte – die ältere der beiden –, machte sich große Sorgen um Jasmin. Sie legte das Baby in eine Wiege und ging zu ihrer Nichte, um sie zu beruhigen. Jasmin hörte ihr jedoch gar nicht zu. Die Tante hatte den Eindruck, dass Jasmin jemand anderen hörte, eine unsichtbare Stimme.

Plötzlich schrie Jasmin ganz fürchterlich auf. Sie stürmte ins Wohnzimmer, wo sie das Baby aus der Wiege riss. Durch die offene Balkontür rannte sie auf den Balkon und warf ihr Kind aus dem vierten Stockwerk auf die Straße. Das Baby war sofort tot.

Jasmin wurde in eine geschlossene psychiatrische Klinik eingeliefert. Dort wurde die Diagnose einer «Wochenbettpsychose» gestellt. Wahn und akustische Halluzinationen, psychotisch verursachte Gespanntheit und ängstliche Unruhe wurden bei ihr festgestellt. Thema des Wahns und der Halluzinationen war: «Du hast den Teufel geboren. Dein Kind ist der Teufel. Du musst das Kind töten, um den Teufel nicht auf die Welt zu lassen. Töte das Kind, um die Welt zu retten.» Und diesen Befehl der Halluzinationen hatte Jasmin befolgt.

Ich begutachtete nicht Jasmin. Ich musste ein Gutachten über die Behandlungsweise des Nervenarztes erstellen. Es ging um ein Kunstfehlergutachten. Für mich ist es die unangenehmste Tätigkeit, die es für einen Arzt gibt, mögliche Fehler eines anderen Arztes zu beurteilen. Wenn solche Aufträge von Seiten der Staatsanwaltschaft auf meinem Schreibtisch landen, bin ich darüber zutiefst unglücklich. Doch es ist unsere Pflicht, nach bestem Wissen und Gewissen eine Sachverständigenmeinung auch darüber zu äußern.

Die Frage war, ob der Nervenarzt nach allen Regeln der Kunst gehandelt hatte. Ich musste leider feststellen, dass er das nicht getan hatte. Er musste bei einer Wöchnerin vermuten, dass ein derartiges Verhalten auf dem Boden einer Wochenbettpsychose entstehen kann. Er musste nach psychotischen Symptomen fragen. Er musste nach Hinweisen suchen, die auf psychotische Symptome hindeuteten. Die Tatsache, dass die beiden Eheleute der deutschen Sprache nicht mächtig waren, entband ihn nicht von dieser Verantwortung. Er musste selbst den besten Weg für eine Exploration finden. Das müssen wir Ärzte alle. Es ist unsere Pflicht. Die verschriebene Medikation war nicht ausreichend und kaum geeignet, die Erkrankung Jasmins zu behandeln. Auch wäre die Einweisung Jasmins in eine psychiatrische Klinik dringend erforderlich gewesen. Ich musste leider die Frage des Kunstfehlers bejahen.

Der Nervenarzt wurde zu einer Geldstrafe verurteilt.

Jasmin flog nach der Behandlung in einem psychiatrischen Krankenhaus zurück in ihre Heimat. Ohne ihren Mann. Er konnte das alles nicht verkraften – die gesamte Verwandtschaft konnte es nicht verkraften. Auch Jasmin, nachdem sie geheilt worden war, konnte nicht begreifen, was da geschehen war. Nach dieser Tragödie wurde es sehr still um die junge Jasmin.

Das vertauschte Baby

Die zweite Geschichte, die ich Ihnen zu diesem Thema erzählen möchte, ist die Geschichte von Daniela.

Lassen wir Daniela selbst erzählen:

«Es begann im Wochenbett. Andreas, mein neu geborener Sohn, war wenige Tage alt, als ich plötzlich begann, unter Schlafstörungen zu leiden. Ich konnte mehrere Nächte nicht schlafen und versuchte deshalb, den Schlaf am Tag nachzuholen. Doch das gelang mir nicht, und ich war unruhig. Eines Tages, etwa drei Wochen nach der Entbindung, sah ich plötzlich am Morgen mein Kind mit ganz anderen Augen. Der Kopf sah anders aus, die Augen des Kindes schienen verzerrt. Ich blickte auf mein Kind, und plötzlich, als ich es betrachtete, hörte ich Stimmen, die zu mir sprachen. Zuerst nur eine, dann waren es mehrere. Sie sagten zu mir: ‹Sieh auf dein Baby, es ist nicht mehr dein Baby. Es wurde vertauscht, als du mit deinem Mann neulich spazieren gegangen bist. Da haben wir die Babys vertauscht. Das Kind, das jetzt im Bett liegt, gehört ganz schlimmen Eltern. Eltern mit schlimmer Vergangenheit, die den Menschen Furchtbares angetan haben. Wenn du deren Kind aus dem Fenster wirfst, dann tust du der Welt einen Gefallen.› Ich konnte gar nicht begreifen, wo die Stimmen herkamen. Deshalb drehte ich mich im Zimmer um und suchte nach irgendetwas, von wo die Stimmen hätten ausgehen können. Doch ich fand nichts. Ich konnte damals noch nicht unterscheiden, ob es eine männliche oder weibliche Stimme war. Zuerst war es keine helle, sondern eher eine tiefere Stimme. Dann waren da viele Stimmen, die zu mir sprachen.

Als ich die Stimmen hörte, empfand ich einen großen

Schreck. Ich wusste nicht damit umzugehen. ‹Wieso höre ich jetzt Stimmen? Was ist das?›, dachte ich immer wieder.

Ich war mit meinem Mann ja tatsächlich zuvor einmal spazieren gegangen. Also wusste die Stimme – und später alle Stimmen – über mich wirklich Bescheid. Das war mir klar. Also musste ich automatisch an die Wahrheit der Stimmen glauben. Ich glaubte an all das, was die Stimmen mir da sagten. Und ich glaubte ihnen, dass dieses Kind das Kind schlimmer Eltern ist.

Die Stimmen sagten mir Tag und Nacht, dass mein Kind ständig wieder vertauscht wird. Mal liegt mein eigenes Kind im Bett und mal das andere von den schlechten Eltern. Die Stimmen sagten, dass ich niemandem etwas davon erzählen darf, dass sie zu mir sprechen. Sonst würde ich sterben. Die Stimmen würden mich töten. Ich dachte nicht, dass es nur einfach Stimmen sind, die da zu mir sprechen. Ich nahm an, dass sie von Wesen aus einer galaktischen Welt stammten. Die Stimmen sagten mir auch, dass jetzt Wesen aus einer fremden Welt Leitungen durch mein Zimmer gezogen hätten und ich dadurch mit der galaktischen Welt verbunden wäre. Sprachlich würde ich mich nicht mehr mit anderen Menschen verständigen müssen. Ich könne jetzt alles auf gedanklicher Ebene machen. Durch Gedankenübertragung, Ausbreitung von Gedanken und Eingebung von Gedanken. Das glaubte ich damals alles. Damals hatte ich ein ‹Erlebnis›. Heute weiß ich, dass es ein Traum war. Damals aber dachte ich, es sei Realität. In diesem ‹Traum› wurde ich aus der Wohnung verschleppt. Daran kann ich mich heute noch genau erinnern. Noch heute kann ich den Ort, an den sie mich brachten, genau beschreiben. Es war da eine Treppe und darunter stand ein Bett, auf dem weiße Laken lagen. Dort standen Mediziner um mich herum und hantierten und operierten an meinem Körper. Ich dachte, dass in meinen Körper etwas eingepflanzt wurde, so dass diese Kommunikation möglich ist. Dass es nur ein Traum war, erkannte ich damals nicht. Ich war damals unsicher, ob es Realität oder Traum war, was ich da erlebt hatte. Als mir die Stimmen aber sagten, ich hätte etwas in meinem Körper, glaubte ich, es wäre Realität.

Auf dem Schrank sah ich einmal merkwürdige Schatten. Die Stimmen sagten: ‹Sieh auf den Schrank. Dort sind Wesen, die bewegen sich.› Und ich sah dorthin und bemerkte, dass sich tatsächlich etwas bewegte, etwas hin und her huschte. Und die Stimmen sagten, es wären halb durchsichtige Wesen, die mit dem bloßen Auge nicht klar erkennbar seien, sich aber auf dem Schrank bewegten. Das glaubte ich den Stimmen auch. Galaktische Wesen, die Apparate installierten, mit denen ich über meine Gedanken kommunizieren könnte.

Die Stimmen sagten mir damals auch, dass es viele Menschen gebe, die so etwas in ihrem Körper eingebaut hätten, und mit denen wäre ich jetzt gedanklich verbunden. In meinen Körper sei eine Technik eingebaut worden, die ich nicht kenne und die sich Manfred von Ardenne ausgedacht hätte. Das war ja eine große wissenschaftliche Kapazität, und mein Inneres hielt ihn für fähig, so etwas zu entwickeln. Das Gerät sollte irgendwo in meinen Bauch eingebaut sein. Durch dieses Gerät dachte ich, eine Verbindung zu anderen Menschen zu haben. Durch Wellen, die ich selbst nicht kenne und die Manfred von Ardenne erforscht hätte. Zu anderen Menschen hatte ich sonst kaum Verbindungen. Immer nur über diese Stimmen. Eine Stimme davon war Manfred von Ardenne, dem habe ich damals die Stimme zugeordnet. Er hat mir Trost zugesprochen. Andere Stimmen, die ich nicht zuordnen konnte, haben mir dagegen Angst eingeflößt und mir schlimme Dinge gesagt. Es waren wie zwei Parteien, die sowohl über mich als auch direkt zu mir sprachen. Ich war so erschrocken über diese Stimmen. Am Anfang, als ich auf die Toilette ging – ein Ort, an dem man ja ganz abgeschirmt sein möchte, wo man niemanden haben möchte, der zuschaut –, saß ich dort und hörte plötzlich die Stimmen. Ich konnte das gar nicht begreifen. Ich war darüber so verzweifelt, dass die Stimmen nun auch dort waren. Die ließen mich einfach nicht in Ruhe. Sie kamen nun auch noch auf die Toilette und belästigten mich. Ich musste das aber akzeptieren und weiß bis heute nicht, woher ich die Kraft hatte, das überhaupt so mitzumachen.

Ich hatte auch andere Veränderungen und Erlebnisse. Ich kann mich an das Ticken der Wanduhr erinnern. Jedes Mal, wenn die Uhr an der Wand tickte, war das wie ein Schlag in mein Gehirn. So, als ob ich elektrisch getroffen würde. So laut hörte ich sie plötzlich.

Die Geräusche insgesamt wurden lauter. Auch die Gerüche veränderten sich und wurden intensiver. Ich weiß noch, dass einmal meine Mutter zu Besuch war. Ich wollte ihr etwas zu essen anbieten. Doch als ich den Kühlschrank öffnete, roch die Wurst so stark, dass es mir in der Nase gestochen hat. Ich habe deshalb alles in den Abfalleimer geschüttet. Von allem, woran ich gerochen habe, kam mir ein modriger Geruch entgegen. Dieser Geruch war viel stärker als normal.

Doch am schlimmsten waren die Stimmen. Sie wurden immer aufdringlicher. Sie sagten mir nicht nur, dass das Baby von schlechten Eltern ist, sondern auch, dass es ständig mit meinem Baby ausgetauscht wird. Ich hätte manchmal mein Baby im Bett, und dann würde es wieder ausgetauscht werden. Ich glaubte das alles, denn nachts, wenn ich mein Kind stillte, waren die Schatten anders oder formte sich das Köpfchen meines Kindes anders. Dann sah auch das Gesicht des Babys nicht mehr aus wie immer. Ich versuchte damals, auch meinen Mann darauf aufmerksam zu machen, und weckte ihn in der Nacht. Ich bat ihn, dass er sich unseren gemeinsamen Sohn ansehen soll, um zu sehen, was der für große Venen und Arterien hat. Und dass er einen Wasserkopf bekommen hat. Ich wollte meinem Mann damit einen Hinweis geben, dass das nicht mehr unser Baby ist, weil es vertauscht wurde. Mein Mann fand aber nichts Außergewöhnliches und sagte Sachen wie: ‹Du träumst›, oder ‹Was bildest du dir ein, das ist unser Baby. Das ist Andreas. Sieh nur richtig hin.› Ich stillte das Baby immer, weil ich Angst davor hatte, mein richtiges Kind nicht zu erkennen und vielleicht schlecht zu ihm zu sein. Ich befürchtete, meinem eigenen Kind irgendwann Schaden zuzufügen. Ich wollte meinem Kind nichts antun. Auch wenn es vielleicht das fremde Baby gewesen wäre, das ich gerade an der Brust hatte. Ich hätte trotzdem dem fremden Baby nichts angetan, weil ich nicht immer unterscheiden konnte, welches mein Baby und welches das fremde Baby war. Ich wollte niemals meinem eigenen Kind einen Schaden zufügen. Darum akzeptierte ich auch das fremde Baby, nahm es an und stillte es.

Die Stimmen wurden aber immer schlimmer und forderten mich immer aufdringlicher auf, das Baby aus dem Fenster zu werfen. Eines Tages kam ich zu meinem Sohn ins Zimmer und sah auf ihn herab. In dem Moment sagten die Stimmen: ‹Das ist nicht mehr dein Kind. Das ist das Kind ganz schlechter Eltern. Wirf es aus dem Fenster. Du tust der Welt damit einen Gefallen. Wirf es aus dem Fenster.› Indem die Stimmen so zu mir sprachen, sah ich auf das Baby und griff nach ihm. Mein Arm zuckte, und ich wusste nicht, was ich tun sollte. Ich dachte: ‹Wie kannst du ein Kind aus dem Fenster werfen. Du bist Kinderkrankenschwester. Du hast viele Jahre auf einer Früh- und Neugeborenenstation gearbeitet. Du hast nie gefragt, wem das Kind gehört oder was das für Eltern sind. Du bist immer für die Kinder da gewesen. Jetzt sollst du dieses Kind aus dem Fenster werfen?› Die Stimmen aber riefen immer eindringlicher, ich solle das Baby jetzt aus dem Fenster werfen. Ich ging zu dem Baby und nahm es in meine Arme. Ich sah auf den Fensterknauf und meine Hände wollten das Fenster öffnen. Gerade als ich so zuckte, ging so ein Lächeln über das Gesicht des Babys. Es verzog die Lippen, und das traf mich ins Herz. In diesem Augenblick dachte ich: ‹Nein, du kannst das Kind nicht aus dem Fenster werfen. Nein, du wirfst das Kind nicht aus dem Fenster. Du wirst es behalten. Du wirst es pflegen, so lange, bis du dein eigenes Kind zurückbekommst. Du wirst so tun, als wäre es dein eigenes Kind. Vielleicht legt man ja irgendwann dein eigenes Kind ins Bett, und du wirst es nicht erkennen.› Ich ging vom Fenster weg.

In dem Moment, als ich kurz davor war, das Kind aus dem Fenster zu werfen, tobte ein innerer Kampf in mir. Ich denke heute, dass ich nur davor bewahrt wurde, das Kind aus dem Fenster zu werfen, weil ich Kinder sehr liebe und damals meinen Beruf mit sehr viel Engagement ausgeübt habe. Außerdem war da noch die Hoffnung auf mein eigenes Kind, dass ich es wieder zurückbekäme. Als ich mich entschieden hatte, das Kind nicht aus dem Fenster zu werfen, waren die Stimmen weg.

Doch sie kamen später wieder.

Nach zwei Monaten hörte ich die Stimmen erneut. Mein Mann war damals mit den Kindern unterwegs, und ich lag auf der Couch. Da sagten die Stimmen zu mir: ‹Wir sind wieder da. Wir waren nur eine Weile weg.› Sie wollten mir dann auch beweisen, dass sie wieder da sind. Sie sagten mir, dass ich in die Küche gehen und dort nach den Schornsteinen sehen soll, was ich auch tat. Sie meinten weiter, dass der Rauch aus den Schornsteinen nach rechts gehe, und von einem bestimmten Schornstein wollten sie den Rauch nach links ziehen lassen. Damit wollten sie ihre Macht beweisen. Weiter sagten die Stimmen: ‹In der Ferne steht ein Mann auf dem Dach, und der winkt. Wenn du willst, wird der dir zuwinken.› Ich sagte in Gedanken, dass ich das will, und da winkte der Mann tatsächlich. In diesem Augenblick war ich überzeugt, dass ich wirklich wieder mit diesem System verbunden wäre. Doch sie sagten mir nicht mehr, dass ich das Baby aus dem Fenster werfen solle.

Die Stimmen sagten mir, dass ich jetzt keine Eltern mehr habe. Dass meine Eltern zerstückelt wurden und jetzt nur noch deren Hüllen da sind. Aber in Wirklichkeit seien es andere Menschen. Die würden äußerlich meinen Eltern ähnlich sehen, doch es seien eigentlich ganz andere Leute.

Kurz darauf bekam ich das Gefühl, als wäre mein Mann durch einen anderen Mann ausgetauscht worden. Ich dachte, dass mit ihm das Gleiche passiert sei wie mit meinen Eltern. Er wäre also auch zerstückelt und seinem Doppelgänger angepasst worden. Äußerlich würde er zwar noch so aussehen, er wäre aber nicht wirklich mein Mann. Einmal föhnte ich meinem Mann die Haare, wie ich mich erinnern kann. Mein Mann hatte eigentlich immer sehr dichtes dunkles Haar. An dem Tag erschien mir sein Haar so dünn, und da dachte ich, dass er es nicht wäre.

Auch von meiner Tochter dachte ich, dass sie ausgetauscht worden sei, weil sie sich einmal so verhielt, wie es mir gefiel, und andere Male ärgerte sie mich. So räumte sie zum Beispiel den Tisch nicht ab. Da dachte ich: ‹Also das war jetzt nicht deine Tochter. Deine Tochter hätte den Tisch immer abgeräumt.› Dann bin ich innerlich aufgebraust. Meist war meine Tochter nicht dabei. Ich habe nur vor mich hin geschimpft.

Bei Andreas dachte ich natürlich auch wieder, dass er ausgetauscht worden sei. Ich habe Andreas aber immer geliebt. Ich liebte alle ‹Andreas-Babys›. Manchmal hatte ich ein besonders warmes Gefühl für das Baby. In diesen Momenten dachte ich: ‹Das muss jetzt dein Kind sein.›

Aber wenn es mal nicht so war, bin ich trotzdem liebevoll mit dem Kind umgegangen, weil ich ja dachte: ‹Vielleicht erkennst du es nur nicht, dass es dein Kind ist.›

Ich bin froh, dass alles so gut verlaufen ist. Vielleicht wäre ich nicht bestraft worden, wenn ich das Baby getötet hätte. Doch ich selbst hätte mit einer solchen Tat nicht weiterleben können.»

Daniela wurde in einer psychiatrischen Klinik behandelt und befindet sich seitdem – inzwischen sind es 20 Jahre her – in ambulanter Behandlung. Sie hört immer wieder einmal Stimmen, kann sie aber mit Hilfe einer Langzeittherapie mit Antipsychotika gut beherrschen. Daniela hat anfangs sehr unter diesen Erlebnissen gelitten. Trotzdem meistert sie ihr Leben sehr gut. Ihre Persönlichkeit ist trotz der Krankheit intakt geblieben. Daniela ist eine Frau mit reichen Gefühlen – warmen Gefühlen. Wir lernten sie kennen, als wir in der Klinik eine gynäkopsychiatrische Ambulanz einrichteten. Die damalige Leitende Oberärztin der Klinik führte einige Gespräche mit Daniela. Als ich zum letzten Mal mit Daniela sprach, sah ich eine glückliche Frau, die sich mit ihren Stimmen arrangiert hatte. Vor allem ist sie glücklich und stolz wegen ihrer zwei Kinder. Auf ihre Tochter, die nun ebenfalls Mutter ist, und auf Andreas. Andreas, das «vertauschte Baby», das eigentlich nie vertauscht worden war, wie Daniela heute lächelnd darüber berichtet. Als ich sie fragte, ob ich über unsere Gespräche in einem Buch berichten dürfe, sagte sie spontan: «Aber natürlich. Ich möchte anderen Müttern helfen. Anderen, die in die gleiche Not geraten. Je mehr man darüber weiß, desto wahrscheinlicher ist es, Hilfe zu bekommen. Und Hilfe leisten zu können.»

Daniela besitzt eine schriftstellerische Begabung. Sie hat es verstanden, ihre Krankheitsgeschichte literarisch zu verarbeiten, und hat diese publiziert.

Vom Wochenbett und von Doppelgängern

Daniela, so wie auch Jasmin, wurde kurz nach der Geburt ihres Kindes psychotisch, also im Wochenbett. Die Psychose dauert bei Daniela jetzt aber bereits seit 20 Jahren an. Psychosen, die im Wochenbett beginnen, bilden keine eigene Gruppe unter den Psychosen. Sie beginnen lediglich im Wochenbett. Doch haben manche dieser Psychosen einige Charakteristika, die sich von anderen Psychosen, vor allem in Bezug auf ihre Prognose, unterscheiden.

Bei Daniela wurde eine schizophrene Psychose diagnostiziert, da sie schizophrene Symptome ersten Ranges hatte, wie wir sie bereits bei Lydia sahen. Wochenbettpsychosen sind relativ seltene Formen der Psychosen, die nur bei ein bis zwei von tausend Geburten vorkommen. Andere Störungen nach der Geburt sind da viel häufiger. Zum Beispiel die so genannten «Heultage» der Wöchnerinnen, die im Englischen «baby blues» heißen. Das ist die Zeit etwa um den dritten bis fünften Tag nach der Geburt, wo die Mutter unter raschen Stimmungswechseln vom Glücklichsein bis hin zu grundlosem Weinen leidet und insgesamt «am Wasser gebaut hat». Diese Veränderungen sind nicht pathologisch. Sie sind auf die sehr raschen Hormonumstellungen nach der Entbindung zurückzuführen und nicht behandlungsbedürftig. Nach ein bis zwei Tagen klingen sie von selbst ab. Allerdings muss man natürlich immer auch daran denken, dass mit solchen Symptomen eine Psychose beginnen kann. Erwähnen möchte ich auch noch die depressiven Verstimmungen, die bei etwa 10 bis 15 % aller Mütter nach der Entbindung auftreten. Diese postpartalen Depressionen beginnen eher schleichend in den ersten Wochen und Monaten nach der Entbindung und können alle Symptome einer Depression zeigen, wie wir sie auch sonst kennen. Also depressive Verstimmung, Appetit- und Schlafstörungen, Konzentrationsminderung, Antriebsmangel, verschiedenartige körperliche Symptome. Bei schweren Fällen kommt es auch zur Suizidalität. Im Zentrum der Depression steht allerdings meist das subjektive Gefühl der betroffenen Frau, eine schlechte Mutter zu sein, als Mutter zu versagen. Solche Gefühle sind häufig verbunden mit mangelnden «Mutter-Kind-Gefühlen», wobei es sich auch dabei um ein depressives Symptom handelt. Die Mütter allerdings halten es für ihr eigenes Versagen, wenn sie ihr Kind «nicht lieben können». Besonders schlimm ist es für die betroffenen Frauen, wenn dann auch noch Zwangsgedanken auftreten wie etwa der Gedanke, sie müssten dem eigenen Kind etwas antun, es erwürgen, erstechen oder Ähnliches. Sie können sich sicher gut vorstellen, dass eine solche Mutter große Angst hat, sie könnte ihrem Kind tatsächlich etwas antun, und dass sie aus ihrer Sicht «gefährliche» Situationen vermeidet oder nicht mehr mit dem Kind allein bleiben möchte. Aber gerade diese Mütter sind nicht gefährdet, ihr Kind zu töten. Um das sicher beurteilen zu können, muss man allerdings die Zwangsgedanken von Symptomen wie akustischen Halluzinationen, besonders die, die Befehle erteilen, abgrenzen können. Der wichtigste Unterschied besteht darin, dass jemand mit akustischen Halluzinationen die Stimmen tatsächlich akustisch wahrnimmt, er hört etwas. Außerdem ist er von der Realität der Wahrnehmung überzeugt. Bei Zwangsgedanken ist das anders: Die betroffene Mutter weiß, dass es ihre eigenen Gedanken sind, die sie nicht haben möchte und die sie für unsinnig hält. Trotzdem verursachen diese Gedanken aber Angst und manchmal auch Panik. Frauen mit solchen Zwangsgedanken handeln aber extrem selten danach. Es ist wichtig, dass wir das so sagen können, weil solche Zwangsgedanken im Rahmen von postpartalen Depressionen recht häufig vorkommen. Mit der Aufklärung über die Natur der Symptome und darüber, dass die Betroffene sie nicht umsetzen wird, kann man die Mütter sehr entlasten. Wenn keine anderen Besorgnis erregenden Symptome vorhanden sind, ist die Therapie in solchen Fällen auch nicht die stationäre Aufnahme – wie das bei einer Psychose mit akustischen Halluzinationen immer der Fall sein muss –, sondern die ambulante verhaltenstherapeutisch orientierte Therapie. In solchen Fällen ist auch nicht immer eine medikamentöse Behandlung erforderlich.

Aber nun zurück zu den Psychosen. Wie gesagt, die echten psychotischen Störungen im Wochenbett sind mit 0,1 bis 0,2 % relativ selten. Sie kommen in verschiedenen Formen vor: als schizophrene Psychosen, häufig als schizoaffektive Psychosen mit ausgeprägtem manischem Syndrom, als Depression mit psychotischen Symptomen wie Wahn und Halluzinationen oder als andere Formen der atypischen Psychosen. Bei Daniela bestand eine besondere Form einer Psychose aus dem schizophrenen Kreis. Sie hatte viele schizophrene Symptome ersten Ranges, aber auch dieses besondere Doppelgängerphänomen. Dieses «Capgras-Syndrom» wurde nach seinem ersten Beschreiber, dem französischen Psychiater Capgras, benannt. Er gab dem Phänomen den Namen «Illusion de Sosie», in Anlehnung an einen griechischen Mythos. Sosie ist die französische Schreibweise des griechischen Namens «Sosias», des Doppelgängers von Apollon. Bis heute bedeutet in der griechischen Sprache der Begriff «Sosias» Doppelgänger. Und genau darum handelt es sich beim Capgras-Syndrom. Der Patient ist davon überzeugt, dass Personen durch andere ersetzt werden – durch Doppelgänger. Der Ehemann beispielsweise ist nicht der echte Ehemann. Das Kind ist nicht das echte Kind. Die Eltern sind nicht die echten Eltern. Sie wurden alle «ausgetauscht». Der Kranke kann das an winzigen Kleinigkeiten erkennen. Etwa daran, dass die Haare dünner geworden sind, eine Vene mehr zu erkennen ist, zwei graue Haare nach unten hängen. Oder die Form der Nase oder der Ohren ist etwas anders als bei der echten Person. Das Doppelgängerphänomen – also das Capgras-Syndrom – ist zwar ein Syndrom, das wir vorwiegend bei schizophrenen Psychosen finden, doch es ist unspezifisch. Es kann auch bei organischen und anderen psychotischen Störungen auftreten. Und manchmal tritt es eben auch bei postpartalen Psychosen auf und bezieht sich dann auf das Kind. Wichtig ist, dass dann, wenn das Capgras-Syndrom auftritt, unangenehme, ja manchmal gefährliche Situationen für die Person entstehen können, die als ausgetauscht erlebt wird. So wie Danielas Baby.

Viele Psychosen, die im Wochenbett zum ersten Mal auftreten, haben eine sehr günstige oder viel günstigere Prognose, als wenn sie nicht im Wochenbett auftreten würden. Manchmal treten sie nie wieder auf oder erst nach vielen Jahren. Oder sie verändern, wie bei Daniela, die Persönlichkeit der Betroffenen nicht.

Wenn eine Frau nach einer Entbindung an einer Wochenbettpsychose erkrankt, heißt das nicht, dass sie auch bei der nächsten Entbindung psychotisch wird. Die Mehrzahl der Frauen, die im Wochenbett an einer Psychose erkranken, bekommen bei der nächsten Entbindung keine. Das höchste Risiko, an einer postpartalen Depression oder Psychose zu erkranken, besteht bei der ersten Entbindung. Es wird also nicht von weiteren Schwangerschaften abgeraten; allerdings würde ich erhöhte Aufmerksamkeit walten lassen, wenn bereits in der Vorgeschichte eine Wochenbettpsychose aufgetreten ist. Ich würde unbedingt empfehlen, jede Wochenbettpsychose stationär zu behandeln, auch wenn damit eine kurze Trennung von Mutter und Kind verbunden ist. Auch wenn eine schwere depressive Symptomatik vorhanden ist, kann ein Teufelskreis entstehen: Die Mutter kann das Baby der Depression wegen nicht so gut versorgen, dann bekommt sie Schuldgefühle, dass sie dem Baby gegenüber versagt. Es entstehen Insuffizienzgefühle. Und das eine nährt das andere. Bis hin zur Suizidalität. Es kann die Gefahr für einen erweiterten Suizid bestehen, wenn die depressive Mutter aufgrund ihrer Erkrankung irgendwann Suizidgedanken entwickelt. In solchen Fällen muss eine stationäre Aufnahme immer erfolgen. Dieselbe große Aufmerksamkeit würde ich bei jedem Anzeichen einer Psychose im Wochenbett anraten. Dann sind intensive psychiatrische Maßnahmen zu empfehlen, um möglichen Tragödien vorzubeugen. Obwohl solche Tragödien zum Glück selten sind. Aber eine jede solche Tragödie ist eine zu viel.

Eltern, die töten.
Nur eine einzige Erklärung?

Ich möchte meine Erzählungen hier beenden. Ich habe Ihnen die unterschiedlichsten Lebensgeschichten erzählt. Leidensgeschichten und Dramen aus den verschiedensten Bereichen menschlichen Schmerzes. Aber auch aus Bereichen menschlicher Abgründe. Dabei sprach ich über Tötung aus Liebe, über Tötung aus Verzweiflung und Tötung aus Verwirrung. Über Tötung, die außerirdische Stimmen befahlen oder die der Wahn diktierte. Doch ich habe Ihnen auch von Tötungen berichtet, die aus fehlender Liebe geschahen. Aus Hass und Vernachlässigung. Aus diesen Geschichten geht hervor, wie vielfältig dieses tragische Phänomen der Tötung des eigenen Kindes ist.

Wir klinischen Psychiater gehen davon aus, dass es sich bei der Kindestötung um sehr verschiedene Phänomene handeln kann. Dass dahinter unterschiedliche psychologische Motive, unterschiedliche Täterpersönlichkeiten, unterschiedliche psychopathologische Zusammenhänge stehen. Die psychologischen Motive des erweiterten Suizids bei einem depressiven Menschen sind anders als bei der negierten Schwangerschaft. Und die wiederum sind anders als bei dem Doppelgänger-, also dem Capgras-Syndrom, das wir bei Daniela kennen gelernt haben. Für den klinischen Psychiater sind die psychologischen Hintergründe, die Ilona dazu brachten, Fabian auf dem heißen Dachboden zu «vergessen», ganz anders als die Motive von Anne, die Christian nicht allein auf der Welt lassen konnte.

Die Psychoanalyse jedoch hat Versuche unternommen, eine einheitliche Erklärung zu geben. Zumindest was die Mütter betrifft. Eine Erklärung, die weitestgehend unabhängig von der Erkrankung ist, an der diese Mütter gegebenenfalls leiden, unabhängig von deren Persönlichkeit und der akuten Konfliktsituation, in der sie sich gerade befinden. Sie trennt die «Mütter, die töten» von den «Vätern, die töten» und versucht, bei den Müttern einen gemeinsamen psychologischen Hintergrund zu finden. Mit den Vätern beschäftigt sie sich kaum.

Wieso unterschiedliche psychologische Hintergründe bei Müttern und Vätern? War der psychologische Hintergrund von Berthold nicht dem von Anne sehr ähnlich?

Darüber hinaus gibt es beim erweiterten Suizid jeweils eine ganz ähnliche Dynamik und ähnliche psychologische Hintergründe, unabhängig davon, ob der Mitzunehmende das eigene Kind ist oder eine andere geliebte Person. So etwa die bei Boris und seiner Frau.

Die Psychoanalyse dagegen konzentriert sich vorwiegend auf «Mütter, die töten». So hat Annegret Wiese ihr Buch genannt. In diesem Buch findet sich eine gute Darstellung der psychoanalytischen Ansichten. Ob man damit einverstanden ist oder nicht, ist eine andere Sache. Dort werden Sie auch sehen, dass die wichtigsten Thesen der Psychoanalyse in Bezug auf «Mütter, die töten» kurz zusammengefasst die folgenden sind:

Es wird zunächst eine gestörte Beziehung der Täterin zu ihrer eigenen Mutter angenommen. «Die tötende Mutter hat als Kind für die aufgrund früherer Versagungserlebnisse entstehenden destruktiven Impulse kein Ventil in der Mutter gefunden.» So schreibt Wiese in ihrem Buch, wobei sie die bisherige Position der Psychoanalyse vertritt. Weiter schreibt sie darin:

«Die ungebundene destruktive Wut kann nun im Falle einer eigenen Mutterschaft aufgrund der damit einhergehenden Reaktivierung der Beziehung zur eigenen Mutter auf das Ersatzopfer Kind gerichtet werden.»

Eine weitere These, die von der Psychoanalyse vertreten wird, heißt: Die Tötung des Kindes ist eigentlich eine Selbsttötung. Das heißt, sieht die Mutter ihr Kind aufgrund nicht geglückter Trennung als erweitertes Selbst, so beinhaltet dessen Tod die

Vernichtung des gesamten Selbst. Mit dem Kind vernichtet die Frau sich selbst.

So die Erklärung des erweiterten Suizids.

Auf den ersten Blick sieht das der Interpretation ähnlich, die die klinische Psychiatrie gibt. Es gibt aber einen entscheidenden Unterschied. Der klinische Psychiater sieht beim Handelnden im erweiterten Suizid eine Ausschaltung bzw. eine erhebliche Beeinträchtigung des freien Willens des Menschen. Sie wird verursacht durch eine Erkrankung oder schwere Störung. Diese Erkrankung ist in erheblichem Maß auch biologisch bestimmt. In der Mitnahme der geliebten Person sieht der klinische Psychiater die Liebe, nicht den Hass. Die Verantwortlichkeit, nicht die Selbstbestrafung.

Eine weitere psychoanalytische Annahme geht dahin, dass die Tötung des eigenen Kindes eine Art weiblichen Widerstandes darstellt. Wiese schreibt in ihrem Buch, dass weiblicher Widerstand gegen die an die Mutter herangetragenen Bedürfnisse, Zwänge oder Verhaltensnormen sich vor allem in Krankheit, Frigidität, Prostitution und auch der Tötung eines Kindes ausdrücken kann. Die Tötung eines Kindes richte sich also unbewusst gegen das Muttersein und die Mutterrolle.

Daneben heißt es, dass gerade diese Frauen besonders hohe Erwartungen an sich selbst als Mutter knüpfen. Sie wollen es besser machen als ihre Mütter. Dem stimmen wir zu; wir haben das ganz eindeutig bei Christine gesehen. Nur die Erklärung, warum es zu dieser Tragödie kommen konnte, ist von Seiten des klinischen Psychiaters eine andere als von Seiten des Psychoanalytikers.

Pauschale Interpretationen können mich nicht begeistern. Dafür gibt es viele Gründe. Zunächst einmal die Fälle, die wir in der Klinik sehen. Unglückliche Mütter und Väter, unglückliche Frauen und Männer in Not. Unsere Erfahrungen sind geprägt vom gemeinsamen Kampf des Psychiaters und des Patienten. Gegen den erweiterten Suizid, gegen die Wochenbettpsychose, gegen andere paranoid-halluzinatorische Syndrome, gegen andere psychische Störungen. Oder für deren Bewältigung. Die Erklärungen, die der klinische Psychiater gibt, sind deshalb andere. Sind praxisorientiert. Abgeleitet vom psychopathologischen Hintergrund. Kindestötung erschüttert die Öffentlichkeit, eine Öffentlichkeit, die unwissend, anklagend, verurteilend wirkt. Dabei nimmt diese Öffentlichkeit nicht wahr, dass die «geglückten Suizide» und die «geglückten erweiterten Suizide» eine – erfreulicherweise – kleine Anzahl darstellen im Vergleich zu den «geretteten» Suizidanten – zu den erfolgreich behandelten Menschen mit Suizidneigung. Die Diskrepanz zwischen der Psychopathologie der Patienten, die wir in der Klinik sehen, und dem, was psychoanalytische Autoren beschreiben, ist eklatant. Manchen psychoanalytischen Autoren reicht ein einziger Fall, um eine Theorie zu entwickeln. Oder die Auswertung einiger weniger Krankenakten. Für den klinischen Psychiater ist jedoch die Begegnung mit solchen Menschen fast Routine. Der klinische Psychiater, der jeden Tag mit selbstmordgefährdeten Menschen oder psychotischen Patienten zu tun hat, denkt nur an eines. An das Leid des Betroffenen. Und er fragt sich: «Wie rette ich meinen Patienten? Wie befreie ich ihn aus seiner Psychose? Aus seiner Suizidalität? Wie gewinne ich den Kampf gemeinsam mit dem Patienten?» Und die einfach aussehenden, logischen, praxisorientierten, nachvollziehbaren Interpretationen, derer er sich bedient, sind notwendig, um in diesem Kampf erfolgreich zu sein.

Die Psychoanalyse hingegen erhebt Anspruch auf die tief greifendere Interpretation. Natürlich werden die Psychoanalytiker den Klinikern den Vorwurf machen, das seien oberflächliche, einfach strukturierte Erklärungen. Die Argumente kenne ich. Manchmal können sie auch richtig sein. Bei Menschen, die nicht krank sind, können solche Interpretationen, die die Psychoanalytiker geben, zutreffen. Aber eben nur bei Menschen, die keine psychische Erkrankung im engeren Sinne haben. Doch nicht in Fällen einer depressiven Erkrankung. Nicht bei psychotischen Menschen und auch nicht bei Menschen, die in eine akute psychoseähnliche Krise geraten sind. Wenn ich diese Kritik höre, habe ich manchmal das Bild zweier Goldsucher irgendwo in Alaska vor Augen. Irgendwo in den schwer zugänglichen Bergen gelangen beide an einen Bergbach, wo die «Goldnüsse» im seichten Wasser strahlen. Der eine schreit vor Freude: «Gold, Gold. Wir haben Gold gefunden.» Der andere aber sagt: «Das ist zu wenig, wir müssen tiefer unter die Oberfläche bohren. Dort befindet sich das richtige Gold.» Doch wenn die «Oberfläche» die Antwort gibt, warum sollte man sich dann in der Tiefe der Spekulation verirren?

Weiterführende Literatur

Fiedler, P., Persönlichkeitsstörungen. 4. Auflage. Weinheim: Psychologie Verlags Union; 1998.
(dort Konzepte der Persönlichkeitsstörungen und weitere Literatur)

Gerchow, J., Schwangerschaft und Geburt unter medizinisch-forensischen Aspekten der Kindestötung. Monatsschrift für Kriminologie und Strafrechtsreform. 1964; 47: 233–240.
(dort Basisliteratur zum Thema)

Marneros, A., Schizoaffektive Psychosen. Diagnose, Therapie und Prophylaxe. Berlin, Heidelberg, New York: Springer; 1989.

Marneros, A., Sexualmörder. Eine erklärende Erzählung. Bonn, Basel: Psychiatrieverlag; 1997a.
(dort Informationen zum Thema Kindestötung aus sexuellen Motiven)

Marneros, A., Erweiterter Suizid: Eine blaptophobe Finalität. Zeitschrift für klinische Psychologie, Psychiatrie und Psychotherapie. 1997b; 45(2): 183–195.
(dort weitere Literatur zum erweiterten Suizid)

Marneros, A., Kindestötung: Zur Frage der Schuldfähigkeit nach «negierter» Schwangerschaft. Monatsschrift für Kriminologie und Strafrechtsreform. 1998; 3: 173–179.
(dort weitere Literatur zum Thema)

Marneros, A., HANDBUCH DER UNIPOLAREN UND BIPOLAREN ERKRANKUNGEN. Stuttgart: Thieme; 1999.
(dort weitere Literatur, vor allem zum Thema Depression, schizoaffektive Erkrankungen, Suizid und erweiterter Suizid)

Möller, H.-J., Laux, G., Deister A., PSYCHIATRIE. Stuttgart: Hippokrates; 1996.
(dort weitere Literatur zum Thema der psychischen Störungen im Allgemeinen)

Nedopil, N., Dittmann, V., Freisleder, F. J., Haller, R., FORENSISCHE PSYCHIATRIE: KLINIK, BEGUTACHTUNG UND BEHANDLUNG ZWISCHEN PSYCHIATRIE UND RECHT. Stuttgart: Georg Thieme; 1996.
(dort weitere Informationen und Literatur zur Frage der Schuldfähigkeit)

Rohde, A., Marneros, A., PSYCHOSEN IM WOCHENBETT: SYMPTOMATIK, VERLAUF UND LANGZEITPROGNOSE. Geburtshilfe und Frauenheilkunde. 1993; 53(11): 800–810.
(dort Weiteres zu Wochenbettpsychosen und weitere Literatur zum Thema)

Rohde, A., Raic, D., Varchmin-Schultheiß, K., Marneros, A., INFANTICIDE: SOCIOBIOGRAPHICAL BACKGROUND AND MOTIVATIONAL ASPECTS. Arch Womens Ment Health. 1998; 1: 125–130.

Venzlaff, U., Förster, K., PSYCHIATRISCHE BEGUTACHTUNG. 3. neu bearbeitete Auflage. München: Urban und Schwarzenberg; 2000.
(dort weitere Literatur zu Fragen der Schuldfähigkeit)

Wiese, A., MÜTTER, DIE TÖTEN. PSYCHOANALYTISCHE ERKENNTNIS UND FORENSISCHE WAHRHEIT. München: Wilhelm Fink Verlag; 1993.
(dort weitere Literatur zu psychoanalytischen Ansichten)

Wille, J., Beier, K. M., «Verdrängte» Schwangerschaft und Kindestötung: Theorie – Forensik – Klinik. Sexuologie. 1994; 2: 75–100.
(dort weiterführende Literatur zu Statistik, Forensik und psychologischen Hintergründen)